W0375176

Wolfgang Wegert
Christian Wegert

Unerschütterliche Freude

arche-medien

Bibliografische Information der Deutschen Nationalbibliothek

Die Deutsche Nationalbibliothek verzeichnet diese Publikation in der Deutschen Nationalbibliografie; detaillierte bibliografische Daten sind im Internet über http://dnb.d-nb.de abrufbar.

Die Bibelstellen sind, wenn nicht anders angegeben, der Schlachter-2000-Übersetzung entnommen. „L84“ kennzeichnet die Lutherübersetzung von 1984, „Elb“ die Revidierte Elberfelder Übersetzung, „Zür“ die Zürcher Bibel von 2008, „LÜ 1912“ die Lutherübersetzung von 1912, „Sch“ die Schlachterübersetzung von 1951 und „EÜ“ die Einheitsübersetzung.

© 2012 arche-medien Hamburg
1. Auflage
Lektorat: Anne Girges, Hamburg
Satz: Titus Vogt, Hamburg
Umschlag: BoD Verlagsservice, Hamburg
Druck: ARKA, Cieszyn (Polen)
Cover: Jesse Millan www.flickr.com/photos/stopdown/2837077634
ISBN: 978-3-934936-31-7

arche-medien
– Verlag des Gemeinde und Missionswerkes ARCHE –
Doerriesweg 7
22525 Hamburg
☎ (0 40) 54 70 50
🖷 (0 40) 54 70 52 99
www.arche-gemeinde.de
info@arche-gemeinde.de

Inhaltsverzeichnis

Vorwort

Ein Brief der unerschütterlichen Freude

Durch ganze Bücher der Bibel hindurch zu predigen und sie Abschnitt für Abschnitt auf lebendige Weise vor dem Zuhörer zu entfalten, war immer die kraftvollste Weise, die Gemeinde Jesu auch in Zeiten großer Verwirrung fest in den unveränderlichen Wahrheiten der Heiligen Schrift zu verankern. Denn wenn wir uns an den biblischen Text binden und konsequent an ihm entlang arbeiten, predigen wir das, was der göttliche Text sagt, und nicht das, was wir denken, fühlen und meinen. Wenn man dagegen immer nur über Themen predigt, die einem am Herzen liegen, besteht die Gefahr einer biblischen Verengung, da man Gottes Wort nur selektiv zu sich sprechen lässt. Das kann dadurch geschehen, dass der Pastor unbemerkt an seinen Lieblingsthemen haftet oder auch zu sehr der Neigung verfällt, zeitgemäß zu sein, während ewige, jede Zeit überdauernde Wahrheiten zu kurz kommen. Man pickt sich Einzelnes heraus und verlernt dabei den ganzen Ratschluss Gottes.

Manchmal werden wir gefragt, ob solche Serienpredigten, die ausschließlich den biblischen Text reflektieren, nicht langweilig und trocken seien. Unsere Antwort heißt: „Nein!“ Denn langsam, aber sicher weckt der Heilige Geist bei immer mehr Zuhörern Appetit und eine große Liebe zur Bibel, und sie bekennen: *„Ich freue mich über dein Wort wie einer, der große Beute macht“ (Psalm 119,162; L84).* Die Mitglieder und Besucher unserer Gemeinde sind gespannt darauf, am folgenden Sonntag zu hören, welche Wahrheit uns die nächsten Verse offenbaren. Durch diese zunehmende Lust am Wort werden sie immer fester gegründet – wie ein Baum an den Wasserbächen.

Mark Dever, der Pastor der “Capitol Hill Baptist Church” in Washington, empfiehlt seinen Kollegen: „Richten Sie einen guten Auslegungspredigtdienst ein und schauen Sie, was passiert. Vergessen Sie alles, was Experten sagen. Schauen Sie einfach zu, wie das Leben hungriger Menschen verwandelt wird, wenn der lebendige Gott durch die Kraft Seines Wortes zu ihnen spricht!"[1]

Das möchten wir in der Arche beherzigen und haben deshalb auch den Philipperbrief Abschnitt für Abschnitt sprechen lassen. Wir staunten nicht schlecht, wie viele große Wahrheiten in diesem kleinen Brief zum Vorschein kamen. Da lehrt Paulus über Dankbarkeit und Einheit, über die Bewahrung der wahrhaft Wiedergeborenen bis ans Ende, über Christus als unser Leben und Sterben als Gewinn, über Leiden und Selbsterniedrigung, wie Christus sie gelebt hat, und darüber, dass Er nicht nur das Vollbringen, sondern auch unser Wollen wirkt. Auch spricht der Apostel über den Schaden der Gesetzlichkeit und über die Gerechtigkeit, die durch den Glauben an Christus kommt. Ebenso bekennt er, dass er noch nicht alles ergriffen hat, dem vorgesteckten Ziel der himmlischen Berufung aber mit allem Fleiß nachjagt. Und er fordert uns auf, diesem seinem Vorbild zu folgen und selbst ebenfalls ein Vorbild zu sein. Er zögert auch nicht, vor Menschen in der Gemeinde zu warnen, die in der Sünde verharren. Er nennt diese Namenchristen „Feinde des Kreuzes".

Und nicht zuletzt schreibt Paulus über die Freude am Herrn, die in allen wechselnden Situationen der Grundton seines Lebens ist. Ob die Philipper ihn unterstützen oder nicht, ob er frei oder im römischen Gefängnis ist, ob ihn aufrichtige Mitarbeiter oder falsche Brüder umgeben, ob er Mangel hat oder Überfluss – die Freude bleibt. Sie trägt ihn im Leben und im Sterben. Darum dürfen wir diesen Brief auch als „Brief der Freude" bezeichnen, der in die Kernaussage mündet: *„Freut euch im Herrn allezeit; abermals sage ich: Freut euch!" (Philipper 4,4).* Obwohl der Brief nur vier Kapitel umfasst, spricht der Apostel darin sechszehn Mal von der Freude.

Wie die Lebenssituationen unserer Leser im Einzelnen auch aussehen mögen – wir wünschen ihnen mit Hilfe des Philipper-

[1] Mark Dever. 9 Merkmale einer gesunden Gemeinde. 3L Verlag: Waldems, 2009. S. 53.

brief und der hier abgedruckten Predigten ein tägliches Leben in unerschütterlicher Freude!

Christian und Wolfgang Wegert

Hamburg, im Herbst 2012

Ich danke meinem Gott für euch

„Paulus und Timotheus, Knechte Jesu Christi, an alle Heiligen in Christus Jesus, die in Philippi sind, samt den Aufsehern und Diakonen: [2] Gnade sei mit euch und Friede von Gott, unserem Vater, und dem Herrn Jesus Christus! [3] Ich danke meinem Gott, sooft ich an euch gedenke, [4] indem ich allezeit, in jedem meiner Gebete für euch alle mit Freuden Fürbitte tue, [5] wegen eurer Gemeinschaft am Evangelium vom ersten Tag an bis jetzt, [6] weil ich davon überzeugt bin, dass der, welcher in euch ein gutes Werk angefangen hat, es auch vollenden wird bis auf den Tag Jesu Christi.“ *(Philipper 1,1-6)*

Der Mensch ist auf ständiger Suche nach Freude. Wir mögen es, wenn die Dinge gut laufen. Für viele bedeutet Zufriedenheit, dass sie Geld haben und gesund sind, dass sie in glücklichen Beziehungen leben und vielleicht auch noch ein Häuschen ihr eigen nennen mit einem schnittigen Auto davor. Wenn dann eins dieser Elemente entzogen wird aufgrund von Ereignissen und Stürmen, die über unser Leben hereinbrechen, fällt nicht selten diese scheinbare Erfüllung in sich zusammen. Die Freude verschwindet und wir merken: Wir haben unser Glück auf äußere Umstände aufgebaut, häufig auf materielle Dinge.

Der relativ kurze Philipperbrief wird auch „der Brief der Freude“ genannt. 13-mal spricht der Apostel Paulus in ihm über Freude. Dieses Thema durchzieht das Schreiben wie ein roter Faden. Der bekannteste Vers im Brief an die Philipper lautet: *„Freuet euch in dem Herrn allewege, und abermals sage ich: Freuet euch!“ (Philipper 4,4; L84).* Paulus ermutigt die Gläubigen in Mazedonien, im heutigen Griechenland, in dem die Stadt Philippi liegt, ihr Glück und ihre Zufriedenheit nicht von Äußerlichkeiten abhängig zu machen, sondern sich trotz ihrer Umstände immer und allezeit zu freuen. Dabei sollen sie nicht einfach belanglose Slogans nachplappern, sondern ihre Freude auf die Gewissheit gründen, dass Gott alles im Leben Seiner Kinder zum Besten dienen lässt.

Besonders beeindruckend ist die Freude des Paulus, wenn wir bedenken, dass er rein äußerlich gar keinen Grund dazu hatte. Denn als er den Brief schrieb, war er ein Gefangener Roms, und eine mögliche Exekution erwartete ihn. Schließlich wurde er unter Hausarrest gestellt und permanent von einem Soldaten bewacht (Apostelgeschichte 28,16). Auch in Philipper Kapitel 1 spricht der Apostel in den Versen 13 und 16 davon, dass er gefesselt ist. Er war festgesetzt und konnte nicht das tun, was er liebte – nämlich das Evangelium von Jesus Christus predigen, auf Missionsreisen gehen und Gemeinden gründen und betreuen. Das taten dafür andere, aber nicht alle in seinem Sinn. Solche verkündigten zwar Christus, aber nicht aus einer lauteren Gesinnung heraus, sondern aus Neid, Streit- und Selbstsucht. Dennoch sagt Paulus: *„Ich freue mich, ja, ich werde mich auch weiterhin freuen" (Philipper 1,18).* Die Freude des Apostels ist also eine bleibende Konstante eines geisterfüllten Lebens und nicht ein flüchtiges Gefühl, das kommt und geht je nachdem, wie die Umstände gerade sind.

Wir wollen uns nun anschauen, worauf die Freude des Apostels Paulus beruht:

I. Dankbar aufgrund empfangener Segnungen

Er schreibt in Vers 3: *„Ich danke meinem Gott, sooft ich an euch gedenke."* Als er in seiner Gefangenschaft an die Christen in Philippi dachte, wurde sein Herz mit Dankbarkeit erfüllt. Denn der Apostel hatte ja eine besonders innige Beziehung zu den Gläubigen dort. Der erste Kontakt zu ihnen war bereits auf seiner zweiten Missionsreise entstanden. Paulus war mit Timotheus und Silas in Kleinasien unterwegs gewesen und hatte eigentlich auch vorgehabt, dort weiter zu missionieren. Eines Nachts war ihm aber im Traum ein mazedonischer Mann erschienen, der bat: *„Komm herüber ... und hilf uns!" (Apostelgeschichte 16,9).* Am nächsten Tag verstand der Apostel dies als ein Reden Gottes, er stieg mit seinen Gefährten in ein Schiff, und so kamen sie nach Europa, nach Philippi in Mazedonien.

Wie gewohnt wollte Paulus dort am Sabbat eine Synagoge aufsuchen – aber Fehlanzeige: es gab in Philippi keine. Deshalb begab er sich an einen Fluss und traf dort auf eine Gruppe von

Frauen – unter ihnen eine Geschäftsfrau namens Lydia, eine *„gottesfürchtige Frau“ (Apostelgeschichte 16,14)*. Ihr predigten sie das Evangelium, ***„und der Herr tat ihr das Herz auf,*** *sodass sie aufmerksam achtgab auf das, was von Paulus geredet wurde“*. Lydia und ihr Haus ließen sich taufen und wurden die ersten Christen in Europa. Daran erinnerte sich Paulus. Und er dachte daran, wie gnädig Gott in Philippi gewirkt hatte.

Sicher erinnerte er sich auch noch an die Magd mit dem Wahrsagegeist, die bekannt gewesen war in der ganzen Stadt und ihren Herren großen Gewinn eingebracht hatte, weil sie die Zukunft vorhersagen konnte. Diese war dem Apostel gefolgt und hatte auch über ihn geweissagt. Paulus aber hatte dem Dämon in ihr widerstanden und ihm geboten, aus ihr auszufahren. Die Frau war von da an frei, aber ihre Besitzer rotteten sich aufgrund der entgangenen Gewinne mit den Einwohnern zusammen und sie verhafteten Paulus und Silas unter vielen Schlägen und warfen sie ins Gefängnis. Und was taten die beiden dort? Sie lobten und priesen laut ihren Gott!

Daraufhin ereignete sich ein Erdbeben, sodass die Mauern des Gefängnisses wankten und die Türen sich öffneten. Nun hätten Paulus und Silas fliehen können, aber sie blieben an Ort und Stelle. Der Kerkermeister war voller Verzweiflung davon ausgegangen, dass seine Gefangenen die Gunst der Stunde genutzt hatten und geflohen waren, und wollte sich umbringen. Als er aber sah, dass beide da geblieben waren, gab er durch die Gnade und das Wirken Gottes sein Leben Jesus und bekehrte sich mit seinem ganzen Haus.

Paulus dankte Gott für Lydia, für den Gefängniswärter, für die Gaben der Gemeinde, die sie so großzügig für die Christen in Jerusalem zusammengelegt hatten (2. Korinther 8,1-5). Er dankte seinem Herrn auch für die Unterstützung, die ihm persönlich von dieser Gemeinde zuteil geworden war, denn eine Zeitlang waren die Philipper die einzigen, die ihm finanziell geholfen hatten (Philipper 4,15). So sitzt der Apostel in seinem Haus unter Arrest und schreibt ihnen dennoch voller Freude:

„Ich denke an euch – und wenn ich an euch denke, dann danke ich meinem Gott für das, was Er in euch und durch euch tut."

Führen dich die Segnungen Gottes zur Dankbarkeit? Bist du auch dankbar für das Wohl, das du durch andere empfangen hast? Kannst du dich über das Gute im Leben anderer Christen freuen? Oder sind wir ein undankbares Volk? Dankst du Gott für deine Geschwister im Herrn? Oder konzentrierst du dich permanent auf die Fehler und das Negative bei anderen? Das führt zu Bitterkeit, Groll und Neid und ist nicht die Frucht des Geistes, sondern die Frucht des Fleisches.

Der Apostel ist uns hierin ein Vorbild. Jeden Segen, den er empfängt, wertet er nicht als Selbstverständlichkeit. Er meint nicht, ein Anrecht auf Wohltaten zu haben. Nein, das Gute, mit dem Gott ihn beschenkt, bewirkt ein dankbares Herz in ihm. Diese Art der Dankbarkeit soll auch unser Gebet und unser Leben kennzeichnen. Dankst du Gott in deiner Zwiesprache mit Ihm? Oder ist dein Gebet nur ein Herunterspulen von Bitten? „Herr, gib mir dies und gib mir das!" Psalm 103, 2 enthält eine deutliche Aufforderung zur Dankbarkeit: *„Lobe den Herrn, meine Seele, und vergiss nicht, was er dir Gutes getan hat!"*

Aber es gibt hier noch einen anderen Aspekt: Machen wir es unseren Geschwistern leicht, dass sie in ihren Gebeten Gott für uns danken? Oder werfen wir ihnen bezüglich ihrer Dankbarkeit für uns Knüppel zwischen die Beine, weil wir ständig schmollen und grollen und kritisieren? Weil wir für Taten des Segens keine Zeit und keine Lust haben?

Wenn wir an unsere Geschwister in der Arche-Gemeinde denken, haben wir wirklich Grund, Gott zu danken – zum Beispiel wegen der Kranken unter uns, die Ihm trotz ihrer Not vertrauen. Natürlich beten wir, dass unser Herr ihnen hilft und ihnen Gesundheit schenkt. Aber wenn Er sie heimrufen will und sie auf dem Sterbebett liegen und dennoch sagen können: „Gott ist gut!", dann ist das ein großer Segen für uns alle.

Wir denken auch an die Mitarbeiter, die hinter den Kulissen wichtige Dienste tun – ob es nun im Putzteam ist, in der Technik oder sonntags nach dem Gottesdienst im Arche-Café. Auch über die Singles, die ihre Lebenssituation als von Gott gegeben annehmen und ihre Kapazitäten in Seinem Reich einsetzen, freuen wir uns sehr!

Gelobt sei Gott für Arbeitnehmer, für Schüler und Studenten, die ein Licht in der Dunkelheit ihres Umfeldes sind. Ich danke meinem Herrn für den Segen der Gastfreundschaft und die Gemeinschaft in den Hauskreisen. Es gibt sehr viel Grund, Gott zu danken!

II. Freude durch Fürbitte

Paulus dankt Gott auch, indem er Fürbitte tut. Er sagt: *„Ich danke meinem Gott, sooft ich an euch gedenke, indem ich allezeit, in jedem meiner Gebete für euch alle mit Freuden Fürbitte tue" (V. 3-4)*. Das heißt, dass nicht nur das Danken zur Freude führt, sondern auch die Fürbitte. Paulus empfindet nicht nur wegen der Segnungen, die er erfahren hat, Freude, sondern auch dann, wenn er für andere im Gebet eintritt.

Echte Fürbitte für die Gläubigen ist mehr als eine Pflicht, es ist Freude! Ein freudiger Fürbitter beschäftigt sich mehr mit dem Wohlergehen anderer als mit seinem eigenen. Er bittet Gott, dass Er Seinen Segen über andere ausschütten möge.

Du sagst vielleicht: „Ich habe selber so viele Sorgen und mein Herz ist so schwer, dass ich gar keine Zeit habe, auch noch für andere zu bitten." Natürlich ist es richtig, dass du für das betest, was dich bedrückt. In Kapitel 4, Vers 6 schreibt Paulus ja auch: *„Sorgt euch um nichts; sondern in allen Dingen lasst eure Bitten in Gebet und Flehen mit Danksagung vor Gott kundwerden!" (L84)*.

Aber hier in Vers 4, da betont der Apostel: „Ich empfinde Freude, wenn ich für euch bitte" – und das, obwohl er selbst genügend Gründe hätte, seine Anliegen vor Gott zu bringen und um die Veränderung seiner Situation zu beten. Er war in Ketten und der Freiheit beraubt. Er musste mit ansehen, wie andere das Evangelium aus unlauteren Motiven verkündigten. Dennoch dachte er an seine Geschwister und betete für sie.

Wann hast du das letzte Mal für deine Glaubensgeschwister in deiner persönlichen Gebetszeit gebetet? Wer liegt dir momentan besonders auf dem Herzen? Paulus sagt in Kapitel 2: *„Ein jeder sehe nicht auf das Seine, sondern auch auf das, was dem andern dient“ (Philipper 2,4; L84)*. Diese Haltung beginnt bereits in unseren persönlichen Gebeten.

III. Dankbar wegen der Gemeinschaft am Evangelium

Paulus nennt einen weiteren Grund für seine Dankbarkeit. Er freut sich *„wegen eurer Gemeinschaft am Evangelium vom ersten Tag an bis jetzt“ (V. 5)*.

Was kann man sich unter „Gemeinschaft am Evangelium“ vorstellen? Was verbindet Paulus mit den Gläubigen, denen er schreibt? Was hatten beispielsweise er und Lydia gemeinsam? Sie war die Erste, die in Philippi an Jesus glaubte. Lukas betont in Apostelgeschichte 16, 14, dass es der Herr war, der ihr das Herz öffnete.

Was verband Paulus mit dem Kerkermeister? Auch dessen Bekehrung war ein Ergebnis der souveränen Gnade Gottes. Denn wer sandte ein Erdbeben, sodass sich die Gefängnistüren öffneten? Gott war es. Dieser Mann wurde ebenso aufgrund des übernatürlichen Eingreifens Gottes in seinem Leben gerettet.

Und genau das hatte auch der Apostel erlebt. Er war ja ein Verfolger der Gemeinde Jesu gewesen. *„Saulus aber schnaubte“*, sagt uns die Schrift, *„mit Drohen und Morden gegen die Jünger des Herrn“ (Apostelgeschichte 9,1; L84)*. Eines Tages war Paulus auf der Straße nach Damaskus unterwegs mit nur einem Ziel: die dortigen Christen gefangen zu nehmen und nach Jerusalem abzuführen.

Aber was geschah? Dem Saulus, wie Paulus damals noch hieß, erschien der Sohn des lebendigen Gottes, er fiel vom Pferd und war blind. Und er hörte eine Stimme, die fragte: *„Saul, Saul, was verfolgst du mich? Er aber sprach: Herr, wer bist du? Der sprach: Ich bin Jesus, den du verfolgst“ (Apostelgeschichte 9,4b-5; L84)*.

Ich frage noch einmal: Was ist es, das Lydia mit Paulus und mit dem Kerkermeister verbindet? Es ist die „Gemeinschaft am

Evangelium". Und wie ist diese Gemeinschaft entstanden? Durch das souveräne Eingreifen Gottes in dem Leben Seiner Kinder.

Ist es nicht fantastisch, dass der Apostel Paulus, ein Hebräer aus dem Stamm Benjamin, ein Pharisäer mit bester Ausbildung, ein Jude, der das Gesetz hielt, nun zu mazedonischen Heidenchristen sagen kann: „Wir verstehen uns, weil wir Gemeinschaft am Evangelium haben. Ihr habt die rettende und souveräne Gnade Gottes in eurem Leben erfahren, und das habe ich auch."

Paulus hatte vom ersten Tag an Gemeinschaft mit ihm völlig fremden Menschen. Diese Gemeinschaft basierte weder auf gleichen Hobbys noch auf gleicher Rasse oder Herkunft. Es waren auch nicht verwandtschaftliche Bande, die ihn mit den Philippern eins sein ließen. Sie waren nicht auf dieselbe Schule gegangen und hatten auch nicht als Kinder miteinander gespielt. Die einen hatten zuvor römisch-griechische Götter angebetet, der andere besuchte die jüdische Synagoge. Sie hatten menschlich gesehen nichts gemeinsam – bis auf eines: das Evangelium von Jesus Christus. Sie hatten einen Herrn, durch den sie gerettet worden waren.

Ich glaube, das ist auch das Anliegen, das Gott für Seine Gemeinden hat – dass wir unsere Gemeinschaft nicht auf Sympathien und übereinstimmende Lebensläufe gründen und uns nicht nur mit denen treffen, die die gleiche Bildung und ein ähnliches finanzielles Polster haben. Es soll auch nicht entscheidend sein, ob wir weiß, schwarz, rot oder gelb sind.

Wenn wir unsere Gemeinschaft über das zuvor Genannte definieren, bauen wir undurchlässige Mauern auf. Denn dann kann niemand zu unserer Gemeinschaft hinzutreten, wenn er nicht bestimmte Anforderungen erfüllt. Wir wollen stattdessen eine Gemeinde sein, in der weder die Hautfarbe noch die Bildung, weder die Finanzen noch der Familienstand Maßstab für Gemeinschaft ist.

Es gibt nur ein Kriterium: Bist du durch die Gnade Gottes von neuem geboren und aufgrund des Evangeliums von Jesus Christus gerettet? Hast du denselben Herrn und denselben

Glauben? Das ist es, was Paulus mit den Philippern verband, und das soll es auch sein, was uns untereinander verbindet.

Wenn die Gemeinschaft am Evangelium der Maßstab für unsere Gemeinschaft ist, dann gibt es in unseren Gemeinden keine Mauern, sondern dann herrscht eine große Offenheit für alle Menschen – weil wir wissen: Jesus Christus möchte, dass Suchende aus allen Nationen und Völkern und auch aus allen Schichten der Bevölkerung errettet werden!

Daher soll unsere Gemeinschaft ganz bewusst auf das Wort Gottes gründen. Paulus ist froh und dankbar, trotz Fesseln. Willst du dich nicht auch einklinken in den Dank und die Fürbitte und in die Gemeinschaft am Evangelium? Amen.

Was Gott beginnt, vollendet Er auch

„Ich danke meinem Gott, sooft ich an euch gedenke, [4] indem ich allezeit, in jedem meiner Gebete für euch alle mit Freuden Fürbitte tue, [5] wegen eurer Gemeinschaft am Evangelium vom ersten Tag an bis jetzt, [6] weil ich davon überzeugt bin, dass der, welcher in euch ein gutes Werk angefangen hat, es auch vollenden wird bis auf den Tag Jesu Christi.“ (Philipper 1,3-6)

Der Philipperbrief ist der Brief der Freude. Obwohl Paulus in Gefangenschaft ist, ist er glücklich, denn er dankt Gott für den Segen der Gemeinde in Philippi, er tut Fürbitte und weiß, dass die Gemeinschaft der Gläubigen auf einem gemeinsamen Fundament steht, nämlich dem Evangelium.

Ein weiterer Aspekt seiner Freude liegt in der Gewissheit, dass Gott vollendet, was Er beginnt. Schauen wir uns diese Wahrheit etwas genauer an.

I. Die Errettung beginnt bei Gott

Der Apostel sagt: *„Ich danke meinem Gott ... in meinen Gebeten ... weil ich davon überzeugt bin, dass der, welcher in euch ein gutes Werk* ***angefangen*** *hat, es auch vollenden wird bis auf den Tag Jesu Christi.“* Was ist das gute Werk? Es ist das Werk der Erlösung. Gott hat das gute Werk der Erlösung in den Gläubigen angefangen, und Paulus ist sich sicher, dass dieser Gott, der etwas angefangen hat, es auch vollenden wird.

Wer hat das gute Werk in den Gläubigen begonnen? Er. Wer ist Er? Es ist Gott. Wie, glaubst du, ist deine Errettung zustande gekommen? Durch deine Mutter, deinen Vater, deine Oma? Durch einen Freund, einen Arbeitskollegen oder einen Pastor? Unser Text sagt, dass Gott der Anfänger deines Glaubens war. Er hat wohl deine Mutter oder irgendjemand anderen gebraucht, aber die Initiative zu deiner Errettung ging von Ihm aus.

Das sagt die Bibel nicht nur im Philipperbrief, sondern auch in Epheser 2. Dort heißt es in Vers 1: *„Ihr wart tot durch Übertretungen und Sünden.“* Wir waren geistlich tot, in uns war kein Leben. Deshalb konnten wir nicht aktiv werden, denn ein Toter ist nicht in der Lage, die Initiative für irgendetwas zu ergreifen.

Aber Gott hat *„auch uns, die wir tot waren in den Sünden, mit Christus lebendig gemacht – aus Gnade seid ihr selig geworden" (Epheser 2,5; L84).* Wer hat die Initiative zu unserer Errettung ergriffen? Warst du es? War ich es? Nein, Gott war es, denn du warst tot und konntest es nicht tun.

In Kolosser 2, 13 wird diese Wahrheit mit folgenden Worten ausgedrückt: ***„Er hat auch euch, die ihr tot wart** in den Übertretungen ... **mit ihm lebendig gemacht**, indem er euch alle Übertretungen vergab."*

Nicht nur Paulus betont das Wirken Gottes in der Errettung, sondern auch Lukas schreibt darüber in der Apostelgeschichte. Wir erinnern uns, dass er davon berichtete, wie Petrus zu den Heiden ging und auch ihnen das Evangelium predigte. Und tatsächlich geschah es, dass der Heilige Geist auch auf sie ausgegossen wurde wie am Tag zu Pfingsten über die Gläubigen in Jerusalem. Daraufhin reiste Petrus zurück nach Jerusalem und berichtete, was Gott unter den Heiden getan hatte. Zuerst waren die dortigen Geschwister irritiert, denn sie waren ja eigentlich davon ausgegangen, dass das Heil nur für die Juden als auserwähltes Volk Gottes bestimmt war. Dann aber erkannten sie: *„So hat denn Gott auch den Heiden die Buße zum Leben gegeben" (Apostelgeschichte 11,18).* Wer hat die Buße zum Leben gegeben? Gott war es.

Im 2. Brief an die Thessalonicher schreibt Paulus: *„Wir aber sind es Gott schuldig, allezeit für euch zu danken, vom Herrn geliebte Brüder, **dass Gott euch von Anfang an zur Errettung erwählt hat** in der Heiligung des Geistes und im Glauben an die Wahrheit, wozu er euch berufen hat durch unser Evangelium, damit ihr die Herrlichkeit unseres Herrn Jesus Christus erlangt" (2. Thessalonicher 2,13-14).*

Der Apostel macht damit deutlich, dass unsere Errettung ihren Ursprung in der Erwählung Gottes hat. Und wenn du heute das Evangelium von Jesus Christus hörst und es dir in dein Herz fällt, dann ist das der wirksame Ruf Gottes, dann macht Er die Erwählung, die Er vor Grundlegung der Welt beschlossen hat, fest.

Deshalb erklärt auch Johannes in seinem 1. Brief: *„Wir lieben, weil er uns zuerst geliebt hat" (1. Johannes 4,19; Elb).* Gott hat das Werk deiner Erlösung begonnen. Aber Er beginnt es nicht nur, sondern Er vollendet es auch.

II. Die Errettung wird vollendet von Gott

In Kaltenkirchen, einer Stadt am Rande von Hamburg, steht ein Haus. Jemand hat vor einigen Jahren begonnen, es zu bauen, er hat es aber nicht fertiggestellt. Und nun steht das Haus dort Tag für Tag ohne Fenster und ohne Putz, ein nackter Rohbau bestehend aus Mauerwerk und Dach. Seit Jahren fahre ich dort ab und zu vorbei und jedes Mal werfe ich dabei auch einen Blick auf das Haus, um zu sehen, ob sich inzwischen etwas getan hat. Die Bauherren haben ein Werk begonnen, aber aus mir nicht bekannten Gründen haben sie es nicht vollendet. Sie konnten es vermutlich nicht vollenden, weil ihnen die finanzielle oder gesundheitliche Kraft fehlte oder die familiäre Situation es nicht zuließ.

Bei Gott ist das komplett anders. Er beginnt nicht nur das Werk der Errettung und überlässt dann den Rest dir, sondern Er sagt: „Alles ist Gnade – nicht nur der Beginn, sondern auch dein Lauf und deine Vollendung."

Das bedeutet nicht, dass du nicht aufgerufen wärst, mit Gott zusammenzuarbeiten, um in der Heiligung zu wachsen. Dein Glaube ist wichtig und auch gute Werke als Frucht deiner Errettung. Du kannst nicht deine Füße hochlegen und meinen, du hättest eine Lizenz zum Ungehorsam, nach dem Motto: „Na gut, der Herr, der meine Errettung angefangen hat, der wird sie auch vollenden. Also kann ich ja machen, was ich will!" Die Verantwortung, ein Gott wohlgefälliges Leben zu führen und dein Leben unter Seine Herrschaft zu stellen, ist immer da.

Aber wenn du dich fragst: „Wie werde ich das Ziel je erreichen?", dann wisse, dass du das nicht aus deiner Kraft heraus schaffen kannst, sondern nur deshalb, weil Gott ein Gott ist, der ganze Sache macht. Er fängt etwas an und Er bringt es auch zum Ende.

Das war beispielsweise den Christen in Galatien nicht klar. Sie meinten, in eigener Kraft beenden zu können, was Gott einmal in ihnen begonnen hatte. Paulus stellt ihnen daraufhin die Frage: *„Seid ihr so unverständig? Im Geist habt ihr angefangen und wollt es nun im Fleisch vollenden?" (Galater 3,3).* Das funktioniert nicht. *„Denn Gott ist es, der in euch sowohl das Wollen als auch das Vollbringen wirkt nach seinem Wohlgefallen" (Philipper 2,13).*

Manche Christen haben die Vorstellung, dass Gott uns wie ein Duracell-Männchen aufzieht und uns dann uns selbst überlässt. Wenn wir Glück haben, teilen wir uns die Kraft so ein, dass sie bis zum Ende reicht. Wenn wir aber Pech haben, sind die Batterien vor der Ziellinie leer. Viele Gläubige leben so – sie zehren von ihrer eigenen Energie und sind ständig in Sorge, ob ihre Taten und ihr Glaube wohl ausreichen werden.

Gott aber ist es, der in dir das Wollen und das Vollbringen bewirkt. Deswegen kann Paulus so zuversichtlich sein, deshalb ist sein Herz voller Freude. Eigentlich müsste er sich sorgen, weil er nicht bei den Philippern sein und sie betreuen kann. Aber das tut er nicht, sondern er ist ganz ruhig. Er vertraut nämlich der Macht Gottes, weil er weiß, dass der, der das Werk in den Philippern angefangen hat, es auch vollenden wird.

Von William Hendriksen stammen die Worte: „Der Mensch experimentiert, aber Gott führt einen Plan aus. Er macht keine halben Sachen."[2] Die Bibel ist voller Verheißungen, dass Gott ein Gott ist, der die Dinge bis zum Ende durchzieht. Wir lesen in der Schrift:

- Gottes Treue wird nicht enden. **Psalm 89, 34**: *„Meine Gnade will ich nicht von ihm wenden und meine Treue nicht brechen" (L84).*

---

[2] William Hendriksen. The New Testament Commentary. Galatians, Ephesians, Philippians, Colossians, and Philemon. Baker Academic: Grand Rapids (MI), 2007[4]. S. 55.

- Gott wird uns das ewige Leben schenken. Er legt nicht vorher den Schalter um und verlangt: „Nun sieh mal zu, wie du das schaffst." **Johannes 3, 16**: *„Denn so sehr hat Gott die Welt geliebt, dass er seinen eingeborenen Sohn gab, damit alle, die an ihn glauben, nicht verloren werden, sondern das ewige Leben haben" (L84).*
- Sein Lebenswasser wird nicht aufhören zu sprudeln. **Johannes 4, 14**: *„Wer aber von dem Wasser trinken wird, das ich ihm gebe, den wird in Ewigkeit nicht dürsten, sondern das Wasser, das ich ihm geben werde, das wird in ihm eine Quelle des Wassers werden, das in das ewige Leben quillt" (L84).*
- Seine Hand hält die Seinen ewig fest. **Johannes 10, 28**: *„Ich gebe ihnen das ewige Leben. Und sie werden nimmermehr umkommen, und niemand wird sie aus meiner Hand reißen" (L84).*
- Seine Liebe ist unüberwindbar. **Römer 8, 39**: *„Weder Hohes noch Tiefes noch eine andere Kreatur kann uns scheiden von der Liebe Gottes, die in Christus Jesus ist, unserm Herrn" (L84).*
- Nichts kann uns scheiden von der Liebe Gottes, denn Er ist uns ein festes Siegel. **2. Timotheus 2, 19**: *„Aber der feste Grund besteht und hat dieses Siegel: Der Herr kennt die Seinen" (L84).*

Auf wen setzt du dein Vertrauen, wenn du dein Leben mit Gott ansiehst? Du weißt von Dingen in dir, von denen du wünschst, dass niemand sie jemals zu sehen bekommen möge. Glaubst du, du könntest aus eigener Kraft mit deinen Sünden fertigwerden? Natürlich nicht! Aber wenn du dein Vertrauen darauf gründest, dass Gott das, was Er in dir angefangen hat, auch vollenden wird, dann wird dir geholfen werden.

Darüber freut sich Paulus! Und er sagt den Philippern: „Liebe Geschwister, selbst wenn euch Verfolgung droht und wenn sie euch alles nehmen – ich bin zuversichtlich: der, der in euch das gute Werk angefangen hat, wird es auch vollenden."

Dieses Wort darfst du auch für dich persönlich nehmen für dein Gebetsleben bezüglich deiner Kinder, die zurzeit nicht an den Herrn Jesus glauben. Du hast in der Vergangenheit Zeichen des Glaubens an ihnen gesehen. Vertraue darauf: Gott wird das gute Werk, das Er in ihnen angefangen hat, einmal vollenden!

Ich gehe sogar so weit und beziehe diese Wahrheit auch auf die Ehe, obwohl in diesem Vers vorrangig unser Heil gemeint ist. Dennoch will Gott auch das gute Werk, das Er in einer Ehe angefangen hat, vollenden, denn die Ehe ist von Ihm gewollt. Wie groß ist die Freude, wenn eine Verlobung oder Hochzeit gefeiert wird! Aber im Laufe eines langjährigen Ehelebens kommt es auch zu Konflikten und Situationen, in denen beide Ehepartner unter Druck stehen und die Lage angespannt ist. Manch einer beginnt in einem solchen Fall, an seiner Ehe zu zweifeln. Ab und an kommt sogar die Frage auf: „Ist meine Ehe überhaupt von Gott gewollt?“ Natürlich ist sie das! Er hat auch das gute Werk *deiner* Ehe angefangen und wird es vollenden. Also vertraue Ihm! Vertraue Ihm und laufe nicht weg!

Wenn Gott rettet, dann rettet Er ganz und gar und auch in Ewigkeit. Bei Ihm gibt es keine unvollendeten Ruinen, die vor sich hingammeln, wie das Haus in Kaltenkirchen. Gott hat dein geistliches Haus fest gegründet auf den Eckstein Jesus Christus. Und nun möchte Er, dass du mit Ihm zusammenarbeitest, aber der Bauherr ist Er selbst. Die Mauern, die Er hochzieht, sind felsenfest wie das Wort Gottes; das Dach, das Er baut, ist wie Sein Geist, der dich schützt. Vielleicht schaust du dein Haus ab und zu an und stellst fest, dass noch eine Menge zu tun ist. Aber sei unverzagt: der allmächtige Gott ist dabei, dich zu verändern. Er ist an der Arbeit und Er vollendet Sein Werk auch!

Aber:

III. Das gute Werk wird nicht auf Erden vollendet

Paulus sagt: *„Weil ich davon überzeugt bin, dass der, welcher in euch ein gutes Werk angefangen hat, es auch vollenden wird **bis auf den Tag Jesu Christi**“ (V. 6).*

Er wird nicht heute mir dir fertig und auch nicht morgen, sondern wir lesen: *„... es vollenden wird bis auf den Tag Jesu*

Christi" – das ist der Moment, in dem du vor deinem Herrn und Heiland stehst.

Ist das nicht ein Trost für dich? Für mich ist es jedenfalls ein großer Trost! Jedes Mal, wenn ich wegen meiner Schwächen entmutigt sein will oder auch andere Menschen Probleme mit mir haben, kann ich mir und ihnen sagen: „Ich bin ja noch nicht fertig, denn der Tag des Herrn ist noch nicht da. Vollkommen werde ich erst sein, wenn ich bei meinem Herrn bin." Und so wollen wir viel Geduld miteinander haben, denn unser aller Haus ist noch nicht fertiggestellt.

Soll uns das dazu verleiten, uns entspannt zurückzulehnen und in unserer Heiligung nachzulassen? Auf keinen Fall! Wie schon gesagt: Wir sind dazu aufgerufen, bei dem Bau unseres geistlichen Hauses tatkräftig mitzuwirken. Aber *vollendet* werden wir erst sein, wenn Jesus wiederkommt. Eines Tages wirst du vor Ihm stehen und du wirst Ihn von Angesicht zu Angesicht schauen. Dann wirst du deinen Blick senken und bekennen: „Ich bin es nicht wert, Dein Kind zu sein." Er aber wird dir erwidern: „Ich weiß. Aber die Gerechtigkeit, die Ich von dir fordere, kommt nicht von dir selbst, sondern Ich habe sie für dich am Kreuz von Golgatha vollendet."

Wenn du heute dein Leben als Christ betrachtest, entdeckst du so viel Unvollkommenes. Und auch in der Gemeinde der Gläubigen gibt es so manche Unvollkommenheit. Aber vergiss nicht: Jesus Christus wird Seine Kinder vollenden auf den Tag Seiner Wiederkunft hin!

Das Leben als Christ ist auf dieser Erde keine permanent nach oben gerichtete Klettertour, sondern es gibt Täler. Und manche dieser Täler sind so tief, dass wir kaum glauben können, jemals wieder aus ihnen herauskommen zu können.

Vielleicht bist du gerade in der letzten Woche wieder zurückgefallen in alte Sündenmuster – du warst ungeduldig oder unbarmherzig. Was immer du getan hast, du weißt es. Aber du brauchst deshalb nicht an dir zu verzweifeln, sondern bringe deine Schuld und deine Unvollkommenheit täglich zu Jesus. Indem du das tust, arbeitet Gott wieder ein Stück weiter an der Vollendung deines Hauses. Willst du den Herrn bitten:

„Verzeih!“ und Ihm zugleich vertrauen, dass Er es doch noch schafft, dein geistliches Haus komplett fertigzustellen?

Und dann wirst du da sein bei Ihm! An jenem Tage wird dein Haus prachtvoll aussehen, keine Flecken und keine Runzel werden mehr an dir zu finden sein! In der ewigen Herrlichkeit wird es keine Sünde und kein Versagen mehr geben, kein Nachtragen, keinen Streit, keine Eifersucht, keine Unfreundlichkeit, keine Ungeduld, keinen Zorn, keinen Ärger. Wie herrlich wird das sein! Vollkommen gemacht durch Jesus Christus!

Freue dich, denn was Gott beginnt, das vollendet Er auch! Amen.

Solidarität in der Verteidigung des Evangeliums

„Es ist ja nur recht, dass ich so von euch allen denke, weil ich euch im Herzen trage, die ihr alle sowohl in meinen Fesseln als auch bei der Verteidigung und Bekräftigung des Evangeliums mit mir Anteil habt an der Gnade. [8] Denn Gott ist mein Zeuge, wie mich nach euch allen verlangt in der herzlichen Liebe Jesu Christi.“ *(Philipper 1,7-8)*

Paulus liebte die Philipper-Gemeinde. Er hatte die besten Erinnerungen an ihre Entstehung – wie Gott der Lydia das Herz geöffnet und den Kerkermeister durch den Schock eines Erdbebens errettet hatte. Und so schreibt ihnen der Apostel aus dem Gefängnis in Rom: *„Ich danke meinem Gott, sooft ich an euch gedenke ... wegen eurer Gemeinschaft am Evangelium vom ersten Tag an bis jetzt“ (V. 3+5).* Er wertschätzte also ihre „Gemeinschaft am Evangelium“ und schreibt in Vers 7 weiter: *„Es ist ja nur recht, dass ich so von euch allen denke ... die ihr alle sowohl in meinen Fesseln als auch bei der Verteidigung und Bekräftigung des Evangeliums mit mir Anteil habt an der Gnade“.*

I. Anteil am Evangelium haben

Hier erklärt er, was er unter „Gemeinschaft am Evangelium“ versteht – nämlich die Anteilnahme an dem Kampf des Paulus um das Evangelium. Überall auf seinen Missionsreisen trat der Apostel für das Evangelium ein. Er verteidigte und bekräftigte es, wo immer er auftrat. Die Folge war Widerstand. Mal waren es die Heiden und dann wieder die Juden, die ihn wegen seiner Lehre ins Gefängnis brachten, folterten und sogar umbringen wollten. Er selbst berichtet den Korinthern: *„Ich habe weit mehr Mühsal, über die Maßen viele Schläge ausgestanden, war weit mehr in Gefängnissen, öfters in Todesgefahren. [24] Von den Juden habe ich fünfmal 40 Schläge weniger einen empfangen; [25] dreimal bin ich mit Ruten geschlagen, einmal gesteinigt worden; dreimal habe ich Schiffbruch erlitten; einen Tag und eine Nacht habe ich in der Tiefe zugebracht. [26] Ich bin oftmals* *auf Reisen gewesen, in Gefahren auf Flüssen, in Gefahren durch Räuber, in Gefahren vom eigenen Volk, in Gefahren von Heiden, in Gefahren in der Stadt, in Gefahren in der Wüste, in Gefahren auf dem Meer, in Gefahren unter falschen Brüdern;* [27] *in Arbeit und Mühe, oftmals in Nachtwachen, in Hunger und Durst; oftmals in Fasten, in Kälte und Blöße;* [28] *zu alledem der tägliche Andrang zu mir, die Sorge für alle Gemeinden.* [29] *Wer ist schwach, und ich bin nicht auch schwach? Wem wird Anstoß bereitet, und ich empfinde nicht brennenden Schmerz?" (2. Korinther 11,23b-29).*

Das Evangelium stand unter Beschuss. Der Dienst am Wort war nicht immer eitel Freude, er trug dem Apostel keine Ehre oder einen großen Namen ein. Im Gegenteil – es war ein Kampf und brachte Verachtung und Bedrängnis mit sich. Und das alles fühlte sich für Paulus an wie *„ein brennender Schmerz"*.

Da war es für ihn ein großer Trost, in den Philippern Menschen gefunden zu haben, die nicht nur gläubig waren, sondern die hinter ihm standen und das auch zum Ausdruck brachten, die sich mit dem Kampf, den er zu führen hatte, identifizierten, die an seinen *„Fesseln"*, wie er schreibt, Anteil nahmen und das Wesen seines Dienstes verstanden hatten.

II. Verteidigung des Evangeliums

Er nannte seinen Dienst „**Verteidigung und Bekräftigung**" des Evangeliums, wie er es ja in Vers 7 ausgedrückt hatte: *„Es ist ja nur recht, dass ich so von euch allen denke, ... die ihr alle sowohl in meinen Fesseln als auch bei der Verteidigung und Bekräftigung des Evangeliums mit mir Anteil habt an der Gnade."*

Paulus hatte eine ganz klare Vorstellung von dem, was Evangelium ist und was es nicht ist. Für ihn war klar, dass alle Menschen aufgrund ihrer Gefallenheit seit Adam unter dem Gericht Gottes stehen und damit auf ewig verloren sind. Aber in Seiner Barmherzigkeit sandte der Allmächtige Seinen Sohn Jesus Christus aus der Herrlichkeit des Himmels, um am Kreuz von Golgatha stellvertretend für Sünder den gerechten Zorn Gottes zu tragen und an ihrer Stelle zu sterben.

„So sehr hat Gott die Welt geliebt, dass er seinen eingeborenen Sohn gab, auf dass alle, die an ihn glauben, nicht verloren werden, sondern das ewige Leben haben" (Johannes 3,16; L84). Wer aber nicht an Jesus Christus glaubt, muss die Strafe für seine Sünde selbst tragen. Auf dem bleibt der Zorn Gottes und er ist auf ewig verloren

Auf der Grundlage dieser Erlösungstat erweckt der Heilige Geist aus freier Gnade Menschen für diese Botschaft, Er führt sie zur Buße und schenkt ihnen rettenden Glauben an Jesus Christus als ihrem Erlöser, sodass sie das ewige Leben haben. Das heißt, nicht durch gute Werke, sondern aus dem Glauben und durch die Gnade allein werden wir gerettet!

Immer und immer wieder lehrte Paulus diese Wahrheit in den Synagogen und auf öffentlichen Plätzen, in Athen auf dem Areopag und zu Philippi am Flussufer. Er schrieb es auch in seinen Lehrbriefen an die Gemeinden: das Evangelium ist ein Evangelium der Gnade und der Barmherzigkeit Gottes. Und wer an dieses Evangelium in Jesus Christus glaubt, der ist errettet. Wer aber nicht glaubt, der ist verloren in Ewigkeit. Dafür trat der Apostel ein – sogar unter Lebensgefahr.

Aber damals wie heute hat man unter dem Namen „Evangelium" nun allerlei Variationen entwickelt. Aber Paulus hielt nichts von solch einer hochgepriesenen Vielfalt, sondern er schrieb den Galatern: *„Aber selbst wenn wir oder ein Engel vom Himmel euch etwas anderes als Evangelium verkündigen würden als das, was wir euch verkündigt haben, der sei verflucht!" (Galater 1,8).*

Warum war Paulus so eng? Warum nahm er es so genau? Warum machte er es sich so schwer? Weil die These nicht stimmt, dass jeder nach seiner Fasson selig werden kann. Das ist eine alte Unwahrheit und Irrlehre. Denn es gibt **nur ein Evangelium**, durch das wir wirklich gerettet werden – und das ist das Evangelium Gottes. Darum stellt der Apostel fest: *„Mich wundert, dass ihr euch so schnell abwenden lasst von dem, der euch durch die Gnade des Christus berufen hat, zu einem anderen Evangelium, während* ***es doch kein anderes gibt****; nur* *sind etliche da, die euch verwirren und das Evangelium von Christus verdrehen wollen" (Galater 1,6-7).*

Paulus hat schon damals den gleichen Kampf gekämpft, der auch heute gekämpft werden muss. Es geht ihm dabei nicht um Rechthaberei, auch nicht um Steckenpferdreiterei, sondern um die Frage, **durch welches Evangelium wir aus unserer Verlorenheit errettet werden können**. Und da gibt es nur eines, von dem er sagt: *„Ich schäme mich des Evangeliums von Christus nicht; denn es ist Gottes Kraft zur Errettung für jeden, der glaubt" (Römer 1,16).*

Dieses Evangelium verteidigte und bekräftigte der Apostel bis auf sein eigenes Blut. Darin bestand sein Kampf. Das war sein Leben, und dafür war er bereit zu sterben. In diesem Einsatz für die rettende Heilsbotschaft war er oft einsam, viele ließen ihn allein.

III. Die Loyalität der Philipper

Aber nicht so die Philipper. Die beteten für ihn und solidarisierten sich mit ihm. Sie unterstützten ihn und kümmerten sich auch finanziell um ihn. Hört, wie Paulus sich bedankt: *„Ich habe mich aber sehr gefreut im Herrn, dass ihr euch wieder so weit erholt habt, um für mich sorgen zu können ... Doch habt ihr recht gehandelt, dass ihr Anteil nahmt an meiner Bedrängnis. ... keine Gemeinde hat mit mir Gemeinschaft gehabt im Geben und Nehmen, als ihr allein; denn auch nach Thessalonich habt ihr mir einmal, und sogar zweimal, etwas zur Deckung meiner Bedürfnisse gesandt" (Philipper 4,10-16).* Das tat dem Paulus so wohl.

Aber die Philipper taten noch mehr für ihren geliebten Gemeindegründer, für den treuen Wortverkündiger – sie sandten ihre Gaben nicht per Post zu Paulus, sondern er schreibt: *„Ich bin völlig versorgt, seitdem ich von Epaphroditus eure Gabe empfangen habe, einen lieblichen Wohlgeruch, ein angenehmes Opfer, Gott wohlgefällig" (Philipper 4,18).*

Dieser Epaphroditus war nicht nur Kurier, sondern die Philipper hatten ihn abgestellt, um dem Apostel in seinen Fesseln zu dienen. Das geht schon aus Kapitel 2, 25 hervor.

Dort bezeichnet Paulus ihn als *„Helfer in meiner Not" (L84)*. Die Philipper hatten ihm also auch einen Mitarbeiter zur Verfügung gestellt. Und der setzte sich so sehr für Paulus ein, dass er selbst todkrank wurde. Aber der Herr heilte ihn wieder, und Paulus schreibt den Philippern voll Freude: *„Denn um des Werkes Christi willen ist er dem Tode so nahe gekommen, da er sein Leben nicht geschont hat, um mir zu dienen an eurer Statt" (Philipper 2,30; L84).*

Merken wir, wie sehr Paulus den Epaphroditus schätzte und welch ein wunderbarer Trost die Philipper ihm in seinem Kampf um das Evangelium waren? Kein Wunder, dass er ihnen bekennt: *„Es ist ja nur recht, dass ich so von euch allen denke, weil ich euch* ***im Herzen*** *trage" (Philipper 1,7).*

Paulus war nicht einfach nur ein akademischer Theologe. Er war nicht nur ein überlegener Lehrer, an den keiner herankam. Nein, er war ein Mann mit Herz und voller Liebe. Er hatte Sehnsucht nach seinen Glaubensgeschwistern und schämte sich dessen nicht. Und so schreibt er weiter in Vers 8: *„Denn Gott ist mein Zeuge, wie mich nach euch allen verlangt in der herzlichen Liebe Jesu Christi."* Der Apostel möchte, dass die Philipper wissen, dass er keine Show macht und ihnen nicht schmeichelt, sondern dass er es ehrlich meint. „Gott ist mein Zeuge! Er weiß es, wie sehr es mich nach euch allen verlangt in der herzlichen Liebe Jesu Christi!" In Kapitel 4,1 ruft er ihnen sogar zu: *„[Ihr seid] meine Freude und meine Krone."*

Hier können wir sehen, welch eine Verbundenheit, welch eine Einheit, welch eine Liebe das Evangelium hervorbringt. Uns verbindet kein Hobby, kein Sport, keine Reisen, keine Interessengemeinschaft, keine Bürgerinitiative, kein Parteibuch. Uns verbindet die Gemeinschaft am Evangelium, seine Verteidigung und Bekräftigung. Uns verbindet die Botschaft von Jesus Christus, dem Gekreuzigten. *„Und es ist in keinem anderen das Heil; denn es ist kein anderer Name unter dem Himmel den Menschen gegeben, in dem wir gerettet werden sollen!" (Apostelgeschichte 4,12).* Er ist unsere Identität, Er ist unser Heil, unsere Freude und unser Leben.

Unser Kampf als Verkündiger ist heute ein leichter Kampf – im Vergleich zu dem, was Paulus und die damaligen Apostel erlebten oder wie es den Dienern Gottes auch in unserer Zeit weltweit in den Ländern ergeht, in denen Verfolgung herrscht. Aber die Leiter im Reich des Herrn brauchen dennoch eine solche Fürbitte und Solidarität, sie brauchen solche Liebe und Unterstützung, wie Paulus sie erleben durfte. Sie sind darauf angewiesen, dass es Gotteskinder gibt, die hinter ihnen stehen und die Lasten mit ihnen tragen. Denn das Evangelium ist ein Anstoß, ist ein Ekel für die Welt. Deswegen brauchen die Verkündiger des Wortes Gottes eine Partnerschaft am Evangelium, eine innige Gemeinschaft mit Geschwistern, um die Heilsbotschaft von Jesus Christus den Menschen bekanntmachen zu können.

Darum bitten wir alle Gotteskinder: Betet für die Pastoren, für die Missionare, für die Ältesten, die das Banner des Evangeliums auch in unserer Zeit hochhalten. Das ist keine leichte Aufgabe. Aber Gott sei Dank, es gibt noch Philipper, die hinter den Dienern Gottes stehen, die ihnen ihre Liebe zeigen, sie unterstützen und ihnen zur Seite stehen. So ist auch die Arche-Gemeinde. Sie liebt ihre Pastoren, sie betet für uns, sie nimmt Anteil am Ringen um das Evangelium. Sie opfert und sammelt Geld für die Ausbreitung des Wortes Gottes. Und das tut gleichermaßen auch unsere TV-Gemeinde.

Das führt wiederum bei uns zu großer Dankbarkeit und Ermutigung. Es ergibt eine Spirale der Freude, der Zuversicht. Betet und unterstützt eure Leiter, die es im Kampf um das gute alte Evangelium nicht einfach haben. Segnet sie, steht hinter ihnen, helft ihnen und liebt sie! Denn wir haben Gemeinschaft am Evangelium im Namen unseres Herrn Jesus Christus. Amen!

Liebe im Überfluss

„Und um das bete ich, dass eure Liebe noch mehr und mehr überströme in Erkenntnis und allem Urteilsvermögen, [10] damit ihr prüfen könnt, worauf es ankommt, sodass ihr lauter und ohne Anstoß seid bis auf den Tag des Christus, [11] erfüllt mit Früchten der Gerechtigkeit, die durch Jesus Christus gewirkt werden zur Ehre und zum Lob Gottes." (Philipper 1,9-11)

Die Philipper haben so hinter Paulus gestanden wie keine andere Gemeinde. Sie haben für ihn gebetet, ihn mit den Dingen des täglichen Bedarfs versorgt, ihm einen treuen Mitarbeiter namens Epaphroditus zur Seite gestellt und sich mit ihm in der Verteidigung und Bekräftigung des Evangeliums solidarisiert und ihn unterstützt. Das gereichte dem Apostel zur Freude und zum Trost mitten in seiner Gefangenschaft. Mit überschwänglichen Worten bedankt er sich für ihre Liebe und versichert ihnen, dass er sie tief in seinem Herzen trägt. Und dann wiederholt er, was er schon in Vers 3 und 4 sagte: Er **betet allezeit** für die Philipper. Und wofür betet Er?

I. Die Fürbitte des Paulus

Für ihr geistliches Wachstum. *„Und um das bete ich, dass eure Liebe noch mehr und mehr überströme in Erkenntnis und allem Urteilsvermögen, damit ihr prüfen könnt, worauf es ankommt, sodass ihr lauter und ohne Anstoß seid bis auf den Tag des Christus, erfüllt mit Früchten der Gerechtigkeit" (Philipper 1,9-11).*

Der Apostel hatte eine Leidenschaft – und zwar die, seine Glaubensgeschwister geistlich wachsen zu sehen. Im Neuen Testament finden wir etliche Gebete des Paulus, in denen er diesen Wunsch zum Ausdruck bringt, zum Beispiel im Epheserbrief: *„Deshalb beuge ich meine Knie vor dem Vater unseres Herrn Jesus Christus, ... dass er euch nach dem Reichtum seiner Herrlichkeit gebe, durch seinen Geist mit Kraft gestärkt zu werden* ***an dem inneren*** *Menschen" (Epheser 3,14+16).* Oder: *„Darum lasse auch ich ... nicht ab ... in meinen Gebeten an euch zu gedenken, dass der Gott unseres Herrn Jesus*

Christus, der Vater der Herrlichkeit, euch den Geist der Weisheit und Offenbarung gebe in der Erkenntnis seiner selbst, erleuchtete Augen eures Verständnisses, damit ihr wisst, was die Hoffnung seiner Berufung und was der Reichtum der Herrlichkeit seines Erbes in den Heiligen ist" (Epheser 1,15-18). Oder: *„Deshalb hören wir auch seit dem Tag, da wir es vernommen haben, nicht auf, für euch zu beten und zu bitten, dass ihr erfüllt werdet mit der Erkenntnis seines Willens in aller geistlichen Weisheit und Einsicht, damit ihr des Herrn würdig wandelt und ihm in allem wohlgefällig seid: in jedem guten Werk fruchtbar und in der Erkenntnis Gottes wachsend" (Kolosser 1, 9-10).*

Wofür hat Paulus gebetet? Was war sein Gebetsanliegen? Wir könnten noch viele andere Gebete aus seinen Briefen hinzunehmen – überall ist sein Anliegen **geistliche Reife**. Es gibt kaum Beispiele von Gebeten, in denen er wegen physischer Nöte betet. Sicherlich hat er – auch wenn es in unserem Brief nicht extra erwähnt wird – für den kranken Epaphroditus gebetet, und Gott hat sein Gebet erhört. Aber wenn wir den Querschnitt seiner Gebete anschauen, dominiert das geistliche Anliegen, der innere Mensch, das Wachstum in der Liebe, im Glauben und in der Erkenntnis. Wir lesen nicht, dass der Apostel für den Erfolg eines Gemeindeprogramms vor Gott einstand. Für ihn war vielmehr die geistliche Gesundheit der Gläubigen von höchster Wichtigkeit. Diesem Gebetsanliegen wusste sich Paulus verschrieben. In dieser Sache war er ohne Unterlass vor dem Herrn. Denn das ist doch das größte und herrlichste Ziel, das Gott mit uns verfolgt.

„Die er ausersehen hat, die hat er auch vorherbestimmt, dass sie gleich sein sollten dem Bild seines Sohnes" (Römer 8,29; L84). So werden wie Jesus, in Seinen Charakter hineinwachsen – das ist Gottes allerhöchstes Ziel mit uns. Denn was nützt es, wenn wir die ganze Welt gewönnen und doch Schaden nähmen an unserer Seele! Jesus sagt: *„Es ist besser für dich, dass du lahm oder verstümmelt in das Leben eingehst, als dass du zwei Hände oder zwei Füße hast und in das ewige Feuer geworfen wirst" (Matthäus 18,8).*

Damit ich nicht falsch verstanden werde: Natürlich dürfen wir den Herrn bitten, dass Er uns auch in den alltäglichen Fragen des Lebens beisteht und hilft – Jesus selbst lehrt uns zu beten: *„Unser tägliches Brot gib uns heute" (Matthäus 6,11; L84).* Aber diese Bitten rangieren in ihrer Wichtigkeit hinter den geistlichen Anliegen

Deshalb meine Frage an dich: Mit welchen Gebeten wachst du morgens auf? „Herr, bewahre mich heute vor Unglück. Gib mir Gesundheit, gib mir eine Frau. Schenke meinen Kindern gute Zeugnisse, gib mir eine gute Arbeit …"? Und wann kommt das Gebet: „Herr, bewahre mich heute vor Sünde, verändere meinen Charakter, lehre mich Geduld, hilf mir, nicht ärgerlich zu werden, lehre mich Deine Gebote, lass mich wachsen in der Liebe zu meinen Widersachern und zunehmen in der Erkenntnis."?

Was betet Paulus für die wunderbaren Philipper? *„Um das bete ich, dass eure Liebe noch mehr und mehr überströme in Erkenntnis und allem Urteilsvermögen, damit ihr prüfen könnt, worauf es ankommt, sodass ihr lauter und ohne Anstoß seid bis auf den Tag des Christus, erfüllt mit Früchten der Gerechtigkeit, die durch Jesus Christus gewirkt werden zur Ehre und zum Lob Gottes" (Philipper 1,9-11).*

Ich möchte als ein Pastor dieser Gemeinde und als ein Verkündiger für viele TV-Zuschauer von Herzen darum beten, dass es euch in dieser Welt in diesem Leben in allen Bereichen gut geht. Ich wünsche euch Gesundheit und bete dafür. Ich wünsche euch einen wunderbaren Ehepartner und gute Kinder. Ich wünsche ein langes Leben, ein ausreichendes Einkommen und noch vieles andere mehr.

Aber mein Gebet für euch wäre arm, sehr arm, wenn ich für euch nicht noch **eine wichtigere Leidenschaft** hätte – nämlich das Wohlergehen eurer Seele. Ich möchte für mich und auch für euch mehr dieses Gebet beten: *„… dass eure Liebe noch mehr und mehr überströme in Erkenntnis und allem Urteilsvermögen, damit ihr prüfen könnt, worauf es ankommt, sodass ihr lauter und ohne Anstoß seid bis auf den Tag des Christus."* Was für ein Gebet!

II. Liebe – Sauerstoff der Gemeinschaft

Paulus betet, dass die Philipper noch mehr Liebe haben sollen. Aber wieso soll ihre Liebe mehr und mehr überströmen? Hatte er nicht gerade eben ihre Liebe gerühmt? Wieso brauchen sie dann noch mehr davon?

Liebe ist das Wesen des christlichen Glaubens. „Liebe ist", hat jemand gesagt, „der Sauerstoff unserer Gemeinschaft." Und von frischer Luft kann man nie genug bekommen! Wie herrlich ist es, wenn man am Morgen die Fenster weit aufmachen und die Frühlingsluft hereinlassen kann! Dann stellen wir uns ans Fenster, recken und strecken unsere Arme und Beine und atmen tief ein. Und so ist die Liebe Gottes die frische Luft für die Gemeinde.

Manchmal ist unsere Liebes-Luft im routinemäßigen Umgang mit unseren Glaubensgeschwistern schon ein wenig abgestanden. Dann ist es gut, wenn Paulus uns schreibt: „Ihr lieben Leute aus der Arche, ihr könnt noch viel überströmender werden in eurer Liebe!" Darum macht die Fenster für die frische Luft der Liebe Gottes weit auf und füllt eure Lungen damit! Das ist das Anliegen des Paulus! Deshalb schreibt er auch: *„Nun aber bleiben Glaube, Hoffnung, Liebe, diese drei; die größte aber von diesen ist die Liebe" (1. Korinther 13,13).*

In diesem Kapitel definiert Paulus die Liebe unter anderem mit den Worten: *„Wenn ich in Sprachen der Menschen und der Engel redete, aber keine Liebe hätte, so wäre ich ein tönendes Erz oder eine klingende Schelle. Und wenn ich Weissagung hätte und alle Geheimnisse wüsste und alle Erkenntnis, und wenn ich allen Glauben besäße, sodass ich Berge versetzte, aber keine Liebe hätte, so wäre ich nichts. Und wenn ich alle meine Habe austeilte und meinen Leib hingäbe, damit ich verbrannt würde, aber keine Liebe hätte, so nützte es mir nichts!" (1. Korinther 13,1-3; SCL).*

Darum flutet der Apostel seine Briefseiten mit dem Wort „Liebe". In seiner Einleitung zum Epheserbrief, zum Kolosserbrief, zu den Thessalonicherbriefen schreibt er von der überragenden Bedeutung der Liebe. Von den Korintherbriefen haben wir gehört. Aber auch im Römerbrief lässt er uns an vielen Stellen wissen, dass der geistliche Wachstumsfaktor Nummer 1 die Liebe ist. So schreibt Paulus dort: *„Die Liebe tut dem Nächsten nichts Böses; so ist nun die Liebe die Erfüllung des Gesetzes" (Römer 13,10).*

III. Liebe und Erkenntnis

Wichtig festzuhalten ist aber, dass Paulus die Liebe, von der er redet, niemals von Gott löst. Er meint nie allgemeine menschliche, emotionale Liebe, sentimentale Gefühle nach dem Motto: „Ach, ich mag dich ja so gern, du bist mir so sympathisch!" Nein, er spricht immer von der Liebe Gottes – die Liebe, die von Gott kommt. Das ist die geistliche Liebe, die Taten nach sich zieht und auch unbequeme Menschen nicht ausschließt, ja, die sogar den Feinden gilt.

Deshalb reist die Liebe auch nicht allein. Achtet darauf, was Paulus schreibt: *„Und um das bete ich, dass eure Liebe noch mehr und mehr überströme in Erkenntnis und allem Urteilsvermögen" (Philipper 1,9).* Worin soll die Liebe überströmen? Man könnte erwarten, dass Paulus sagt, sie solle überströmen in Mildtätigkeit und sozialem Engagement. Das ist mit Sicherheit eingeschlossen. Aber hier schreibt er: „Die Liebe soll überströmen in **Erkenntnis und allem Urteilsvermögen**."

Das heißt, Paulus versteht Liebe nicht als unkontrollierten Impuls, wie die Welt es tut. Ein Mann kommt zu seiner Ehefrau nach Hause und sagt ihr: „Ich lasse mich scheiden." „Warum?", erwidert sie entsetzt. „Ich habe mich in eine andere verliebt. Dagegen kann man ja nichts machen." Das ist Liebe ohne Erkenntnis und ohne Urteilsvermögen. Wahre göttliche Liebe ist niemals unkontrollierte Emotion oder unregulierter Impuls, sondern sie geht einher mit Erkenntnis Gottes, mit Seiner Wahrheit.

Daher ist es absolut unsinnig, wenn wir Liebe gegen Lehre ausspielen wollen, denn ohne biblische Theologie, ohne biblische Erkenntnis ist keine biblische Liebe möglich. Liebe ist nach der Definition der Heiligen Schrift nämlich nicht in erster Linie Gefühl, sondern Gehorsam. „Wer mich liebt", sagt Jesus,

„der hält meine Gebote“ (nach Johannes 14,21+23). Auf dieser Basis gründet sich biblische Liebe.

„Diesen Menschen kann ich nicht lieben, er hat mir so viel Böses angetan!“ Diesen Satz habe ich schon oft auch von Gotteskindern gehört. Und ich muss sagen: Ich kenne solche Emotionen. Natürlich fällt es leichter, jemanden zu lieben, der mich lobt, als jemanden, der mich kritisiert. Aber wir sind von der Schrift her nicht frei, in dieser Weise über andere zu sprechen, solche Redensarten sind dir als wiedergeborenem Christ nicht erlaubt. Denn die Bibel sagt, dass du ohne Ansehen der Person lieben sollst – sei es nun deinen Feind oder deinen Freund.

Wenn du deine Liebe durch dein Gefühl und dein Empfinden steuern willst, dann ist das Liebe ohne Erkenntnis. Aber die Liebe Gottes, die Er in die Herzen Seiner Kinder ausgegossen hat, die wird durch die Schrift reguliert.

Eine christliche Frau bekannte: „Ich habe eine Affäre. Aber das muss Gottes Wille sein, denn sonst hätte Er mir doch keine Liebe für den Mann gegeben.“ Warum können wir sicher sein, dass diese „Liebe“ nicht von Gott kommt? Weil sich Seine Liebe immer von Wahrheit kontrollieren lässt. Und die biblische Erkenntnis sagt dir: Ehebruch ist Sünde! Auch wenn dieser sich anfühlt wie Liebe. Aber diese „Liebe“ ist nur Sentimentalität, ist nur ein Rausch der Gefühle. Wahre Liebe von Gott verliert nicht die Kontrolle, sondern richtet sich nach Seiner Wahrheit aus.

Das ist die Liebe, von der der Apostel Paulus spricht. Sie ist gesteuert von Erkenntnis und Urteilsvermögen. Sie ist kein unkontrolliertes Hingerissensein, keine Gefühlsduselei, sondern sie ist Entscheidung, sie ist Entschluss und sie basiert auf Überzeugung. Wenn du Gottes Gesetz liebst und Lust hast an Seinen Ordnungen und an Seiner Wahrheit, dann ist das Ausdruck von echter Liebe.

Jesus sagte: *„Niemand hat größere Liebe als die, dass er sein Leben lässt für seine Freunde!“ (Johannes 15,13; L84).* Das ist Opferliebe. Und für „Opfer der Liebe“ muss man sich auf der Basis biblischer Lehre und Erkenntnis entscheiden. Es ist ein Gebot, dass wir lieben sollen. Und diesem Gebot gilt es willentlich und rational zu folgen. Ich will mich durch Gottes Gnade entscheiden, den Geliebten und auch den Ungeliebten zu lieben. Ich will lieben, die mich lieben, aber auch die, die mich hassen und mich verletzen. Das hat nichts mehr mit Sympathie zu tun, sondern mit Liebe aufgrund von Erkenntnis und Urteilsvermögen.

Daher betet der Apostel für die Philipper um geistliches Wachstum, um geistliche Reife und dass sie in den Charakter Jesu Christi hineinwachsen. Paulus sehnt sich leidenschaftlich danach, die ihm anvertrauten Gläubigen dem Herrn einmal ohne Flecken und Runzeln darzustellen. Wenn wir bei Christus sein werden, wird für uns nur noch von Bedeutung sein, dass wir Sein Wesen in uns tragen, Seine Heiligkeit und Wahrheit, Seine Liebe und Seinen Frieden. Bis dahin sind wir aber noch auf einige Dinge in dieser Welt angewiesen. Wir brauchen Essen, Kleidung, wir brauchen Geld und Wärme. Und mit all diesem versorgt uns unser Herr auch. Aber das Reich Gottes besteht dennoch nicht in Essen und Trinken, sondern es ist Friede und Freude im Heiligen Geist.

Wie herrlich ist es, das Wort Gottes zu haben und zu sehen, wie der Heilige Geist einen heiligen Charakter in uns formt und wie Sünde nach und nach von uns abfällt. Das sind die wahren Werte! Dafür betet Paulus! Und er beginnt mit dem Wachstum in der Liebe und schreibt: *„Um das bete ich, dass eure Liebe noch mehr und mehr überströme in Erkenntnis und allem Urteilsvermögen, damit ihr prüfen könnt, worauf es ankommt, sodass ihr lauter und ohne Anstoß seid bis auf den Tag des Christus, erfüllt mit Früchten der Gerechtigkeit, die durch Jesus Christus gewirkt werden zur Ehre und zum Lob Gottes" (Philipper 1,9-11).* Amen!

In Fesseln für Christus

„Ich will aber, Brüder, dass ihr erkennt, wie das, was mit mir geschehen ist, sich vielmehr zur Förderung des Evangeliums ausgewirkt hat, [13] sodass in der ganzen kaiserlichen Kaserne und bei allen übrigen bekannt geworden ist, dass ich um des Christus willen gefesselt bin, [14] und dass die meisten der Brüder im Herrn, durch meine Fesseln ermutigt, es desto kühner wagen, das Wort zu reden ohne Furcht." (Philipper 1,12-14)

I. Paulus im Gefängnis

Die Christen in Philippi waren zutiefst besorgt um Paulus, ihren Gemeindegründer und geistlichen Vater, denn der Apostel war in Rom in Gefangenschaft. Nun fürchteten die Philipper um sein Wohlergehen, zumal das Urteil über ihn noch nicht gesprochen war und ihm die Todesstrafe drohte.

Die Apostelgeschichte berichtet, dass es Paulus gestattet war, in gewisser Weise für sich zu bleiben – allerdings unter der ständigen Bewachung eines Soldaten. *„Als wir aber nach Rom kamen, übergab der Hauptmann die Gefangenen dem Obersten der Leibwache; Paulus aber wurde gestattet, für sich zu bleiben mit dem Soldaten, der ihn bewachte" (Apostelgeschichte 28,16).*

Man warf den Apostel nicht mit gewöhnlichen Kriminellen in ein Gefängnis, sondern stellte ihn nur unter Hausarrest, wobei man ihn dort auch in Ketten legte. Einigen Besuchern sagte er: *„Denn um der Hoffnung Israels willen trage ich diese Kette!" (Apostelgeschichte 28,20).* Auch in Kapitel 1 des Philipperbriefes schreibt Paulus viermal von seinen Fesseln (V. 7+13+14+16).

Einige Ausleger gehen davon aus, dass Paulus rund um die Uhr an einen Wachposten gekettet war. Er war somit kein Gefangener mit einer Privatsphäre, sondern 24 Stunden überwacht. Wenn es nach römischer Sitte alle sechs Stunden einen Wachwechsel gab, dann waren über den Tag verteilt vier verschiedene Soldaten bei ihm. Dennoch hatte er die Freiheit, Menschen zu empfangen und ihnen das Evangelium zu predigen. Dies tat er trotz seiner Einschränkung mit großer Hingabe: *„Nachdem sie ihm nun einen Tag bestimmt hatten, kamen mehrere zu ihm in die Herberge. Diesen legte er vom* ***Morgen bis zum Abend*** *in einem ausführlichen Zeugnis das Reich Gottes dar und suchte sie zu überzeugen von dem, was Jesus betrifft, ausgehend von dem Gesetz Moses und von den Propheten" (Apostelgeschichte 28,23).* Paulus hatte zwar nicht die Freiheit, zu den Menschen zu gehen, aber sie durften zu ihm kommen.

Dennoch waren seine Einschränkungen immens. Er war es gewohnt zu reisen, Gemeinden zu gründen, sie zu besuchen und zu betreuen. Er investierte sich normalerweise auch in die Ausbildung junger Pastoren. Nun aber war er um Jesu Willen seiner Freiheit beraubt.

Lange Zeit hatten die Philipper nichts von ihm gehört, weshalb sie sich Sorgen um ihn machten. Und als er ihnen dann endlich schrieb – was war der Grundtenor seines Briefes? Freude! Er schreibt:

- *„... ich freue mich, ja ich werde mich auch weiterhin freuen" (Philipper 1,18).*
- *„[Ich] bete für euch alle mit Freuden" (Philipper 1,4; Elb).*
- *„So bin ich doch froh und freue mich mit euch allen" (Philipper 2,17).*
- *„Im Übrigen, meine Brüder, freut euch in dem Herrn! Euch immer wieder dasselbe zu schreiben, ist mir nicht lästig; euch aber macht es gewiss" (Philipper 3,1).*
- *„Freut euch im Herrn allezeit; abermals sage ich: Freut euch!" (Philipper 4,4).*

II. Gefesselt zur Förderung des Evangeliums

Wie kann es sein, dass Paulus sich freute inmitten seiner Fesseln? Er tat es, weil seine Freude nicht abhängig war von seinen Umständen. Wenn er seine Zufriedenheit von irdischen Vergnügungen abhängig gemacht hätte, dann hätte er nicht glücklich sein können. Weder Besitztümer noch seine Freiheit konnten Quelle seiner Freude sein, denn diese hatte er nicht. Auch sein Ruf und Ansehen vor Menschen waren nicht Grund seiner Freude. Sein Glück stand auf einem anderen Fundament.

Deshalb konnte er an die besorgten Philipper schreiben: *„Ich will aber, Brüder, dass ihr erkennt, wie das, was mit mir geschehen ist, sich vielmehr zur Förderung des Evangeliums ausgewirkt hat" (V. 12).* Paulus war wichtig, dass die Gläubigen verstanden und erkannten, dass Gott trotz Fesseln und Gefangenschaft am Wirken war.

Worauf basierte also die Freude des Apostels? Sie war verankert im Evangelium. Er freute sich, dass sein persönlicher Nachteil der Guten Nachricht von Jesus Christus förderlich war, und er schreibt später, dass Christus sein Leben ist (Philipper 1,21).

Paulus konnte seine Situation mit Freuden ertragen, weil er eine persönliche Begegnung mit Jesus hatte und ihm die Bedeutung des Evangeliums bewusst war. Er wusste um die Vergebung seiner Sünden, obwohl diese schrecklich und groß gewesen waren. Er wusste um seine Rettung aus Gnade durch den Glauben – nicht seiner äußerlichen Rettung, sondern seiner inneren Rettung. Nun war er frei – auch wenn er äußerlich in Ketten lag –, weil Jesus Christus ihn losgekauft hatte aus der Sklaverei der Sünde. Der Apostel liebte die Wahrheit des Erlösungswerkes Christi am Kreuz. Er wusste um eine Zukunft in der Herrlichkeit bei Gott. Seine Passion und Hingabe galt der Verbreitung dieser guten Nachricht von Jesus Christus.

Deswegen lenkte er die Aufmerksamkeit der Philipper auf das Wesentliche. Er schrieb ihnen sinngemäß: „Es geht nicht in erster Linie um mich und auch nicht um euch, sondern es geht um die Verherrlichung des Namens Jesu." Die Förderung des Evangeliums lag ihm zuallererst am Herzen. Sein Anliegen war, dass Jesus Christus gepredigt wurde. Und wann immer das geschah, wurde sein Herz mit Freude erfüllt. Er vertraute darauf, dass Gott den besten Weg zur Verbreitung des Evangeliums wählte, indem Er ihn in Ketten legte. Das war seine Zuversicht, das war seine Überzeugung und Hoffnung.

Nun stellt sich natürlich die Frage: Was dominiert mein und dein Denken? Was ist deine Passion? Wofür setzt du dich zuallererst ein? Was treibt dich an? Was trägst du auf dem Herzen? Und wovon machst du deine Freude abhängig?

Für Paulus war die Antwort klar: Es war das Evangelium – für ihn persönlich und darüber hinaus die Proklamation der Botschaft von Christus, dem Gekreuzigten, in aller Welt. Das hatte oberste Priorität.

III. Beispiel 1: das Zeugnis des Paulus

Paulus gibt zwei Beispiele, wie seine Fesseln für Christus der Verbreitung des Evangeliums dienten. Er schreibt in den Versen 12-13: *„Ich will aber, Brüder, dass ihr erkennt, wie das, was mit mir geschehen ist, sich vielmehr zur Förderung des Evangeliums ausgewirkt hat,* ***sodass in der ganzen kaiserlichen Kaserne und bei allen übrigen bekannt geworden ist, dass ich um des Christus willen gefesselt bin****.“*

Wie konnte es geschehen, dass Jesus in der kaiserlichen Kaserne zu Rom, unter den Wachen Neros, bekannt wurde? Dieselben Soldaten, die Tag ein, Tag aus an den Apostel gekettet waren, waren es, die immer wieder seine Predigt hörten und sein Leben aus nächster Nähe beobachten konnten.

Genauso wenig wie Paulus vor ihnen fliehen konnte, konnten sie vor ihm fliehen. Sie mussten sich anhören, was er zu sagen hatte – ob sie wollten oder nicht. Sie waren dabei, als viele Besucher kamen. Denn Paulus *„nahm alle auf, die zu ihm kamen; und er verkündigte das Reich Gottes und lehrte von dem Herrn Jesus Christus mit aller Freimütigkeit und ungehindert“ (Apostelgeschichte 28,30-31).* So hörten auch die Wachen die Predigt und Lehre des Apostels.

Sie sahen aber auch sein persönliches Glaubensleben. Sie beobachteten seine Gebete. Sie hörten, wie er mit Freuden – trotz Ketten – Fürbitte tat und wie er Gott dankte für die Philipper und die vielen anderen Christen. Sie sahen seinen Charakter und wussten auch, wie er mit ihnen umging und wie respektvoll er sie behandelte.

Erlaube mir an dieser Stelle die Frage: Was wäre, wenn du 24 Stunden bewacht würdest? Was würden deine Wachen von dir denken? Würden sie sagen: „Das ist ja ein schöner Heuchler – am Sonntag geht er in die Kirche und setzt ein frommes Gesicht auf. Aber sobald sich seine Haustür hinter ihm geschlossen hat, ist er ein völlig anderer Mensch!"?

Sicher beteten die Christen, dass auch in das Haus des Kaisers des römischen Reiches die gute Nachricht von Jesus Christus vordringen sollte. Die Apostelgeschichte berichtet darüber, wie sich das Evangelium in der Welt ausbreitete. Es begann mit einer kleinen Schar von verängstigten Jüngern in Jerusalem. Sie schlossen sich nach dem Tod Jesu ein und waren in Sorge, wie es weitergehen würde. Aber ausgestattet mit der Kraft des Heiligen Geistes lief die Nachricht von Christus von Jerusalem über Judäa und Samaria nach Galatien, Kleinasien, Mazedonien, Achaja bis zur Welthauptstadt Rom.

Hier schien die Verbreitung des Evangeliums zu einem Ende gekommen zu sein. Die Philipper waren traurig, schließlich lag ihr Apostel in Ketten. Aber Gott war noch lange nicht mit Seiner Weisheit am Ende. Denn die Wachen, die scheinbar die weitere Verbreitung der guten Nachricht verhinderten, erwiesen sich als Sprachrohr des Evangeliums. Gott verkehrte die Lage ins Gegenteil, wie Er das in der Missionsgeschichte so oft getan hat. Wenn zum Beispiel der französische Philosoph Voltaire im 18. Jahrhundert der Bibel bescheinigte, dass sie bald von der Bildfläche verschwunden sein würde, sorgte Gott dafür, dass nach dessen Tod aus seinem Haus eine Bibeldruckerei wurde.

Die Botschaft kam über die Wachen also doch bis in das Haus des Kaisers, denn am Ende schreibt Paulus: *„Grüßt jeden Heiligen in Christus Jesus! Es grüßen euch die Brüder, die bei mir sind. Es grüßen euch alle Heiligen,* ***besonders die aus dem Haus des Kaisers****" (Philipper 4,21-22)*. Das Evangelium ist unaufhaltsam und gelangte bis in das Haus des Kaisers! Das war *ein* Grund für die Freude des Apostels – zeigte es doch, dass die äußeren Umstände, die ihn einschränkten, letztendlich nicht verhindern konnten, dass der Auftrag Gottes ausgeführt wurde.

IV. Beispiel 2: Mut zum Predigen für andere

Das zweite Beispiel für die Förderung des Evangeliums finden wir in Philipper 1,14. Dort heißt es: *„Dass die meisten der Brüder im Herrn, durch meine Fesseln ermutigt, es desto kühner wagen, das Wort zu reden ohne Furcht."* Bevor Paulus in Fesseln war, schienen die Gläubigen nicht mutig gewesen zu sein, das Wort zu verkündigen – verständlicherweise, denn die Feindschaft gegen die Christen nahm zu. Nun aber sahen sie, wie selbst die Gefangenschaft des Apostels dazu führte, dass sich das Evangelium ausbreitete. Das ermutigte sie so sehr, dass sie ihre Scheu ablegten. Denn wenn Paulus nicht mehr in der Öffentlichkeit auftreten konnte, waren sie gefordert, es zu tun. Und sie taten es.

Jesus sagte in Matthäus 16 zu Petrus: *„Du bist Petrus, und auf diesen Felsen will ich meine Gemeinde bauen, und die Pforten der Hölle sollen sie nicht überwältigen" (V. 18; L84).* Paulus wusste, dass das Evangelium unaufhaltsam ist. Es konnte auch nicht gestoppt werden, als der große Apostel aus dem Verkehr gezogen war. Denn schließlich ist es Gott selbst, der Seine Gemeinde baut. Deshalb schlug Paulus auch nicht die Hände über dem Kopf zusammen und war verzweifelt, als er in Ketten gelegt wurde. Nein, er vertraute seinem Herrn, der dafür Sorge trägt, dass die Botschaft verkündigt wird.

Das sollte auch dir Mut machen. Vielleicht sagst du, dass du nicht reden kannst oder nicht die Gabe hast, öffentlich von deinem Glauben Zeugnis abzulegen. Deine Familie und deine Freunde sind dagegen, und außerdem wird das Evangelium in unserer Zeit stark abgelehnt. Aber lass dich nicht beirren – das Evangelium geht seinen Weg und die Wahrheit siegt. Es schafft Frucht zu seiner Zeit. Sorge dich also in erster Linie um das Evangelium und um das Reich Gottes, einerlei in welcher Situation du dich befindest, und nicht zuerst um deine persönlichen Dinge.

Wie kannst du Freude im Herzen haben, die unabhängig von Umständen ist? Indem du deine Freude nicht in den Dingen dieser Welt verankerst, sondern indem du mit allem, was du tust, Gott zuallererst die Ehre gibst. Es geht in deinem und meinem Leben in erster Linie um Gottes Sache. Seine Ehre, Sein Plan, Sein Evangelium sind maßgebend. Ohne Frage sorgt Gott sich auch in unseren Krisen um uns, aber unsere Umstände sind nicht das Zentrum aller Dinge. Seine Absichten sind zentral, und wenn wir Seine Absichten zu unseren werden lassen, dann erfahren wir tiefe und echte Freude unabhängig von äußeren Ketten. Amen.

Wenn doch nur Christus verkündigt wird

„Einige verkündigen zwar Christus auch aus Neid und Streitsucht, andere aber aus guter Gesinnung; [16] diese verkündigen Christus aus Selbstsucht, nicht lauter, indem sie beabsichtigen, meinen Fesseln noch Bedrängnis hinzuzufügen; [17] jene aber aus Liebe, weil sie wissen, dass ich zur Verteidigung des Evangeliums bestimmt bin. [18] Was tut es? Jedenfalls wird auf alle Weise, sei es zum Vorwand oder in Wahrheit, Christus verkündigt, und darüber freue ich mich, ja, ich werde mich auch weiterhin freuen!“ (Philipper 1,15-18)

Der Apostel freute sich, obwohl sich vieles in seinem Leben ins Negative verkehrt hatte. Er war gefangen in Rom, in Ketten für Christus, rund um die Uhr bewacht. Er konnte nicht reisen, Gemeinden gründen und Christen vor Ort stärken, und dennoch war er sich sicher, dass Gott in allem Gutes wirkte. Er sagte: *„Ich freue mich“ (V. 18).*

Während er in Gefangenschaft war, wurden viele Männer ermutigt, das Evangelium zu predigen: *„... dass die meisten der Brüder im Herrn, durch meine Fesseln ermutigt, es desto kühner wagen, das Wort zu reden ohne Furcht“ (Philipper 1,14).*

Wunderbar! Paulus war gefangen und eine Folge seiner Gefangenschaft war, dass da auf einmal Männer aufstanden und mutig das Evangelium verkündigten. Aber leider taten nicht alle dies aus einer lauteren Gesinnung heraus, sondern die Gruppe der Motivierten teilte sich in zwei Untergruppen auf.

I. Predigt aus Neid

Manche verkündigten die gute Nachricht nicht mit einer guten und reinen Absicht, sondern aus Neid, Streitsucht (V. 15) und aus Selbstsucht (V. 16). Sie wollten Paulus schaden, er schrieb: *„Sie beabsichtigen, meinen Fesseln noch Bedrängnis zuzufügen“ (V. 16).* Als ob seine Ketten nicht schon beschwerlich genug waren, waren sie darauf aus, ihn noch weiter zu schädigen. Diese Männer waren neidisch auf Paulus und wollten ihn diskreditieren. Aber auch sie konnten ihm seine Freude nicht rauben.

Diese Brüder, von denen der Apostel hier schreibt, waren keine Irrlehrer, sondern sie waren bezüglich ihres Glaubens und dem Inhalt ihrer Predigt auf einer Wellenlänge mit Paulus. Wenn sie eine falsche Lehre vertreten und das Evangelium verdreht hätten, wäre er ganz direkt und unmissverständlich gegen sie vorgegangen, so wie er es an vielen anderen Stellen tat. Den Galatern schrieb er z. B.: *„Mich wundert, dass ihr euch so schnell abwenden lasst von dem, der euch durch die Gnade des Christus berufen hat, zu einem anderen Evangelium, [7] während es doch kein anderes gibt; nur sind etliche da, die euch verwirren und das Evangelium von Christus verdrehen wollen. ... [9] Wie wir es zuvor gesagt haben, so sage ich auch jetzt wiederum: Wenn jemand euch etwas anderes als Evangelium verkündigt als das, welches ihr empfangen habt, der sei verflucht!" (Galater 1,6-9).*

So klar ging der Apostel mit Irrlehrern ins Gericht. Seine Aufgabe war also, zu predigen und gleichzeitig falsche Lehren aufzudecken und ihnen entgegenzutreten. Er sagte: *„Ich bin zur Verteidigung des Evangeliums bestimmt" (V. 17).* Dazu hatte Gott ihn gesetzt und auch befähigt.

Aber hier war nicht falsche Lehre das Problem. Die Männer waren Predigerkollegen, die dieselbe Botschaft verkündigten wie Paulus, und doch wollten sie ihm schaden. Nicht der Inhalt ihrer Predigt stand zur Debatte, sondern ihre Motivation.

Sie waren neidisch. Warum sie neidisch waren, wissen wir nicht – Paulus schweigt darüber. Ich denke, er wollte sich und seinen Fall nicht zum Thema machen, sondern den Philippern nur berichten, dass auch diese böse gemeinten Attacken von Kollegen ihm nicht seine Freude rauben konnten.

Vermutlich waren sie neidisch auf seine Gaben, auf seinen Erfolg, auf seine Beliebtheit und seine Bekanntheit. Er hatte eine Position inne, die sie gerne haben wollten. So war seine Gefangenschaft für sie eine gute Gelegenheit, sich selbst zu profilieren nach dem Motto: „Wir können es auch! Es geht auch gut ohne Paulus." In ähnlicher Weise hatten sich einst Mirjam und Aaron gegen Mose gewandt und ihn kritisiert und gesagt: *„Redet denn der HERR allein durch Mose? Redet er nicht auch durch uns?“ (4. Mose 12,2; L84).* Aufgrund ihrer Eifersucht suchten sie ihn in ein schlechtes Licht zu stellen.

Dem Heiligen Geist hat es gefallen, auch diese Ereignisse im Wort Gottes festzuhalten. Eines wird dadurch sehr deutlich: Es geht in der Verkündigung des Evangeliums und in der Predigt von Jesus Christus natürlich in erster Linie um den Inhalt, dass er richtig und klar ausgelegt und weitergegeben wird. Aber Gott interessiert sich ebenso für unsere Motivation bei der Predigt, Er fragt auch nach unserem Herzen.

Diesbezüglich sind natürlich in erster Linie die Verkündiger des Wortes Gottes angesprochen, aber auch Menschen in der Gemeinde, die einen Dienst anstreben. Willst du diese Aufgabe übernehmen, weil du neidisch auf die Position anderer bist oder weil du Anerkennung erhalten möchtest? Oder tust du es aus Liebe zu Christus, zu Seiner Gemeinde und zu Seinem Wort?

Hier in Kapitel 1 legt Gott die Motivation der Brüder offen. Es sind offensichtlich Christen mit einer falschen Motivation. Auch heute gibt es Menschen, selbst in Gemeinden, die anderen schaden wollen. Sie suchen nach Anerkennung und Ruhm und wollen gesehen werden. Und sie sind unglücklich über andere, die „erfolgreicher“ sind als sie selbst. Möge Gott unsere Herzen reinigen, sodass unsere Motive lauter sind!

Diese Männer sahen sich selbst also in einem Wettkampf mit Paulus und wollten ihn mit schlechtem Gerede und Kritik fertigmachen. Sie wollten seinen Fesseln noch mehr Bedrängnis hinzufügen. Aber Paulus freut sich – Hauptsache, Christus wird verkündigt!

Was sie gegen ihn vorbrachten, wissen wir nicht. Auch hier hält Paulus sich fein zurück. Es mag sein, dass einige über die Ursache seiner Gefangenschaft spekulierten. Vielleicht meinten sie, dass geheime Sünden ihn dorthin gebracht hatten und dass Gott ihn nun strafte. Andere waren vielleicht der Ansicht, dass er nur nicht genügend Glauben und geistliche Kraft aufbrachte, um den Ketten zu entkommen. Und wieder andere hielten ihn möglicherweise für ein Auslaufmodell nach dem Motto: „Der gute alte Paulus sollte sich wirklich langsam zurückziehen. Jetzt kommt die junge Generation. Wir wissen, wie's gemacht wird!" Was auch immer es war – es muss ihn geschmerzt haben. Seinen Fesseln wurde noch mehr Bedrängnis hinzugefügt.

Kurz vor seinem Tod schrieb der Apostel aus Rom an Timotheus und berichtete über seine erste Verteidigung vor dem römischen Gericht: *„Bei meiner ersten Verteidigung stand mir niemand bei, sondern alle verließen mich; es werde ihnen nicht angerechnet!" (2. Timotheus 4,16).* Im selben Brief heißt es zudem: *„Du weißt ja, dass sich von mir alle abgewandt haben, die in der Provinz Asia sind, unter ihnen auch Phygellus und Hermogenes" (2. Timotheus 1,15).*

Dieser Mann war einsam in seinen Ketten, obwohl er ein vorbildlicher Diener Christi war. Sicher war er auch versucht zu denken: „Ich werde nicht genügend geehrt und geschätzt." Und es hat ihn bestimmt geschmerzt, dass ihm seine Brüder in den Rücken fielen. Dennoch konnte er sagen: „Ich freue mich", weil er seine Freude nicht aus günstigen Umständen bezog und auch nicht aus der Anerkennung und dem Lob von Menschen.

Es kann tatsächlich sehr einsam werden um treue Diener Gottes. Es kann auch einsam werden um dich, wenn du den Namen Christi dort verkündigst, wo du stehst. Du magst dich in deiner Familie isoliert fühlen, weil du der Einzige bist, der sich zu Jesus bekennt. Oder du stehst alleine an deinem Arbeitsplatz oder in der Schule. Aber selbst wenn sich Menschen abwenden, sie dich enttäuschen, sogar Verleumdungen aussprechen, weil du aus reinem Herzen den Namen des Sohnes Gottes verkündigst, wird deine Freude nicht weichen, so sie denn auf Christus basiert.

II. Predigt aus Liebe

Aber dann waren da auch noch andere Männer, die Christus aus einem reinen Herzen verkündigten. In Vers 15 heißt es: *„Einige verkündigen zwar Christus auch aus Neid und Streitsucht, andere aber aus guter Gesinnung."* Jene verkündigten *„aber aus Liebe, weil sie wissen, dass ich zur Verteidigung des Evangeliums bestimmt bin" (V. 17).*

Diese zweite Gruppe hatte eine lautere Gesinnung. Sie traten nicht ein für ihre eigene Agenda, sondern sie hatten die Förderung des Evangeliums im Sinn. Sie ließen sich einbinden in die missionarische Arbeit des Paulus, sie ordneten sich ihm unter und unterstützten ihn.

All dies taten sie aus Liebe – sie predigten aus Liebe, sie dienten aus Liebe. Es ging ihnen nicht um ihren Ruf und um ihre Position, sondern alles, was sie taten für den Herrn, taten sie aus Liebe. Das sollte unser aller Motivation im Dienst in der Gemeinde sein.

Wenn jemand aus Neid und Streitsucht predigt oder dient, tut er es nicht aus Liebe. Dies schließt sich gegenseitig aus. *„Wenn ich mit Menschen- und mit Engelzungen redete und hätte die Liebe nicht, so wäre ich ein tönendes Erz oder eine klingende Schelle. Und wenn ich prophetisch reden könnte und wüsste alle Geheimnisse und alle Erkenntnis und hätte allen Glauben, sodass ich Berge versetzen könnte, und hätte die Liebe nicht, so wäre ich nichts. Wenn ich alle meine Habe den Armen gäbe und ließe meinen Leib verbrennen und hätte die Liebe nicht, so wäre mir's nichts nütze" (1. Korinther 13,1-3; L84).*

Du kannst der beste Redner, der größte Wohltäter oder der angesehenste Diener in der Gemeinde sein. Wenn du das, was du tust, aber nicht aus Liebe tust, so ist es nichts nütze. Dann wird ein Ausbleiben von Anerkennung für deinen Dienst dir auch die Freude daran nehmen. Warst du schon einmal traurig und enttäuscht, weil niemand gemerkt hat, wie sehr du dich für den Herrn eingesetzt hast?

Wir sollten diesbezüglich alle unsere Motivation überprüfen und so handeln, wie Paulus mahnt: *„Tut euren Dienst mit gutem Willen als dem Herrn und nicht den Menschen" (Epheser 6,7; L84).* Dann spielt es keine Rolle, ob die Menschen dich loben oder nicht, sondern du tust alles für den Herrn. Und wenn du einmal vor Ihm stehst, wird Er zu dir sagen: *„Recht so, du guter und treuer Knecht! ... geh ein zur Freude deines Herrn!" (Matthäus 25,21).*

Die Frage ist nun: Wen liebten die Brüder? Natürlich liebten sie Jesus und Sein Wort. Aber der Kontext macht klar, dass sie auch Paulus liebten, denn er sagt: *„Jene [verkündigen] aber aus Liebe, weil sie wissen, dass ich zur Verteidigung des Evangeliums bestimmt bin" (Philipper 1,17).* Die Motivation für ihr Handeln war Liebe, aber Paulus verknüpft das auch mit seiner Person: *„... weil sie wissen, dass ich zur Verteidigung des Evangeliums bestimmt bin."*

Diese Männer kannten den Grund für die Inhaftierung des Apostels – nämlich weil er berufen war zur Verteidigung des Evangeliums. Sie vermuteten keine Sünde, geistliche Schwäche oder Unglaube hinter seinen Ketten, sondern sie wussten, dass Gott ihn an diesen Ort gestellt hatte und mit seinen Fesseln etwas Großes bewirken wollte – nämlich dass in der Kaserne bekannt gemacht werde: Jesus Christus lebt! Deshalb liebten die Brüder Paulus und stellten sich hinter ihn.

III. Wenn doch nur Christus verkündigt wird

Aber auch auf diese Gruppe von Menschen baute Paulus nicht seine Hoffnung. Denn er sagt ja in Vers 18: *„Was tut es?"* Für ihn war nicht wichtig, ob die gute Nachricht aus einem heuchlerischen Herzen mit schlechten Motiven oder aus einem reinen Herzen mit guten Absichten verbreitet wurde – **Hauptsache, Christus wurde verkündigt!**

Natürlich freute sich Paulus nicht, wenn falsche Lehre gepredigt wurde, und auch nicht über die sündhaften Motive mancher Verkündiger. Aber er freute sich, wenn der Name Jesu Christi gepredigt wurde. Das war seine Passion, das allein war der Grund für seine Freude.

Möchtest auch du dich freuen unabhängig von deinen Lebensumständen? Hast du eine tiefe Sehnsucht in deinem Herzen, auch dann Ruhe und Zufriedenheit zu empfinden, wenn um dich herum der Sturm tobt? Dann mache Christus zur höchsten Priorität in deinem Leben! Ordne Ihm dein Leben unter und diene Ihm aus einem reinen Herzen. Er wird dich niemals enttäuschen, während alles andere, was wir über Ihn stellen könnten, uns eines Tages genommen werden wird. Aber Christus bleibt in Ewigkeit! Amen.

„… dass mir dies zum Heil ausgehen wird“

*„Denn ich weiß, dass mir dies zur Rettung ausschlagen wird
durch eure Fürbitte und den Beistand des Geistes Jesu Christi,
[20] entsprechend meiner festen Erwartung und Hoffnung, dass ich in nichts zuschanden werde, sondern dass in aller Freimütigkeit, wie allezeit, so auch jetzt, Christus hoch gepriesen wird an meinem Leib, es sei durch Leben oder durch Tod.“*

(Philipper 1,19-20)

Paulus befand sich wegen des Evangeliums in Rom in Fesseln – angekettet an jeweils einen Wachsoldaten – und wartete ungefähr seit zwei Jahren auf seinen Prozess. Er hoffte auf Freispruch, aber er hätte auch zum Tode verurteilt werden können. Dennoch verzagte der Apostel nicht. Auch nicht, obwohl da eine Reihe von Brüdern waren, die seine Lage ausnutzten und sich auf seine Kosten groß machten. Sein Fazit war: *„Was tut es? Jedenfalls wird auf alle Weise, sei es zum Vorwand oder in Wahrheit, Christus verkündigt, und darüber freue ich mich, ja, ich werde mich auch weiterhin freuen!“ (Philipper 1,18).*

I. Alles wird uns zum Heil ausgehen

Paulus ließ sich seine Freude am Herrn nicht rauben – weder durch seine Gefangenschaft noch durch Brüder, die seinen Fesseln noch Bedrängnis hinzufügten (Philipper 1,17). Er fährt vielmehr fort und ruft aus: *„Denn ich weiß, dass mir dies zur Rettung ausschlagen wird“ (V. 19).* Andere Übersetzungen sagen auch: *„… dass mir dies zum Heil ausgehen wird“ (L84; Elb).*

Damit meinte der Apostel offensichtlich, dass alles, was ihm dort in Rom widerfuhr, zu seinem Besten ausgehen würde – ob er nun freigesprochen oder zum Tode verurteilt würde, ob Brüder ihn in Liebe tragen oder ob sie seinen Fesseln noch mehr Bedrängnis hinzufügen würden. Einerlei, wie lange es dauerte, einerlei, wie alles aussah – sein Credo lautete: *„Denn ich weiß, dass mir dies zum Heil ausgehen wird.“*

Und er fügt in Vers 20 noch hinzu: *„Es sei durch Leben oder Tod."* Er hätte auch sagen können: „Einerlei, wie es kommt – es wird für mich immer so laufen, dass es mir zum Besten dient und meinem Heil entspricht. An meiner herrlichen Zukunft mit Christus kann nicht mehr gerüttelt werden. Daran kann weder eine 24-Stunden-Bewachung in Fesseln etwas ändern noch Enttäuschungen durch falsche Brüder. Auch ein Freispruch oder ein Todesurteil ändern nichts daran, denn was auch immer kommt und geschieht – es wird mir zum Heil ausgehen!"

Wissen wir Christen das? Wissen wir, dass alle Dinge für uns gut enden werden? Hiob sagt: *„Und ist meine Haut noch so zerschlagen und mein Fleisch dahingeschwunden, so werde ich doch Gott sehen" (Hiob 19,26; L84).* So wie Paulus nicht wirklich wusste, wie die Sache mit ihm ausgehen würde, wissen auch wir nicht, wie alles werden wird. Da ist die Sache mit deiner Ehe, mit deinen Kindern, mit deinem Alter, mit deinem Einkommen. Aber dennoch, ob wir gesund oder krank sind, ob Menschen zu uns stehen oder ob sie uns in den Rücken fallen, ob sie gut oder schlecht von uns reden, ob wir leben oder sterben, unsere Devise soll stets sein: *„Denn ich weiß, dass mir dies zum Heil ausgehen wird."* Darüber freute Paulus sich, und er wollte sich auch weiter darüber freuen.

Wir müssen uns dabei einmal in seine Lage versetzen! Der Apostel hat wirklich vieles durchlitten! Aber er hatte die Gewissheit: „Selbst wenn man mich verkauft wie die Brüder den Josef – es wird mir zum Heil ausgehen. Wenn man mir alles raubt, wie es dem Hiob geschah – es wird mir zum Heil ausgehen. Und wenn ich in den Feuerofen geworfen werde, siebenmal heißer als sonst – es wird mir zum Heil ausgehen."

Gutes oder Schlechtes, Freudiges oder Trauriges – alles hat für Gotteskinder immer nur einen Ausgang und ein Ende, und das ist unser Heil. Nichts kann uns scheiden von der Liebe Gottes. Wir sind auf ewig in Ihm geborgen! Psalm 55, 23 verspricht: *„Er wird den Gerechten in Ewigkeit nicht wanken lassen!"* Und Psalm 37, 5 enthält die Verheißung: *„Befiehl dem HERRN deine Wege und hoffe auf ihn, er wird's wohl machen" (L84).* Er wird dafür sorgen, dass uns alles zum Heil ausgehen wird!

II. Fürbitte und Versorgung durch den Geist

Welches sind nun die Mittel, die Gott benutzt, um uns diese Gewissheit ins Herz zu brennen? Hört Paulus in unserem Text: *„Denn ich weiß"*, sagt er, *„dass mir dies zum Heil ausgehen wird"* – wodurch? – *„**durch euer Gebet und durch den Beistand des Geistes Jesu Christi**" (L84).*

Diese Glaubenshaltung „Ich weiß, dass mir alles zu meinem Heil ausgehen wird" können wir uns nur durch einen Glaubenskampf erhalten, denn unsere fleischliche Natur will uns von diesem Fundament immer wieder wegreißen. Paulus sagt: „Ich stehe in dieser Gewissheit und halte fest an diesem Glauben durch zwei Dinge – durch euer Gebet und durch den Beistand des Geistes Jesu Christi."

Die wunderbare Wahrheit, dass den Glaubenden wirklich alle Dinge zum Besten dienen (Römer 8,28), wird in ihren Herzen also zum einen durch Fürbitte der Glaubensgeschwister lebendig erhalten. Paulus betont: „Meine Gewissheit, dass Gott alles herrlich hinausführen wird, habe ich durch euer Gebet empfangen."

Wir sehen daran, wie wichtig die Fürbitte ist! Ich denke gerade auch an die verfolgten Christen überall auf der Welt. Wie viele befinden sich gleich Paulus in Fesseln und wollen mutlos werden! Aber da ist die betende Gemeinde, die den festen Glauben in ihren Herzen aufrechterhält, dass auch ihnen alles zu ihrem Heil ausgehen wird.[3]

Wie gut ist es auch für uns, in eine fürbittende Gemeinde eingebettet zu sein! Wie oft wolltest du in deinem Leid verzagen. Du hast nur schwarz gesehen – weit davon entfernt, deine Lage so einzuschätzen, dass sie dir zum Guten ausgehen könnte. Aber du hattest eine betende Gemeinde hinter dir. Danke Gott dafür! Und wenn du keine Gemeinde hast, dann

[3] Neben dem individuellen regelmäßigen Gebet für verfolgte Christen möchten wir auch empfehlen, sich am Weltweiten Gebetstag für verfolgte Christen, der jährlich Anfang November begangen wird, zu beteiligen. Details dazu gibt es bei der Deutschen Evangelischen Allianz (http://www.ead.de/gebet/gebetstag-fuer-verfolgte-christen/editorial.html).

schreibe uns gerne deine Not und wir beten für dich, dass auch du dir gewiss wirst, dass dir alles in deinem Leben zum Heil ausgehen wird.

Paulus schreibt aber nicht nur, dass ihm seine Fesseln und die Enttäuschungen seitens mancher Brüder zum Heil ausgehen werden durch das Gebet der Gemeinde, sondern auch *„**durch den Beistand des Geistes Jesu Christi**“*. Was für ein herrliches Wort! Paulus wusste etwas von einem Erfülltsein mit dem Heiligen Geist. Er wusste, dass der Geist des Herrn uns beisteht in unserem Glaubenskampf. Wenn da ein Gotteskind ist, das an dem Glauben festhält, dass ihm alles zum Heil mitwirkt, dann geschieht das durch den Beistand des Heiligen Geistes.

Paulus benutzt hier das griechische Wort „epichoregia“, was so viel wie „Handreichung“ oder „Darreichung“ bedeutet. Er sagt damit: „Ich erlebe diese Kraftzufuhr in meinen Fesseln durch die Handreichung des Heiligen Geistes.“ Das heißt, der Heilige Geist reicht den Erlösten alles dar, was nötig ist, um in diesem Glauben an die Souveränität Gottes zu beharren. Durch die Darreichung des Geistes Christi haben wir alles, was nötig ist, um fest in der Wahrheit zu bleiben, dass uns alle Dinge zum Heil ausgehen, sei es durch Leben oder durch Tod. Welch eine wunderbare Darreichung und Gabe des Heiligen Geistes!

Jesus hatte Seinen Jüngern verheißen, dass der Vater ihnen in Seinem Namen den Heiligen Geist senden wird, den Tröster, den Helfer, den Beistand (Johannes 14,26). Und nach Seiner Auferstehung kündigte Er ihnen an: *„Ihr werdet die Kraft des heiligen Geistes empfangen, der auf euch kommen wird“ (Apostelgeschichte 1,8; L84).*

Das heißt für uns, dass wir wie Paulus in seinen Fesseln zu Rom ebenfalls durch die Handreichung des Heiligen Geistes Jesu Zeugen sein werden – in guten wie in schweren Tagen. In jeder Lebenslage wird uns der Heilige Geist mit dem versorgen, was wir brauchen – mit Weisheit, Erkenntnis, mit Glauben und Gottvertrauen, mit Mut und Demut, mit Freundlichkeit, mit Geduld, mit rechter Führung und auch mit Kraft und Kühnheit.

Du bist in deinen Nöten und Schwierigkeiten nicht allein, sondern da ist die betende Gemeinde, die hinter dir steht, und die Gegenwart des Heiligen Geistes, der dir alles darreicht, was du für den Lebenskampf brauchst. Wie wunderbar ist das!

Der Heilige Geist, die dritte Person der Dreifaltigkeit, hat Paulus so ausgerüstet, dass er sagen konnte: *„Denn ich weiß, dass mir dies zum Heil ausgehen wird durch euer Gebet und* ***durch den Beistand des Geistes*** *Jesu Christi" (L84).* Durch diesen Beistand des Geistes rufe du dasselbe aus!

III. Keiner wird zuschanden

Hört, was Paulus nun noch weiter schreibt: *„Entsprechend meiner festen Erwartung und Hoffnung, dass ich in nichts zuschanden werde, sondern dass in aller Freimütigkeit, wie allezeit, so auch jetzt, Christus hoch gepriesen wird an meinem Leib, es sei durch Leben oder durch Tod" (V. 20).*

Das heißt, Paulus hatte bezüglich seiner Fesseln nur eine Erwartung: „Ich werde nicht zuschanden werden – ob ich nun frei gesprochen oder zum Tode verurteilt werde!" Wir würden ein Todesurteil wahrscheinlich schon als ein „zuschanden werden" ansehen. Aber für Paulus war es das nicht, er sagte nämlich im nächsten Vers: *„Denn Christus ist mein Leben, und Sterben ist mein Gewinn" (Philipper 1,21; L84).*

Auch eine eventuelle Hinrichtung ist kein Schaden, sondern Gewinn für Paulus. Er will damit sagen, dass Christen **niemals** zuschanden werden – was immer auch mit ihnen geschehen mag. Darum schrieb er in Vers 20: Es entspricht *„meiner festen Erwartung und Hoffnung, dass ich* ***in nichts*** *zuschanden werde."* In nichts – in nichts werden wir zuschanden!

Gustav Knak drückt das in seinem Lied wunderbar aus:

1) KEINER WIRD ZUSCHANDEN, WELCHER GOTTES HARRT;
SOLLT ICH SEIN DER ERSTE, DER ZUSCHANDEN WARD?
NEIN, DAS IST UNMÖGLICH, DU GETREUER HORT!
EHER FÄLLT DER HIMMEL, EH MICH TÄUSCHT DEIN WORT!

3) NUN, SO WILL ICH'S WAGEN, HERR, AUF DEIN GEBOT,
ALLE MEINE SORGEN, EIG'N UND FREMDE NOT,
ALL MEIN HEIMLICH GRÄMEN, ALLES WAS MICH QUÄLT,
DIR ANS HERZ ZU LEGEN, DER DIE TRÄNEN ZÄHLT.

4) Du bist mein Erbarmer und mein bester Freund,
meines Lebens Sonne, die mir lacht und scheint
auch in finstern Nächten und durchs Todestal
mir hinüberleuchtet zu des Lammes Mahl.[4]

Auch **Dietrich Bonhoeffer** hatte diese Wahrheit tief in seinem Herzen verstanden, als er in der Silvesternacht 1944/ 1945 kurz vor seiner Hinrichtung schrieb:

Und reichst du uns den schweren Kelch, den bittern –
des Leids gefüllt bis an den höchsten Rand,
so nehmen wir ihn dankbar ohne Zittern –
aus deiner guten und geliebten Hand.[5]

Bonhoeffer wurde hingerichtet. Paulus noch nicht. Er durfte zu seiner Freude die Philipper noch einmal wiedersehen. Aber nach zwei, drei, maximal vier Jahren weiteren Dienstes für Christus wurde Paulus wieder inhaftiert und kam diesmal nicht mehr frei, sondern wurde schließlich enthauptet. Aber nie gab er sich dem Geist der Resignation hin, nie wurde er zuschanden, sondern er schrieb unmittelbar vor seinem gewaltsamen Tode an seinen geliebten Schüler Timotheus: *„Hinfort liegt für mich bereit die Krone der Gerechtigkeit, die mir der Herr an jenem Tage, der gerechte Richter, geben wird, nicht mir aber allein, sondern auch allen, die seine Erscheinung lieb haben" (2. Timotheus 4,8; L84).*

Der Heilige Geist will es tief in unsere Herzen hineinbrennen: Gotteskinder werden niemals zuschanden, niemals desillusioniert, niemals enttäuscht, sondern sie dürfen immer in einem Geist des Glaubens, der Zuversicht und der Freude leben. Darum heißt es: *„Wer an ihn glaubt, der soll nicht zuschanden werden" (Römer 9,33; L84).* Paulus kann seine geliebten Philipper deshalb auch mit den Worten ermutigen: *„... dass ich in nichts zuschanden werde, sondern dass ... Christus hoch gepriesen wird an meinem Leib, es sei durch Leben oder durch Tod" (V. 20).* So soll es auch bei uns sein! Amen!

---

[4] Pfingstjubel. Missionsverlag: Nierenstein, 1990. Nr. 380. S. 141.
[5] 3. Strophe aus dem Lied „Von guten Mächten wunderbar geborgen". Lieder für die Gemeinde „Ich will dir danken". Hänssler-Verlag: Neuhausen, 1991[4]. Nr. 166.

Lust, abzuscheiden

„Denn für mich ist Christus das Leben, und das Sterben ein Gewinn. [22] Wenn aber das Leben im Fleisch mir Gelegenheit gibt zu fruchtbarer Wirksamkeit, so weiß ich nicht, was ich wählen soll. [23] Denn ich werde von beidem bedrängt: Mich verlangt danach, aufzubrechen und bei Christus zu sein, was auch viel besser wäre; [24] aber es ist nötiger, im Fleisch zu bleiben um euretwillen. [25] Und weil ich davon überzeugt bin, so weiß ich, dass ich bleiben und bei euch allen sein werde zu eurer Förderung und Freude im Glauben, [26] damit ihr um so mehr zu rühmen habt in Christus Jesus um meinetwillen, weil ich wieder zu euch komme.“ *(Philipper 1,21-26)*

Für Paulus war klar, dass er niemals zuschanden wird – auch dann nicht, wenn er aus seinen römischen Fesseln nicht mehr freikommt, sondern hingerichtet wird.

I. Der Tod hat keine Relevanz

Darum die Worte: *„Denn Christus ist mein Leben, und Sterben ist mein Gewinn“ (L84).* Er hielt Sterben nicht für ein Zuschandenwerden, sondern für Gewinn. Die Frage von Leben oder Tod hatte keine Relevanz für ihn, sie zählte für ihn nicht. Ob die Römer ihn am Leben ließen oder nicht – für Paulus änderte sich nichts. Denn Christus blieb für ihn derselbe, im Leben oder im Sterben. Deshalb schrieb er: *„Denn leben wir, so leben wir dem Herrn, und sterben wir, so sterben wir dem Herrn; ob wir nun leben oder sterben, wir gehören dem Herrn“ (Römer 14,8).* Wo ist das Problem? Wo ist der Unterschied?

Wir kommen dem paulinischen Denken näher, wenn wir „Christus“ mit etwas anderem ersetzen, wenn wir nicht sagen: „Christus ist mein Leben“, sondern: „Geld ist mein Leben“. Was ist dann Sterben? Dann ist Sterben nicht mein Gewinn, sondern mein Verlust, denn ich verliere das Geld bei meinem Tod. Oder wenn ich sage: „Schöne Reisen sind mein Leben“, dann ist Sterben ebenfalls ein Verlust für mich. Genauso ist es mit „Beruf ist mein Leben“, „mein Ehepartner oder meine Kinder sind mein Leben“.

Sterben wird nur dann zum Gewinn, wenn wir einen ganz bestimmten Namen einsetzen – und der ist „Jesus Christus". Nur wenn du sagst: „*Christus* ist mein Leben", dann ist Sterben ein Gewinn. Denn mit Ihm bist du schon hier auf Erden verwachsen, und mit Ihm wirst du gleichermaßen im Himmel verwachsen sein. Ihn kannst du nicht verlieren!

Manche sagen nun, „Christus **und** ein bisschen Geld sind mein Leben", „Christus und schöne Reisen", „Christus und mein Beruf" oder „Christus und mein schöner Körper"! Was ist dann Sterben? Dann ist es beides, nämlich sowohl Gewinn als auch Verlust. Aber wenn Jesus ganz allein dein Leben ist, dann ist Sterben überhaupt kein Verlust. Wer durch den Tod keinen Verlust erleiden, sondern ausschließlich Gewinn aus seinem Sterben ziehen will, der lasse allein Christus sein Leben sein!

So war das bei dem Apostel Paulus. Er hatte durch eine eventuelle Hinrichtung nichts zu verlieren, weil Christus **allein** sein Leben war. Christus war die Summe seiner Existenz. Christus war der ihn ausfüllende Faktor. Für etwas anderes war kein Platz in seiner Seele. Er war durch und durch von Jesus erfüllt, von Ihm ergriffen, durchdrungen und durchglüht. Er vertraute Christus, er liebte Ihn, er hoffte auf Ihn und gehorchte Ihm, er predigte Christus, seine Gemeinschaft war mit Christus – Christus war seine Leidenschaft, sein Elixier, sein Sauerstoff, sein Ein und Alles, ja, Christus war sein Leben. Und daran änderte auch ein möglicher Tod nichts. Durch Sterben würde Christus nur noch mehr sein Leben werden.

Dieses Wort *„ich habe Lust, abzuscheiden"* wurde in der griechischen Sprachwelt auch gebraucht, wenn man ein Zelt abbauen und in ein festes Haus umziehen wollte. Paulus sagt eigentlich: „Ich habe Lust, mein Zelt abzureißen." Am Ende seiner zweiten Gefangenschaft, kurz vor seiner Hinrichtung, merkte der Apostel, wie sein Zelt, sein irdisches Leben bereits abgebrochen wurde. *„Denn ich werde schon geopfert"*, schrieb er, *„und die Zeit meines Aufbruchs ist nahe" (2. Timotheus 4,6).* Mein Campingleben ist in Kürze vorbei, und dann geht es nach Hause in meine feste Wohnung.

Auch in 2. Korinther 5, 8 (SCL) schwingt das mit, wenn es heißt: *„Wir sind aber getrost und wünschen vielmehr, aus dem Leib auszuwandern und daheim zu sein bei dem Herrn."* „Ich habe das Leben im Zelt satt. Ich möchte stattdessen lieber umziehen in die ewige Wohnung meines himmlischen Vaters." So versteht der Apostel sein Abscheiden. Ein schöner Gedanke!

II. Eine heilige Spannung

Sollten wir uns nichts mehr wünschen, als zu sterben? Ja, das tat der Völkerapostel. Er hatte sogar *„Lust, abzuscheiden"*, wie Luther übersetzt. Aber da war noch ein anderes inneres Ziehen in ihm: *„Wenn aber das Leben im Fleisch mir Gelegenheit gibt zu fruchtbarer Wirksamkeit, so weiß ich nicht, was ich wählen soll. 23 Denn ich werde von beidem bedrängt: Mich verlangt danach, aufzubrechen und bei Christus zu sein, was auch viel besser wäre; 24 aber es ist nötiger, im Fleisch zu bleiben um euretwillen" (Philipper 1,22-24).*

In einer solchen heiligen Spannung leben alle wahren Diener Gottes. Solange sie jung sind, ist diese Spannung nicht allzu stark ausgeprägt. Da überwiegt das Verlangen, die vor ihnen liegenden Jahre für Gott zu wirken. Aber im fortgeschrittenen Alter wird dieses Dilemma größer. Das Verlangen, für immer bei Christus zu sein, wird stärker. Aber immer bleibt auch noch der Wunsch, weiter für den Herrn auf Erden Frucht zu schaffen. So war es bei Paulus. Die Liebe zu Christus war so stark geworden wie nie zuvor. Das Verlangen nach der himmlischen Heimat war intensiver denn je. Dennoch blieb das Bewusstsein der Verantwortung für die Gemeinde.

Ich las von **Adoniram Judson**[6], dem ersten amerikanischen Missionar. Er wurde nach Burma ausgesandt, dem heutigen Myanmar. Alles, was er aber nach 14-jähriger Dienstzeit dort aufzuweisen hatte, war das Grab seiner geliebten Frau und die Gräber aller seiner Kinder. 14 Jahre auf dem Missionsfeld –

---

[6] John Mac Arthur. "Joy in Spite of the Flesh". Predigt über Philipper 1,22-26. 24.07.1988. online unter http://www.gty.org/resources/sermons/50-10/joy-in-spite-of-the-flesh.

und alles verloren – seine Frau, seine Kinder – und noch keine Seele für Christus gewonnen!

Judson war absolut allein. Er wurde mehrfach eingekerkert und hatte zudem noch viele körperliche Leiden. Und dennoch blieb er in diesem lebensbedrohlichen Land. Er quittierte nicht den Dienst, er gab niemals auf. Ein Zitat von ihm lautet: „Wenn ich mir nicht gewiss gewesen wäre, dass mir jedes meiner Leiden von der unendlichen Liebe und Barmherzigkeit Gottes bestimmt war, dann hätte ich alle meine Drangsale nicht überlebt!“ Dieser Mann glaubte an die Souveränität der Wege Gottes in seinem Leben.

Es wäre einfach für ihn gewesen, zu sagen: „Herr, nimm mich hier weg! Ich kann nicht mehr. Lass mich sterben!“ So sagte es auch einmal der Prophet Elia, als er den wahren Glauben in Israel wieder aufgerichtet hatte, ihm die Isebel aber dennoch nach dem Leben trachtete. Da war er so enttäuscht! Er floh in die Wüste, setzte sich unter einen Wacholder, verzagte und sprach: *„Es ist genug! So nimm nun, HERR, meine Seele; ich bin nicht besser als meine Väter“ (1. Könige 19,4; L84).* Er wollte heimgehen aus Enttäuschung und Selbstmitleid.

„Herr, ich mag nicht mehr und ich kann nicht mehr! Schau, was sie mir alles antun! Nimm mich weg von dieser bösen Erde!“ Ihr glaubt gar nicht, wie oft ich das schon gebetet habe. Und ich habe dabei noch geweint und geschluchzt. Aber dann merkte ich, dass meine Sehnsucht völlig falsch motiviert war. Ich wollte nicht aus Verlangen nach Christus sterben und nicht aus Heimweh nach dem Himmel, sondern aus Frust und verletztem Stolz, aus Resignation.

Ganz ähnlich war es bei Jona. Der war enttäuscht, dass seine Mission in Ninive nicht so verlaufen war, wie er sie sich vorgestellt hatte. Dann saß er ermattet in der stechenden Sonne, wünschte sich den Tod und sprach zum Herrn: *„Es ist besser, dass ich sterbe, als dass ich am Leben bleibe“ (Jona 4,8).* Wollte er aus Liebe zu Gott sterben, weil er sich nach der Gegenwart seines Herrn sehnte? Nein, er wollte sterben, weil er bockig war.

Schon manche Christen wollten aus Depressionen heraus sterben. Sie waren enttäuscht vom Leben, von Menschen, von Gott. Vielleicht hatte Er ihr Leben anders geführt, als sie es sich vorstellten oder wünschten. Wenn es dir auch so geht, habe ich eine gute Nachricht für dich: Der Herr wird deinen Wunsch nicht erfüllen, sondern Er wird dir wie dem Elia einen Engel senden, und der wird dich stärken, sodass du 40 Tage und 40 Nächte bis zum Berg Horeb zu Fuß gehen kannst!

Adoniram Judson hatte, so viel wir wissen, weitaus mehr Enttäuschung erfahren als Elia oder Jona. Er hätte Grund gehabt, sterben zu wollen. Aber er gab nicht auf, sondern blieb in Burma, betete, bezeugte das Evangelium, übersetzte die Bibel in die burmesische Sprache und gründete später eine Gemeinde mit hundert Gläubigen.

Dieser Missionar hätte Grund gehabt, abscheiden zu wollen, um bei Christus zu sein. Aber genau wie bei Paulus war da noch ein anderes Drängen – nämlich auch weiter den Fortgang des Evangeliums zu fördern. Das stand bei dem Apostel ganz obenan, weshalb er den Philippern schrieb: *„Aber es ist nötiger, im Fleisch zu bleiben um euretwillen. ... zu eurer Förderung und Freude im Glauben“ (Philipper 1,24-25).*

III. Zwei Optionen – aber welche wählte Paulus?

Für Paulus gab es zwei Optionen, zwischen denen er wählen musste, er schrieb: *„Wenn aber das Leben im Fleisch mir Gelegenheit gibt zu fruchtbarer Wirksamkeit, so weiß ich nicht, was ich wählen soll.* [23] *Denn ich werde von beidem bedrängt: Mich verlangt danach, aufzubrechen und bei Christus zu sein, was auch viel besser wäre;* [24] *aber es ist nötiger, im Fleisch zu bleiben um euretwillen“ (Philipper 1,22-24).*

Manchmal habe ich Christen sagen hören: „Oh ja, ich habe Sehnsucht nach dem Himmel, aber ich würde gern auch noch mein Haus zu Ende bauen“ oder: „Ich möchte noch bei meiner Familie bleiben“, „Ich will erst noch meine Rente genießen“. All das ist verständlich und nachvollziehbar.

Aber waren das auch die beiden Optionen, die Paulus für sich sah – entweder den Himmel wählen oder lieber noch etwas vom Leben haben? Nein, seine Alternativen waren ganz anderer Natur, er hatte zu entscheiden zwischen ‚entweder bei Christus sein' oder ‚hier auf Erden noch Frucht für die Ewigkeit schaffen'. Entweder droben beim Herrn sein oder hier noch das Evangelium verkündigen, Seelen gewinnen und Gemeinde bauen. Etwas anderes hatte der Mann Gottes nicht im Sinn.

In genau dieser Spannung sollten auch wir stehen. Unsere Frage sollte nicht lauten: „Bei Christus sein oder noch Karriere?“, „bei Christus sein oder noch Geld?“, „bei Christus sein oder noch Urlaub?“, „bei Christus sein oder die Welt?“. Paulus hatte in beiden Fällen nur ein einziges Ziel, und das war Christus. Wenn er noch blieb, war sein Ziel Christus. Wenn er schon heim durfte, war sein Ziel ebenfalls Christus.

Dem Apostel ging es dabei wohl ähnlich wie jener Ehefrau, deren Mann von seiner Firma für zwei Jahre ins Ausland gesandt worden war, um dort in einer Filiale zu arbeiten. Sie selbst und die Kinder konnten ihn leider nicht begleiten. Nach etlichen Monaten erhielt sie einen Brief von ihm, in dem er sie bat, ihn doch wenigstens für 14 Tage zu besuchen. Man kann sich vorstellen, welch ein Zwiespalt im Herzen der Ehefrau und Mutter herrschte – natürlich wollte sie von Herzen gern ihren Mann wiedersehen. Aber die Kinder alleine zu Hause lassen?

Diesen Zwiespalt, diese Spannung kennen wiedergeborene Kinder Gottes. Sie wählen nicht zwischen Himmel und Welt, zwischen Himmel und irdischen Vergnügen, sondern ihre Wahl besteht zwischen ‚Christus im Himmel' und ‚Christus und Seine Gemeinde'. Du möchtest hin zu deinem Mann, zu Jesus, aber du willst doch die Kinder nicht alleine lassen, deine Schwestern und Brüder, die Seelen, die dir anvertraut sind, die Gemeinde, das Werk des Herrn. Ich möchte nach Hause zu meinem Geliebten, aber es ist doch besser, wenn ich noch hierbleibe.

Das war die Spannung, in der Paulus stand. Diese Spannung ist gesund, und unser Herr möchte, dass wir ebenfalls in ihr leben. Amen!

Kampf für den Glauben

„Nur führt euer Leben würdig des Evangeliums von Christus, damit ich, ob ich komme und euch sehe oder abwesend bin, von euch höre, dass ihr fest steht in einem Geist und einmütig miteinander kämpft für den Glauben des Evangeliums [28] und euch in keiner Weise einschüchtern lasst von den Widersachern, was für sie ein Anzeichen des Verderbens, für euch aber der Errettung ist, und zwar von Gott.“ *(Philipper 1,27-28)*

Zu Beginn seines Briefes an die Philipper gibt Paulus einen Bericht über seine Gefangenschaft in Rom. Er schreibt, dass seine Fesseln der Förderung des Evangeliums dienen, denn erst durch seine Festsetzung und Bewachung ist der Name Jesu in der ganzen kaiserlichen Kaserne bekannt geworden (Philipper 1,12-13). Der Apostel ist sich gewiss, dass ihm in jedem Fall alles zum Besten dienen wird – unabhängig davon, wie seine Inhaftierung ausgehen wird. Sei es im Leben oder im Tod – Hauptsache, Christus wird verkündigt! (Philipper 1,19-20). Er lässt tief in sein Herz blicken und berichtet über das Dilemma, in dem er sich befindet, denn einerseits würde er gern sterben und bei Jesus sein, andererseits aber möchte er auf der Erde bleiben, um die Gläubigen zu stärken und den Namen Jesu weiter zu verkündigen.

I. Lebe als ein Bürger des Himmels

Ab Vers 27 wendet sich der Apostel nun den Gläubigen in Philippi zu. Er schreibt: *„**Nur** führt euer Leben würdig des Evangeliums von Jesus Christus.“* Dass ihm dieses Anliegen äußerst wichtig ist, geht aus dem Satzbau im griechischen Originaltext hervor. Dort steht das Wort „nur“ zu Beginn des Satzes, um zu betonen, dass das, was folgt, von größter Bedeutung ist. Man kann auch übersetzen: *„**Allein** lebt euer Leben würdig des Evangeliums.“*

Folgerichtig sagt Paulus, dass es für ihn keine Rolle spielt, was mit ihm persönlich geschehen wird: *„Ob ich komme und euch sehe oder abwesend bin“ (V. 27)* tut in Bezug auf euren Lebenswandel nichts zur Sache. Nur das ist wichtig: *„Führt* *euer Leben würdig des Evangeliums.“* Seid keine Mogelpackung, die einen Inhalt verspricht, aber nur billigen Ersatz hervorbringt. Seid echt und lebt entsprechend eurer Berufung!

Dieser Gedanke begegnet uns in der Bibel an vielen Stellen. Im Brief an die Epheser lesen wir: *„So ermahne ich euch nun, ich, der Gefangene in dem Herrn, dass ihr der Berufung würdig lebt, mit der ihr berufen seid“ (Epheser 4,1; L84).* Im 1. Brief an die Thessalonicher ermahnt Paulus die Gemeinde nochmals: *„euer Leben würdig des Gottes zu führen, der euch berufen hat zu seinem Reich und zu seiner Herrlichkeit.“ (1. Thessalonicher 2,12; L84).*

Die Botschaft der Bibel lautet: Lebe würdig des Namens, den du trägst!

Alexander der Große hatte einen Soldaten im Heer, der den gleichen Namen Alexander trug, der aber ein großer Feigling und auch sonst seinem großen Namensvetter sehr unähnlich war. Eines Tages sagte der Herrscher sehr aufgebracht zu dem Soldaten: „Entweder veränderst du deinen Namen oder du musst lernen, demselben Ehre zu machen!“ So könnte zu vielen gesagt werden, die den Namen „Christ“ tragen.[7] Bist du ein Christ? Dann verhalte dich auch so!

Paulus benutzt im Grundtext ein Wort, das für die Philipper eine besondere Bedeutung hatte. Vers 27 lautet: *„Allein **verhaltet** euch würdig des Evangeliums des Christus.“* Luther übersetzt: *„**Wandelt** nur würdig des Evangeliums Christi.“* Das griechische Wort an dieser Stelle lautet *„politeuomai“* und bedeutet: ein Bürger sein. Wörtlich übersetzt schreibt er: ***„Lebt als Bürger.“***

Dieser Aufruf erinnerte die Philipper an ihr römisches Bürgerrecht. Philippi war eine römische Kolonialstadt, und die Einwohner hatten besondere Privilegien. Sie waren stolz auf ihren römischen Status.

---

[7] Hermann Liebig (Hg.). Das Buch der Bilder und Gleichnisse (2000 der besten Illustrationen) aus C. H. Spurgeons bisher in deutscher Sprache nicht erschienenen Werken. Gesammelt, übersetzt und zusammengestellt von Hermann Liebig. J. G. Oncken Nachf.: Cassel, 1900. Nr. 1590.

Dies wird z. B. in Apostelgeschichte 16, 19 deutlich. Als Paulus in Philippi war und den bösen Geist aus der Magd austrieb, wurden er und Silas von den Besitzern der Magd angeklagt und vor die Oberen der Stadt geschleppt. Das aufgewühlte Volk sagte: *„Diese Menschen bringen unsere Stadt in Aufruhr; sie sind Juden und verkünden Ordnungen, die wir weder annehmen noch einhalten dürfen,* ***weil wir Römer sind****" (Apostelgeschichte 16,20b-21; L84).* Das war etwas Besonderes: Weil wir Römer sind!

Es gab auch Privilegien für römische Bürger. Paulus selbst war einer, und das machte er auch geltend. Als er und Silas nach ihrer Festnahme ohne rechtskräftiges Urteil hart bestraft worden waren und die Stadtrichter sie danach heimlich entlassen wollten, beklagte er sich: *„Sie haben uns ohne Recht und Urteil öffentlich geschlagen,* ***die wir doch römische Bürger sind****, und in das Gefängnis geworfen und sollten uns nun heimlich fortschicken? Nein! Sie sollen selbst kommen und uns hinausführen! 38 Die Amtsdiener berichteten diese Worte den Stadtrichtern. Da fürchteten sie sich, als sie hörten, dass sie römische Bürger seien, 39 und kamen und redeten ihnen zu, führten sie heraus und baten sie, die Stadt zu verlassen" (Apostelgeschichte 16,37-39).*

Es gab aber auch Pflichten für einen Römer. Sie hatten ein ausgeprägtes Bewusstsein bezüglich ihrer Verantwortung gegenüber der Gemeinschaft. Römische Bürger waren bereit, ihre persönlichen Begabungen, Talente und Energien für das Gemeinwohl einzusetzen. **„Ein verantwortungsbewusster Bürger war besorgt, dass er seine Stadt nicht in Misskredit brachte."**[8] Diese Tatsache war den Philippern bewusst, als sie lasen: *„Lebt als Bürger."*

Paulus will sie aber nicht an ihre römischen Bürgerpflichten erinnern, sondern er bezieht sich auf ein ganz anderes Bürgerrecht. Welches meinte er? Die Antwort finden wir in Philipper 3, 20. Dort schreibt er: *„Unser Bürgerrecht aber ist im Himmel."*

---

[8] John MacArthur. The MacArthur New Testament commentary. Philippians. Moody Publishers: Chicago (IL), 2001. S. 84.

Der Apostel stellt für die Philipper einen Vergleich auf. Er sagt: „Ihr seid stolz darauf, römische Bürger mit allen Pflichten und Privilegien zu sein. Aber vergesst nicht, dass ihr eigentlich Bürger des himmlischen Königreiches seid. Daher fordere ich euch auf, eure Heimat würdig zu repräsentieren."

Was bedeutet das für dich als Kind Gottes? Es bedeutet, dass du in allem, was du tust und wo immer du dich bewegst – ob in der Familie, in der Nachbarschaft, auf der Arbeit oder in der Schule – niemals vergessen sollst, dass du nicht in erster Linie Bürger Deutschlands oder Hamburgs bist, sondern Bürger des himmlischen Jerusalem. Rom ist untergegangen und das antike Griechenland ebenso. Alle Weltreiche kommen und gehen. Aber es gibt ein Bürgerrecht, das dir auf ewig gesichert ist: Du bist Repräsentant des Himmels hier auf dieser Erde, wir sind Botschafter an Christi Statt.

Es ist eine hohe Berufung, ein Bürger des niemals vergehenden Himmelreiches zu sein. Es bringt unendlich mehr Privilegien mit sich als das römische Bürgerrecht. Aber es nimmt dich auch in die Pflicht. Deshalb ist ein Grundsatz des christlichen Lebens: Wir müssen uns wie Bürger des Himmels und nicht wie Bürger der vergänglichen Welt verhalten.

Paulus erklärt nun, was es heißt, würdig des Evangeliums zu wandeln.

II. Sei standhaft

Er schreibt: *„**Nur führt euer Leben würdig des Evangeliums von Christus, damit ich ... von euch höre, dass ihr fest steht in einem Geist**" (V. 27)*. Unser Lebenswandel als Gemeinde, aber auch als Einzelne soll gekennzeichnet sein von Standhaftigkeit. Wir sollen nicht wanken. Dies spricht Paulus auch in Kapitel 4 an: *„Also, meine lieben Brüder ... **steht fest in dem Herrn**, ihr Lieben" (V. 1)*.

Dieses Wort kommt aus dem militärischen Sprachgebrauch. Es bezieht sich auf einen Soldaten, der seinen Posten nicht verlässt. Er geht keine Kompromisse ein – auch nicht, wenn der Feind sich nähert und der Druck stärker wird. Selbst wenn die

Versuchung groß ist, die Position zu verlassen, bleibt ein guter Soldat seinem Befehlsgeber treu und gehorsam.

Worin sollten die Philipper standhaft sein? Zum einen sollten sie fest in der Lehre sein, denn es gab Attacken auf das Evangelium. Was genau ist denn der Inhalt des Evangeliums, das angegriffen wurde? Es besagt, dass wir alle Sünder sind und vor Gott nicht bestehen können. Allein diese Aussage wird von vielen angezweifelt – ob nun vom Humanismus oder anderen Philosophien. Und wie stehst du als Himmelsbürger zu dieser Frage? Fängst du an zu wanken und überlegst, ob vielleicht doch nicht alle so übel sind?

Außerdem enthält das Evangelium die Botschaft, dass der Zorn Gottes auf jedem Sünder liegt und dass aufgrund der Gerechtigkeit Gottes eine Strafe folgen muss, die in der ewigen Verdammnis besteht. Aber der Vater im Himmel sandte Seinen Sohn, der als Einziger ohne Sünde war, um stellvertretend für uns die Strafe am Kreuz von Golgatha auf sich zu nehmen, sodass jeder, der an Jesus Christus glaubt, nicht verloren geht, sondern ewiges Leben hat.

Glaubst du das? Bist du fest in der Lehre? Oder kommst du ins Straucheln, weil solche Glaubensaussagen heute nicht in das Weltbild hineinpassen und unsere Gesellschaft Schwierigkeiten hat, sie zu akzeptieren?

Standhaft zu sein bezieht sich aber auch auf den Kampf, den du persönlich gegen die Sünde kämpfst. Dieser Kampf ist natürlich kein Kampf mit Gewehren und Pistolen. Als Christen sind wir ja Friedensstifter. Die Auseinandersetzung, die hier gemeint ist, ist ein geistlicher Kampf. *„Denn wir haben nicht mit Fleisch und Blut zu kämpfen, sondern mit Mächtigen und Gewaltigen, nämlich mit den Herren der Welt, die in dieser Finsternis herrschen, mit den bösen Geistern unter dem Himmel. ... So steht* ***nun fest****, umgürtet an euren Lenden mit Wahrheit und angetan mit dem Panzer der Gerechtigkeit" (Epheser 6,12+14).*

Werner de Boor drückt es in der Wuppertaler Studienbibel so aus: „Aber sie [die Gemeinde] hat im Trommelfeuer menschlicher und dämonischer Angriffe unerschütterlich und unnachgiebig zu stehen."[9] Stehe fest! Wanke nicht! Fest zu stehen bedeutet, dem Teufel, der Versuchung, der Sünde und falschen Lehren keinen Raum zu geben.

Martin Luther hat in seiner Auslegung zu Epheser 6,10 („Seid stark im Herrn") gesagt: „Wolltet ihr stark sein und unüberwindlich, so lasset den Herrn Christum eure Stärke sein … und sein Wort mit allem Fleiß lernet, täglich damit umgeht und in das Herz hineintreibet … Wenn ihr das habt, so seid ihr recht **stark und fest**."[10]

III. Kämpfe für den Glauben

Würdig des Evangeliums zu wandeln, bedeutet des Weiteren, für den Glauben zu kämpfen. Paulus hat ja gesagt: *„Nur führt euer Leben würdig, damit ich höre, dass ihr fest steht in einem Geist und **einmütig miteinander kämpft für den Glauben des Evangeliums**."*

Es gibt ein weiteres Kampffeld – nicht nur das, was von außen auf die Gemeinde Jesu einwirkt, sondern es ist auch ein Kampffeld vorhanden in deinem Herzen. Denn die Neigung des alten Menschen geht dahin, dass er zur Sünde tendiert und sich der Welt anpassen und von der Wahrheit abrücken will.

Bei deiner Wiedergeburt hat Gott dir ein neues Herz geschenkt und einen neuen Menschen geschaffen, der nun im Kampf steht mit dem alten, fleischlichen Menschen. Dieser Kampf beginnt mit deiner Bekehrung und endet erst, wenn der Herr dich heimruft.

Darum schreibt Paulus den Römern in Kapitel 12: *„**Seid nicht gleichförmig dieser Welt**, sondern werdet verwandelt durch die Erneuerung des Sinnes, dass ihr prüfen mögt, was der Wille Gottes ist: das Gute und Wohlgefällige und Vollkom-*

---

[9] Werner de Boor. Der Brief des Paulus an die Philipper. Wuppertaler Studienbibel. R. Brockhaus Verlag: Wuppertal, Brunnen Verlag: Gießen, 1974. Seite 65.

[10] Joh. Georg Walch (Hg.). Luthers Sämtliche Schriften. Verlag der Lutherischen Buchhandlung Heinrich Harms: Groß Oesingen, 1987. Bd. 9, Sp. 816.

mene" (Römer 12,2; Elb). Damit meint er nicht, dass wir uns isolieren und auf fromme Inseln zurückziehen sollen. Aber wir sollen uns nicht der Welt anpassen mit ihren Philosophien und ihrem Gedankengut. Kinder Gottes sind ein Stück weit abgesondert.

Wie gut ist es doch, dass wir diesen Kampf nicht alleine zu kämpfen haben! Deswegen sagt Paulus ja: *„Steht fest in einem Geist und kämpft einmütig miteinander."* Gemeinde Jesu ist so wichtig, damit du nicht alleine bist, sondern Geschwister hast, die dich unterstützen, einen Hauskreis, der dir zur Seite steht. Du bist umgeben von Menschen, die für dich beten.

Aber dein persönlicher Kampf, der dauert 24 Stunden am Tag und er findet auf allen Gebieten deines Lebens statt. Denn wenn deine neue Identität in Christus dich wirklich prägt, dann betrifft das alle Lebensbereiche. Dieser Kampf findet zum Beispiel statt auf dem Gebiet der sexuellen Reinheit, er tobt um deine Treue in der Ehe. Er muss gekämpft werden, wenn du alleine am Computer sitzt oder Fernsehen schaust.

Der Kampf kann auch plötzlich und unvermittelt losgehen, wenn du ahnungslos einen Kaffee mit einem Freund trinkst. Aus einer netten Unterhaltung kann schnell ein Lästern über andere werden. Stimmst du mit ein oder wandelst du würdig des Evangeliums als Bürger des Himmelreichs und sagst: „Ich möchte Christus repräsentieren"?

Passen wir uns dem Zeitgeist an oder nehmen wir den Kampf für das Evangelium auf? Paulus mahnt und schärft unser Bewusstsein. Und er würde dir heute die Frage stellen: „Lebst du würdig des Evangeliums von Jesus Christus?" Möge Gott uns helfen, dass wir diese Frage mit einem „ja" beantworten können! „Ja, mit Gottes Hilfe" – denn aus unserer eigenen Kraft sind wir nicht tüchtig dazu. Amen.

„Nicht nur zu glauben, sondern auch zu leiden“

„Denn euch wurde, was Christus betrifft, die Gnade verliehen, nicht nur an ihn zu glauben, sondern auch um seinetwillen zu leiden, [30] sodass ihr denselben Kampf habt, den ihr an mir gesehen habt und jetzt von mir hört.“ *(Philipper 1,29-30)*

Paulus ermahnt die Philipper, ein Leben würdig des Evangeliums zu führen. Das bedeutet, dass sie fest stehen und nicht wanken sollen und dass sie gemeinsam für das Evangelium kämpfen.

I. Die Gnade zu glauben

Der Aufruf, *„würdig des Evangeliums“* zu leben, taucht in den neutestamentlichen Briefen häufig auf (Epheser 4,1; Kolosser 1,10; 1. Thessalonicher 2,12). Mitunter wird er aber falsch verstanden.

Diese Aufforderung bedeutet nämlich nicht, dass ein Mensch Gottes Gunst, geschweige denn sein Heil durch einen soliden Lebenswandel verdienen könnte nach dem Motto: Je besser du lebst, desto mehr besänftigst du Gott. Würdig des Evangeliums zu leben bedeutet vielmehr, dass eine Veränderung in deinem Leben nicht als Voraussetzung der Gnade Gottes, sondern als ihre Folge eintritt.

Paulus hat ja bereits in Philipper 1, 6 festgestellt: *„Ich bin überzeugt, dass der, welcher in euch ein gutes Werk angefangen hat, es auch vollenden wird bis auf den Tag Jesu Christi.“* Das heißt, dass Christus das gute Werk der Rettung nicht erst begonnen hat, nachdem Er gesehen hatte, wie gut du gelebt hast. Er krönt dich nicht mit ewigem Leben, weil du so würdig des Evangeliums gewandelt bist. Das Werk der Rettung hat vielmehr seinen Ursprung in Gott. Und die Folge der Rettung ist dann ein Wandel würdig des Evangeliums.

Deine Rettung und dein Glaube sind also keine Belohnung, sondern, wie Paulus hier sagt, ein Geschenk: *„Denn euch wurde, was Christus betrifft,* ***die Gnade verliehen, nicht nur an***

***ihn zu glauben**, sondern auch um seinetwillen zu leiden, sodass ihr denselben Kampf habt, den ihr an mir gesehen habt und jetzt von mir hört" (V. 29-30).*

Die Bibel lehrt explizit, dass der Glaube ein Geschenk Gottes an den Gläubigen ist. Er kann nicht erarbeitet werden. *„denn aus Gnade seid ihr selig geworden durch Glauben, und das nicht aus euch: Gottes Gabe ist es" (Epheser 2,8; L84).*

Wir erinnern uns, wie Gott der Lydia durch Sein souveränes Handeln an ihrem Herzen Glauben schenkte (Apostelgeschichte 16,14). Ein solches Handeln Gottes schließt aber nicht aus, dass wir dennoch in der Verantwortung stehen, ein Leben in der Heiligung zu führen und gemäß unseres Bürgerrechts zu leben. Die Gnade unserer Rettung steht über allem, aber unser Wandel muss auch von uns mitgestaltet werden mit der Hilfe Gottes.

Paulus spricht nun aber noch von einem anderen wertvollen Geschenk, welches zugleich ein weiteres Kennzeichen eines würdigen Lebens für das Evangelium ist. Es ist die Gnade, um Christi Willen zu leiden.

II. Die Gnade zu leiden

*„Denn euch wurde, was Christus betrifft, die Gnade verliehen, nicht nur an ihn zu glauben, **sondern auch um seinetwillen zu leiden**" (V. 29).* Das ist ein erstaunlicher Satz. Paulus spricht nicht nur von dem Geschenk des Glaubens, sondern auch von der Gabe des Leidens um Christi willen.

Wenn der Apostel dies sagt, dann weiß er um die Bedeutung seiner Worte. Im Bezug auf Leid hat er sehr viele Erfahrungen gemacht. Er schreibt: *„Ich habe mehr gearbeitet, ich bin öfter gefangen gewesen, ich habe mehr Schläge erlitten, ich bin oft in Todesnöten gewesen. 24 Von den Juden habe ich fünfmal erhalten vierzig Geißelhiebe weniger einen; 25 ich bin dreimal mit Stöcken geschlagen, einmal gesteinigt worden; dreimal habe ich Schiffbruch erlitten, einen Tag und eine Nacht trieb ich auf dem tiefen Meer. 26 Ich bin oft gereist, ich bin in Gefahr gewesen durch Flüsse, in Gefahr unter Räubern, in Gefahr unter Juden, in Gefahr unter Heiden, in Gefahr in Städten, in Gefahr in Wüsten, in Gefahr auf dem Meer, in Gefahr unter falschen*

Brüdern; [27] in Mühe und Arbeit, in viel Wachen, in Hunger und Durst, in viel Fasten, in Frost und Blöße; [28] und außer all dem noch das, was täglich auf mich einstürmt, und die Sorge für alle Gemeinden" (2. Korinther 11,23-28; L84).

Er sagt mit anderen Worten: „Ich weiß, was Leid bedeutet. Aber hört, ihr lieben Philipper: All das betrachte ich als ein Geschenk Gottes für mich. Ich erkenne darin Seine Gnade." Wie kann Paulus so etwas sagen?

Der Apostel kannte Leid auch von der anderen Seite her – er war ja vor seiner Bekehrung ein wütender Christenverfolger gewesen und hatte vielen Gläubigen schwer zugesetzt. Somit war er nicht nur einer, der Leid zu erdulden hatte, sondern er hatte auch dafür gesorgt, dass viele andere leiden mussten. Die Apostelgeschichte berichtet auf dramatische Weise, wie es den ersten Christen unter Saulus, so sein früherer Name, ergangen war: *„Saulus aber hatte Gefallen an seinem [Stephanus] Tode. Es erhob sich aber an diesem Tag eine große Verfolgung über die Gemeinde in Jerusalem; da zerstreuten sich alle in die Länder Judäa und Samarien, außer den Aposteln. ... Saulus aber suchte die Gemeinde zu zerstören, ging von Haus zu Haus, schleppte Männer und Frauen fort und warf sie ins Gefängnis" (Apostelgeschichte 8,1+3; L84).*

Saulus schnaubte Drohung und Mord gegen die Jünger des Herrn (Apostelgeschichte 9,1) – bis Gott auf übernatürliche Weise in sein Leben eingriff. Auf seiner barbarischen Tour gegen die Gläubigen erschien ihm der Herr, er fiel vom Pferd und sackte zu Boden. Auf seine Frage, wer es denn sei, der sich ihm auf diese Weise offenbarte, antwortete eine Stimme: *„Ich bin Jesus, den du verfolgst" (Apostelgeschichte 9,5).*

Zur gleichen Zeit gab Gott einem Gläubigen namens Ananias folgenden Auftrag: *„Steh auf und geh in die Straße, die die Gerade heißt, und frage in dem Haus des Judas nach einem Mann mit Namen Saulus von Tarsus. Denn siehe, er betet" (Apostelgeschichte 9,11; L84).* Ananias, voller Furcht, weil er wusste, um wen es sich bei Saulus handelte, war doch dem Ruf Gottes gehorsam und machte sich auf den Weg. Zuvor hatte Gott ihm noch gesagt: *„Geh nur hin; denn dieser ist mein* *auserwähltes Werkzeug, dass er meinen Namen trage vor Heiden und vor Könige und vor das Volk Israel.* ***Ich will ihm zeigen, wie viel er leiden muss um meines Namens willen*** *" (Apostelgeschichte 9,15-16; L84).*

Ananias teilte die Nachricht dem ehemaligen Christenhasser Paulus mit. Was mag wohl in diesem Moment in dem Herzen des späteren Apostels vorgegangen sein! Er wusste ja, dass er nichts anderes als den Tod verdient hatte. Und nun hörte er von dem, den er jahrelang verfolgt hatte, dass Er ihn würdig achtete, für Ihn zu leiden! Welch ein Privileg für ihn!

Mit dieser Erkenntnis möchte Paulus nun auch die Philipper ermutigen. Er sagt ihnen: „Ihr dürft für Christus leiden. Es ist ein Geschenk, denn eigentlich hättet ihr genauso wie ich den ewigen Tod verdient. Aber vergesst dabei nicht, dass Gott die Kontrolle über die hat, die euch bedrängen. Euer Leid ist nicht Folge eines Fehlers oder Zufalls, sondern Teil des Planes Gottes für euch." Leiden um Christi willen ist eine Gnade.

Anselm von Canterbury, einer der bekanntesten Theologen des Mittelalters (gest. 1109), sagte: „Je höher die Wasser gingen, desto besser konnte die Arche schwimmen. Das Leiden soll uns nur in die Höhe tragen."[11]

Das bedeutet nicht, dass wir uns selbst kasteien und uns absichtlich in leidvolle Situationen begeben sollen. Nein, auch Paulus berief sich auf sein Bürgerrecht als Römer und umging so die für ihn vorgesehenen Peitschenhiebe (Apostelgeschichte 22,25+28). Aber wir dürfen verstehen, dass es ein Privileg ist, wenn Gott uns für würdig erachtet, für Christus Bedrängnis zu erdulden.

III. Christen werden leiden

Die Bibel sagt, dass die Gläubigen für Jesus leiden werden. Paulus schreibt z. B. dem Timotheus: *„Alle, die gottesfürchtig leben wollen in Christus Jesus, werden Verfolgung erleiden" (2. Timotheus 3,12).* Und auch Jesus selber sprach davon: *„Wer*

---

[11] Martin Haug. Er ist unser Leben. Materialsammlung für die Verkündigung. J. F. Steinkopf: Stuttgart, 1962[8]. Nr. 1448.

mir nachfolgen will, der verleugne sich selbst und nehme sein Kreuz auf sich und folge mir nach. Denn wer sein Leben erhalten will, der wird's verlieren; und wer sein Leben verliert um meinetwillen und um des Evangeliums willen, der wird's erhalten" (Markus 8,34-35; siehe auch 10,29-30).

Paulus empfand also nicht nur die Kraft der Auferstehung Jesu als Segen, sondern auch die Gemeinschaft Seiner Leiden. Er sagt: *„Ihn möchte ich erkennen und die Kraft seiner Auferstehung und die Gemeinschaft seiner Leiden" (Philipper 3,10; L84).* Christen sollten demnach nicht verwundert sein, wenn sie aufgrund ihres Bekenntnisses zu Jesus Bedrängnisse erleben.

Das bedeutet in unserem Land nicht dasselbe wie in anderen Teilen der Welt. In Nordkorea z. B. werden Menschen aufgrund ihres Bekenntnisses zu Jesus blutig verfolgt. Familien werden auseinandergerissen und in Arbeitslager gesteckt. Und es gibt noch unzählige andere Orte, an denen Christen Verfolgung erleiden. Wir wollen für sie beten und Gott bitten, dass Er ihnen die Kraft geben möge, durchzuhalten und standhaft zu sein.

Auch die ersten Christen waren großen Gefahren ausgesetzt: Als im Jahre 180 ein nordafrikanischer Statthalter Roms von einer Gruppe Christen verlangte, dass sie ihrem Glauben abschwören sollten, verweigerte das einer nach dem andern. Als Letzte sprach eine Christin, Donata mit Namen. Sie sagte nur: „Honorem Caesari quasi Caesari – timorem autem Deo." Zu Deutsch: „Wir geben die Ehre dem Kaiser, wie sie ihm gebührt – unsere Furcht aber gehört Gott."[12] Damit war ihr Urteil gefällt.

Aber was ist mit dem Leid, das nicht explizit und direkt Folge unseres Glaubens ist? Denn obwohl wir Christen in der westlichen Welt nicht auf dieselbe Weise Verfolgung erleiden wie unsere Geschwister in anderen Teilen der Welt, werden wir trotzdem auch bedrängt. Wer an seinem Arbeitsplatz seinen Glauben an Christus bekennt, muss damit rechnen, gemobbt zu werden. Vielleicht verlierst du sogar deine Arbeitsstelle. Auch

---

[12] Heinz Schäfer (Hg.). In Bildern reden. Bd. 3 in: Beispiele für die Wahrheiten der Bibel. Christliches Verlagshaus: Stuttgart, 1987. Nr. 1377.

Krankheit ist Leid oder Konflikte in der Familie, ebenso Eheprobleme. Ist auch dieses Leid ein Segen und ein Geschenk Gottes?

John Piper gibt auf diese Frage eine sehr hilfreiche Antwort. Er sagt: „In dem Moment, in dem wir Jesus auf dem Weg folgen, den Er uns weist, entscheiden wir uns zu allem, was dieser Weg unter Seiner souveränen Vorsehung beinhaltet. Das bedeutet, dass alle Leiden, die uns auf dem Weg des Gehorsams begegnen, Leiden mit Christus und für Christus sind."[13]

Wenn Jesus dein Herr ist und du Ihm gehorsam auf dem Weg folgst, denn Er dich führt, kann es sein, dass Er dich auch einmal durch ein dunkles Tal leitet. *„Und ob ich schon wanderte im finsteren Tal ..." (Psalm 23,4).* Das ist Realität. Dabei ist Er natürlich nicht der Urheber des Bösen, des Leides, aber Er lässt es zu deinem Besten zu. Und wenn du dich im Einklang befindest mit Seinem Wort und Ihm gehorsam bist, dann ist der Weg, den Er dich führt, ein Leiden mit und ein Leiden für Christus.

Piper weiter: „Sei es Krebs oder seien es Konflikte, sei es Leid aufgrund von Verfolgung, Krankheit oder Unfall, sie alle haben eines gemeinsam: Sie bedrohen unseren Glauben an die Güte Gottes und sie sind eine Versuchung für uns, den Weg des Gehorsams zu verlassen. Jeder Triumph des Glaubens und jeder Gehorsam in diesem Leid sind Zeugnisse der Güte Gottes und der Herrlichkeit Christi."[14]

Was bedeutet das für dich? Wenn du deine Arbeit verlierst und versucht bist zu fragen: „Herr, warum hast Du mich verlassen?", du dann aber dennoch sagst: „Herr, ich will Deinen Namen erheben. Ich will an Dich glauben", gehst du durch das Tal mit und für Christus. Wenn du eine Krebsdiagnose erhältst und versucht bist zu fragen: „Herr, warum hast Du mich vergessen?", du dann aber dennoch glaubensvoll aussprichst:

---

[13] Zitiert nach: J. Ligon Duncan III. "The Gift of Suffering for Christ's Sake". Predigt über Philipper 1,29-30 (Teil 2) vom 26.08.2007. www.fpcjackson.org/resources/sermons/Philippians/Philippians_Vols1_and_2/08b_philippians_1_29_30_2.htm.

[14] Ebd.

„Herr, ich möchte dies zu Deiner Ehre durchleben, sodass ich ein Zeugnis für meine Kinder, Enkelkinder und für alle meine Freunde bin“, durchlebst du dieses Leiden für Gott. Die Annahme des dunklen Tales auf dem Pfad des Gehorsams wird zu einem Wohlgeruch Christi.

Wenn das Kind eines Missionars auf dem Missionsfeld erkrankt, sagen wir oft: „Die Familie leidet um Christi willen.“ Wenn du aber in Hamburg, in Deutschland bleibst, weil dies der Ort ist, an dem der Herr dich haben möchte, und dein Kind wird krank – wo ist der Unterschied? Es gibt keinen Unterschied. Auch wir leiden um Christi willen, weil wir Ihm im Gehorsam folgen und dienen.

Ich bete darum, dass dieses Wort *„... euch wurde, was Christus betrifft, die Gnade verliehen, nicht nur an ihn zu glauben, sondern auch um seinetwillen zu leiden“* dir Trost und Zuversicht schenkt. Du leidest, weil du gehorsam in der Nachfolge Jesu bist. Dann darfst du wissen, dass Er dich darin nicht alleine lässt, sondern dass Er bei dir und mit dir ist und dich trägt und in Sein Bild verwandelt und dich näher zu Ihm bringt.

Möge Gott uns helfen, dass wir es mehr und mehr lernen: Wenn Not und Bedrängnis in unser Leben hineinkommen – sei es von innen oder von außen, sei es durch einen Unfall oder durch Krankheiten oder durch Verfolgung aufgrund unseres Bekenntnisses zu Christus – ist dies eine große Gnade, weil wir wert erachtet werden, um seinetwillen zu leiden! Amen.

Eines Sinnes sein

„Gibt es nun bei euch Ermahnung in Christus, gibt es Zuspruch der Liebe, gibt es Gemeinschaft des Geistes, gibt es Herzlichkeit und Erbarmen, [2] so macht meine Freude völlig, indem ihr eines Sinnes seid, gleiche Liebe habt, einmütig und auf das Eine bedacht seid." *(Philipper 2,1-2)*

Die Gemeinde in Philippi war eine vorbildliche Gemeinde. Der Apostel Paulus lässt an verschiedenen Stellen in seinen Briefen durchblicken, dass er sehr, sehr dankbar war für die Gläubigen dort in Mazedonien. Deshalb sagt er seinem Herrn mit Freuden Dank für die Philipper, sooft er an sie denkt (Philipper 1,3-4). Er trägt sie in seinem Herzen (Philipper 1,7). Er bestätigt ihre Echtheit des Glaubens, da sie *„Gemeinschaft am Evangelium"* mit ihm haben (Philipper 1,5). Die Philipper beten für Paulus, und er weiß sich durch ihre Fürbitte gestärkt (Philipper 1,19). Und sie nehmen Anteil an seiner Bedrängnis und unterstützen ihn mit Gaben (Philipper 4,14).

Offensichtlich gab es bei ihnen keine großen Streitigkeiten über Lehrthemen, denn der Apostel korrigierte sie auf diesem Gebiet nicht. Es scheint auch keine schweren moralischen Sünden unter ihnen gegeben zu haben, sodass Paulus das hätte thematisieren müssen, wie er es z. B. in seinem Brief an die Korinther tat. Es war also eine Gemeinde mit Vorbildcharakter.

Und doch gab es auch bei den Philippern Gefahren. Eine davon war die menschliche Neigung, zu vergessen, dass wir als Gläubige würdig des Evangeliums wandeln sollen, wozu unsere neue Identität in Christus uns befähigt.

Daher schreibt der Apostel der Gemeinde in Philippi in den Versen zuvor, dass sie dem Druck, der **von außen** auf sie wirkt, standhalten sollen. Er ruft ihnen zu: *„Steht fest in einem Geist und kämpft einmütig für den Glauben des Evangeliums" (Philipper 1,27).*

In unserem jetzigen Abschnitt wendet sich Paulus nun einer anderen Gefahr zu, die **von innen** droht. Es ist die Uneinigkeit, die von stolzen Herzen herrührt. Er deutet an, dass er von

Spannungen und Reibereien unter ihnen gehört hat. In Kapitel 4 wird er deutlich und nennt sogar ausdrücklich zwei Namen: *„Ich ermahne Euodia und ich ermahne Syntyche, eines Sinnes zu sein im Herrn" (V. 2).*

Eine große Gefahr für die Gemeinde Jesu ist Parteilichkeit, Streit, Lieblosigkeit und fehlende Einheit. Diese Bedrohung entsteht von innen heraus und wirkt zerstörerisch wie ein Gift. Aber die Einheit innerhalb der Gemeinde ist von großer Bedeutung, denn Gottes Erlösungsplan sieht vor, sich **ein** Volk mit Menschen aus allen Stämmen, Sprachen und Nationen zu sammeln. Auch Jesus hat die Einheit Seiner Nachfolger stark im Fokus. Er betet deshalb in Johannes 17: *„Heiliger Vater, bewahre sie in deinem Namen, die du mir gegeben hast,* ***damit sie eins seien****, gleichwie wir!" (V. 11).*

Die Einheit der Gläubigen hat zudem eine **Außenwirkung**: *„Daran wird jedermann erkennen, dass ihr meine Jünger seid, wenn ihr Liebe untereinander habt" (Johannes 13,35).*

Dieses Anliegen von Jesus, nämlich die geistliche Einheit unter Seinem Volk, macht Paulus zu Beginn des zweiten Kapitels im Philipperbrief zum Thema.

Zunächst schreibt er von den großen Taten, die Gott unter den Philippern gewirkt hat. Er erinnert sie an die Privilegien, die sie durch ihr Heil und ihre Gemeinschaft mit Jesus Christus bereits bekommen haben. Diese Segnungen sind die Basis und die Motivation für ihr Streben nach geistlicher Einheit.

Wie ich darauf komme? Schauen wir in den Text! In den Versen 1-2 gebraucht der Apostel Paulus einen sogenannten Bedingungssatz, einen Konditionalsatz: „Wenn – dann". Ein Beispiel für solch eine Satzkonstruktion ist: „Wenn die Ampel grün ist, dann darfst du fahren." Das grüne Licht ist die Voraussetzung dafür, dass du Gas geben kannst. Paulus geht davon aus, dass die Ampel in Bezug auf die Einheit der Philipper bereits grün ist. Die Voraussetzung ist schon gegeben.

Wenn man eng am Grundtext entlang übersetzt, heißt es hier: *„****Wenn*** *es nun irgendeine Ermunterung in Christus gibt,* ***wenn*** *irgendeinen Trost der Liebe,* ***wenn*** *irgendeine Gemein-*

*schaft des Geistes, **wenn** irgendein herzliches Mitleid und Erbarmen" (Elb) „**dann** macht meine Freude dadurch vollkommen, dass ihr eines Sinnes seid" (Zür; Philipper 2,1-2).*

Paulus zweifelt nicht daran, dass die Dinge, die er hier aufzählt, unter den Philippern bereits vorhanden sind. Er sagt: „Wenn" oder „da" oder „zumal" es dies unter euch schon gibt, so lasst auch die Auswirkung dieses Segens sichtbar werden durch verstärkte geistliche Einheit und Einmütigkeit. „Fahrt los, die Ampel steht auf grün. Ihr könnt nach Einmütigkeit streben, in Demut einer den anderen höher achten als euch selbst, weil die Basis dafür in Jesus Christus bereits gelegt ist."

Manchmal wird unter Christen so über Einheit gesprochen, als ob wir sie erst schaffen müssten. Wir können aber keine Einheit schaffen. Wir können sie wohl fördern, aber ihren Ursprung hat sie in Jesus Christus, denn nur das Evangelium ist die Basis für die Einheit der Christen.

Was haben denn die Philipper bereits als Basis empfangen?

I. Ermunterung bzw. Ermahnung

*„**Wenn** es nun irgendeine Ermunterung in Christus gibt ..." (Elb).* Im Griechischen steht an dieser Stelle das Wort „paraklesis", das bedeutet: jemandem beistehen, jemandem helfen. Wörtlich könnte man übersetzen: „Wenn es nun irgendeine Ermunterung, wenn es irgendeinen Beistand in Christus gibt" – und Paulus geht davon aus: ja, es gibt ihn –, „so macht meine Freude vollkommen."

Der Apostel erinnert die Philipper also daran, dass Jesus ihr Beistand ist – zuallererst natürlich in der Frage ihrer Rettung. Er kam ihnen als rettender Beistand zur Seite, als es um ihr Heil und ihre ewige Zukunft ging. Und Er hat sie ermutigt – nicht nur in ihrer Errettung, sondern auch in ihrer Verfolgung und ihrem Leiden. Sie haben Jesus als einen „Parakletos" erfahren (vgl. 1. Johannes 2,1). Dieses Wort gebraucht die Bibel auch für den Heiligen Geist (in Johannes 14,16+26; 15,26; 16,7). Die Philipper haben erlebt, wie Jesus an ihre Seite kam und sie durch Schwierigkeiten hindurchführte. Wenn Widersacher auftraten und sie im Kampf fest stehen konnten – dann allein deshalb, weil Christus als Beistand an ihrer Seite war. „Gibt es nun Ermunterung, gibt es einen Beistand in Christus bei euch?“ „Ja, Paulus, den gibt es! Das haben wir erlebt! Christus war unser Beistand – immer!“

All dies ist bereits Realität in ihrem Leben. Und weil Jesus ihnen so beständig und treu zur Seite stand, weil Er ihnen ein Beistand war, sollen sie diesen großen Segen der Ermunterung, der Auferbauung und der Ermutigung auch untereinander wiedergeben. Er fordert sie auf, das, was sie bekommen haben, zu vermehren, wachsen zu lassen und weiterzureichen.

Wie kannst du also zur Einheit der Gemeinde beitragen? Indem du anderen Menschen zu einem Beistand wirst! Und zwar nicht aus deiner eigenen Kraft heraus, sondern indem du aus dem Reservoir schöpfst, das Gott dir in Christus gegeben hat. Du hast einen Beistand in Ihm. Und nun darfst du von dem, was du von Ihm bekommen hast, an andere weitergeben. Welch eine Freude und welch ein Segen ist das!

II. Trost und Liebe

Die zweite Basis, auf der sie weiter aufbauen sollen, ist der Trost und die Liebe. *„Gibt es nun bei euch Ermahnung in Christus, gibt es Zuspruch der Liebe?“ (Philipper 2,1).*

Sind sie nicht von Gott in Christus getröstet und geliebt worden? Absolut. Gott liebte sie vor Grundlegung der Welt. Sie haben Zuspruch der Liebe Jesu erfahren. Ihre Feindschaft dem Schöpfer Himmels und der Erden gegenüber wurde von Seiner göttlichen Liebe überwunden. Und weil sie von dem Herrn all dies erhalten haben, dürfen und sollen sie denselben Trost und dieselbe Liebe ihren Glaubensgeschwistern weitergeben. Das Gleiche gilt natürlich auch für uns, denn die Liebe ist in der Gemeinde von großer Bedeutung.

Dwight L. Moody, ein amerikanischer Erweckungsprediger im 19. Jahrhundert, sagte einmal: „Es gibt zwei Wege zur Einheit. Einer ist, dass man aneinander festfriert. Ein anderer ist, dass man miteinander verschmilzt. Was Christen brauchen, ist eine Einheit in brüderlicher Liebe. Dann können sie Kraft erwarten."[15]

Wir wollen keine Einheit, indem wir aneinander festfrieren, sondern indem wir miteinander verschmelzen. Aber dieser Verschmelzungsprozess kann nur stattfinden, weil Jesus uns zuvor mit Liebe begegnet ist. Das allein ist die Basis, auf der wir Einheit in Liebe leben können.

In unseren menschlichen Beziehungen gibt es Zeiten, in denen wir geben und nichts zurückbekommen. Gott aber bittet dich nicht darum, etwas zu geben, was du nicht hast, sondern du sollst das weiterreichen, was Er dir zuvor geschenkt hat. Er bittet dich, deinen Bruder oder deine Schwester aufzuerbauen, weil Er dich zuvor selbst auferbaut hat. Er bittet dich, dass du Trost und Beistand für deine Geschwister um dich herum bist, weil Er dir selbst Trost und Beistand geworden ist. Er hat einen Ozean gefüllt mit Seiner Liebe und ruft uns auf, nun aus diesem Ozean zu schöpfen und weiterzugeben.

III. Gemeinschaft des Geistes

Eine weitere Voraussetzung für Einheit ist die Gemeinschaft des Geistes. Aufgrund des Werkes Jesu Christi haben Seine Nachfolger Gemeinschaft im Geist mit Gott und untereinander. Auf diese Gemeinschaft des Geistes sollen die Philipper nun weiter bauen. Denn das „Bindemittel" ist Gott selbst und keine Hobbys oder Vereine. Als gläubige Christen werden wir nicht durch gemeinsame Interessen o. ä. zusammengehalten, sondern der Kitt in der Gemeinde ist die Gemeinschaft des Geistes. Und unsere Gemeinschaft in Christus, im Evangelium, im Wort, im Gebet, in der Fürbitte, in der Liebe trägt zur Einheit bei.

John MacArthur unterscheidet zwischen innerer und äußerer Einheit. Man kann kleine Murmeln in einer Plastiktüte zusammenbringen. Wenn jemand aber die Tüte zerreißt, dann fallen sie alle auseinander. Wenn aber ein starker Magnet da ist, dann braucht es keinen Behälter, durch den die Metallkügelchen

[15] Moody's Anecdotes. S. 53. zitiert nach: www.sermonillustrations.com, Stichwort: „Unity".

zusammengehalten werden. Dann halten sie durch eine innere magnetische Kraft einander fest. Die Einheit der Gemeinde wird nicht organisiert, sondern sie besteht durch die ‚magnetische' Kraft Christi und Seines Geistes, durch die Kraft Seines Wirkens mitten unter uns. Und dadurch entsteht nicht Einheit von außen, sondern eine Einheit der Herzen.[16]

IV. Herzlichkeit und Erbarmen

Und dann fragt der Apostel die Philipper noch: „Habt ihr nicht auch schon von Gott Erbarmen geschenkt bekommen? War Er nicht barmherzig mit euch?" Ja, das war Er! Und sollten dann nicht wir, die wir selbst Erbarmen erfahren haben, dieses an unseren Bruder und unsere Schwester weitergeben?

Paulus führt uns in diesen Versen vor Augen, dass Gott nicht fordert: „Ihr müsst, ihr müsst, ihr müsst – ihr müsst Einheit gestalten!" Er verlangt von uns nicht, etwas zu tun, wozu wir nicht in der Lage sind, sondern Er hat uns alles schon in Seinem Sohn Jesus Christus gegeben. Römer 8, 32: *„Er, der sogar seinen eigenen Sohn nicht verschont hat, sondern ihn für uns alle dahingegeben hat, wie sollte er uns mit ihm nicht auch alles schenken?"* Auch die Einheit! Auch die Liebe!

Paulus lenkt unsere Aufmerksamkeit so auf die unendlichen Schätze, die Gott uns bereits gegeben hat. Aus dieser Fülle dürfen wir unseren Glaubensgeschwistern dienen. Die Einheit und das Miteinander in der Gemeinde basiert also auf der Güte Gottes und auf dem, was Er uns in Christus in Fülle geschenkt hat. Daher dürfen und sollen wir uns nach Ihm ausrichten.

A. W. Tozer hat gesagt[17]: „Ist dir bewusst, dass einhundert Pianos automatisch aufeinander eingestellt sind, wenn sie einzeln mit einer Stimmgabel gestimmt werden? Sie spielen in derselben Tonlage – nicht weil sie aneinander gestimmt wurden, sondern weil jedes Piano sich gleichermaßen einem

---

[16] John MacArthur. "The Motives for Spiritual Unity". Predigt über Philipper 2,1-2 vom 09.10.1988. http://www.gty.org/resources/sermons/50-12/the-motives-for-spiritual-unity.

[17] Http://www.goodreads.com/quotes/369949-has-it-ever-occurred-to-you-that-one-hundred-pianos.

anderen Standard beugen musste. Wenn einhundert Anbeter sich versammeln und jeder von ihnen zu Jesus Christus schaut, dann sind sie in ihren Herzen einander so nahe, wie sie näher nicht sein können.“

Das ist es, was Paulus hier sagt: „Seid eines Sinnes, habt die gleiche Liebe, seid einmütig – und das nicht aus euch heraus, sondern indem ihr euch an das erinnert, was Gott schon unter euch und in euch gewirkt hat.“

Wenige Verse danach beginnt dann der großartige Lobpreis Jesu Christi. Und der Apostel lenkt unseren Blick auf die Stimmgabel, die Jesus selbst ist: *„Denn ihr sollt so gesinnt sein, wie es Christus Jesus auch war“ (Philipper 2,5).* Wenn jeder von uns in den Gottesdienst oder in den Hauskreis kommt und sich zuvor auf die „Stimmgabel“ Jesus eingestimmt hat, dann wird es eine Einheit und eine Liebe unter uns geben, wie sie nicht tiefer und harmonischer sein könnte. In Jesu Namen. Amen!

Freude durch Demut

„Gibt es nun bei euch Ermahnung in Christus, gibt es Zuspruch der Liebe, gibt es Gemeinschaft des Geistes, gibt es Herzlichkeit und Erbarmen, [2] so macht meine Freude völlig, indem ihr eines Sinnes seid, gleiche Liebe habt, einmütig und auf das Eine bedacht seid. [3] Tut nichts aus Selbstsucht oder nichtigem Ehrgeiz, sondern in Demut achte einer den anderen höher als sich selbst. [4] Jeder schaue nicht auf das Seine, sondern jeder auf das des anderen.“ *(Philipper 2,1-4)*

Paulus ruft die Philipper auf, eines Sinnes zu sein. Das bedeutet nicht, dass sie in allen Fragen dasselbe denken und sagen sollen. Sie sollen vielmehr einmütig darauf bedacht sein, den Willen Gottes zu tun und Seine Herrlichkeit zu vermehren.

Für das Wachstum in dieser geistlichen Einheit haben sie die besten Voraussetzungen, denn die Basis wurde durch Jesus Christus bereits in ihren Herzen gelegt. Und nun dürfen sie aus dem unendlichen Vorrat Gottes schöpfen und so die empfangene Liebe zur Förderung der Einheit weiterreichen.

Das ist so ähnlich wie mit der Vergebung. Jesus erzählt in einem Gleichnis in Matthäus 18 von einem König. Dieser hatte einen Diener, der ihm zehntausend Talente schuldete (ca. 3,6 Milliarden Euro). Als er die Schulden bei dem Mann eintreiben wollte, konnte der natürlich nicht bezahlen und flehte auf Knien um Erbarmen. Der König ließ sich erweichen und erließ dem Mann seine Schuld. Dieser Knecht hatte selbst aber auch einen Schuldner, der ihm bescheidene hundert Denare schuldete (etwa drei Monatslöhne, ca. 6.000 Euro). Man hätte nun annehmen können, dass das Vorbild des Königs einen guten Einfluss auf den hochverschuldeten Knecht ausgeübt hätte – aber nein, der Mann geht hin, würgt seinen Nächsten und fordert: „Gib mir, was mir gehört!“ Er hat also die Vergebung, die er selbst überreich empfangen hatte, nur für sich behalten und nicht an andere weitergegeben. Im Gegensatz dazu sagt Paulus zu den Philippern: „Ihr habt Liebe und Barmherzigkeit empfangen. Also gebt sie auch weiter!“

I. Die negative Seite: Selbstsucht und nichtiger Ehrgeiz

Aber der Apostel ist Realist. Er weiß, es gibt Hindernisse für die Einheit und die Gemeinschaft der Gläubigen. Diese macht er in den Versen 3 und 4 zu seinem Thema. Zunächst schreibt er über die negative Seite und sagt: *„Tut nichts aus Selbstsucht oder nichtigem Ehrgeiz" (V. 3).* Selbstsucht ist demnach keine Option für Christen, denn sie führt zu Streit, Auseinandersetzungen und Spaltung. Und das fördert nicht, sondern zerstört die Einheit in der Gemeinde.

In Galater 5, 20 wird die Selbstsucht als ein Werk des Fleisches und nicht des Geistes beschrieben. Das heißt, sie ist nicht die Frucht eines veränderten Lebens, sondern ein Produkt des alten, fleischlichen Menschen. Und was sollen wir mit diesem tun? Wir sollen ihn töten, wir sollen ihn ablegen und ihn nicht noch füttern und wachsen lassen.

In der Gemeinde in Korinth gab es beispielsweise deutliche Anzeichen von Uneinigkeit und Parteiungen. Paulus stellte sich diesen Tendenzen klar entgegen und schrieb den Korinthern in einem Brief dies: *„Ich ermahne euch aber, ihr Brüder, kraft des Namens unseres Herrn Jesus Christus, dass ihr alle einmütig seid in eurem Reden und keine Spaltungen unter euch zulasst" (1. Korinther 1,10).*

Was war geschehen? Dem Apostel war zu Ohren gekommen, dass es unter ihnen Parteiungen gab. Sie sagten: *„Ich gehöre zu Paulus! – Ich aber zu Apollos! – Ich aber zu Kephas! – Ich aber zu Christus!" (1. Korinther 1,12).* Jeder hatte sich aus selbstsüchtigen Motiven seinen persönlichen Helden gesucht und wollte diesem nachfolgen, sodass es nun in der Gemeinde mindestens vier unterschiedliche Parteien gab.

In Kapitel 3 legt Paulus nach und macht klar: *„Denn ihr seid noch fleischlich. Solange nämlich Eifersucht und Streit und Zwietracht unter euch sind, seid ihr da nicht fleischlich und wandelt nach Menschenweise?" (1. Korinther 3,3).*

Selbstsucht, Parteiungen, Fraktionen, Meinungsgruppen, das Suchen nach eigenem Vorteil ist also ein großes Hindernis für die Einheit in der Gemeinde, die Jesus aber sehr am Herzen liegt. Selbstsucht kann in der Gemeinde auf verschiedene Weise auftreten. Ein Vertreter eines Arbeitskreises kann zum Beispiel so penibel darauf achten, dass seine Gruppe nicht übergangen wird, dass er dabei das Wohl der Gemeinde vollkommen aus den Augen verliert. Am Ende leidet der gesamte Leib, weil einer selbstsüchtig und eifersüchtig auf seine Ansprüche pocht.

Dann nennt Paulus noch **einen weiteren Hinderungsgrund der Einheit,** und das ist **der nichtige Ehrgeiz**. Dieser Ausdruck bezieht sich noch stärker auf den **persönlichen Ruhm**. Da ist jemand, der sich selbst sucht, seine eigene Sache mit Ehrgeiz vertritt und dabei nicht bereit ist, sich zu entspannen und Ruhe zu geben. Stattdessen stellt er sich mit seinen Belangen als den Überlegenen dar und will sie durchsetzen. Beides, Selbstsucht als auch nichtiger Ehrgeiz, entstammen einem stolzen Herzen.

Paulus sagt: *„Tut* ***nichts*** *aus Selbstsucht oder nichtigem Ehrgeiz."* Damit drückt er aus, dass der Stolz auf vielen Gebieten, ja, in allem, was wir tun, auftreten kann. Intelligente Menschen können beispielsweise stolz auf ihr Wissen sein. Andere rühmen sich ihres Reichtums, ihres Einflusses, ihrer Macht. Manche sind stolz auf ihr Aussehen oder darauf, dass sie beliebt und anerkannt sind, oder auf ihre richtige Erkenntnis. All dies kann auch Eingang in die Gemeinde finden. Paulus sagt mit diesen Versen dem Stolz den Kampf an.

II. Die positive Seite: Demut

Aber dann wendet er sich der positiven Seite zu und sagt: „Seid nicht nur auf euch bedacht, sondern tut stattdessen doch lieber Folgendes: … *in Demut achte einer den anderen höher als sich selbst. Jeder schaue nicht auf das Seine, sondern jeder auf das des anderen*" (V. 3) Paulus ermutigt uns, praktisch zu werden, indem wir den anderen höher achten als uns selbst.

Aber wie können wir die Demut kultivieren und den Stolz in uns bekämpfen? Ligon Duncan, ein amerikanischer Pastor, hat dazu einige sehr hilfreiche Gedanken formuliert.[18]

Wie kannst du ein demütiges Herz kultivieren?

Denke über das Kreuz nach.

Die Demut des Evangeliums, von der Paulus hier spricht, kommt zu dir einzig und allein am Fuß des Kreuzes. Denn wenn du in dir selbst Demut suchst, wirst du keine finden. Du kannst zwar versuchen, dich unterwürfig zu verhalten, aber das ist keine echte Demut, die Motivation ist falsch. Deshalb führt kein Weg am Kreuz vorbei. Wenn wir uns nicht immer wieder, Tag für Tag, ganz nah beim Kreuz aufhalten, werden wir nicht in der Lage sein, unseren Stolz zu besiegen. Die größte Waffe im Kampf gegen den Hochmut ist unsere Nähe zum Kreuz.

Denn was tust du, wenn du am Kreuz bist? Du siehst dort Jesus Christus und denkst darüber nach, was Er für dich getan hat. Er hat Sein Blut für dich vergossen und ist stellvertretend für dich gestorben, weil du ein Sünder bist. Eigentlich hättest du selbst diese Strafe tragen müssen. Am Kreuz wird Seine Liebe, Seine Gnade, Barmherzigkeit, Seine Weisheit und Güte, ja, sogar Seine Gerechtigkeit sichtbar. All die Eigenschaften Gottes, Sein Zorn und Seine Liebe, treffen am Kreuz aufeinander. Das ist die Weisheit Gottes.

Und wenn wir nun am Fuß des Kreuzes stehen, wird uns bewusst, dass all dies geschehen musste, weil wir den Standard Gottes nicht erfüllt haben. Dann kann dein Herz nicht mehr mit Stolz gefüllt sein, sondern es wird geflutet mit Dankbarkeit und auch mit Demut und mit Liebe!

Auch hier ist unsere „Stimmgabel“ Jesus. Wir werden nicht demütig, wenn wir uns mit anderen Menschen vergleichen. Tun wir das, stehen wir entweder besser da als sie und werden stolz. Oder aber wir reichen nicht an sie heran und stürzen uns in Selbstmitleid. Unser Maßstab muss Christus sein. Wenn Er

---

[18] J. Ligon Duncan III. “Complete My Joy, With Humility”, Predigt über Philipper 2,1-2 vom 16.09.2007. http://thegospelcoalition.org/resources/a/Complete-My-Joy-With-Humility.

Demut von uns fordert, dann nur, weil wir sie in Seiner Nähe und bei Ihm finden. Möchtest du deinen Stolz besiegen? Dann erinnere dich an deine Defizite und Sünde und begib dich täglich zum Kreuz und staune über die Herrlichkeit und das Wunder, das dort geschah!

Lies die Bibel und bete jeden Tag.

Gottes Wort und Gebet bekämpfen ebenfalls unseren Stolz. Wenn du das Wort Gottes liest und es hörst, wirst du daran erinnert, zu welchem Leben dich die Bibel aufruft. Du denkst daran, dass du nicht gemäß deines, sondern entsprechend des Willens Gottes leben sollst, sodass du zu beten lernst: „Herr, nicht mein, sondern Dein Wille geschehe!"

Beten ist Ausdruck deiner Abhängigkeit von Gott. Wer nicht betet, sagt eigentlich damit, dass er es auch ohne Gott schafft. Und das ist Stolz. Daher bete und suche die Gegenwart Jesu!

Denke über Gott nach.

Demut kann auch gelernt werden, indem wir in unserer persönlichen Bibellese nicht zuerst die Frage stellen: „Was lehrt der Text über mich?", sondern zunächst fragen: „Was lehrt mich der Text über Gott?" Diese Frage rückt alles andere in das richtige Verhältnis. Die Bibel ist in erster Linie ein Buch über Gott. Sie ist die Selbstoffenbarung unseres Herrn. Im Vergleich zu den Wahrheiten über unseren Schöpfer sehen wir plötzlich gar nicht mehr so groß aus. *„Wenn ich sehe die Himmel, deiner Finger Werk, den Mond und die Sterne, die du bereitet hast: was ist der Mensch, dass du seiner gedenkst, und des Menschen Kind, dass du dich seiner annimmst?" (Psalm 8,4-5; L84).*

Denke über Gott nach – auch in den Situationen in deinem Leben, in denen du mit Fragen oder Leid konfrontiert bist –, und frage Ihn: „Wo bist Du, Gott, in dieser Lage?" Das macht Ihn groß und uns klein.

Denke auch über die Gnade nach.

Kann ein Mensch stolz sein, wenn er über Gnade nachdenkt? Wohl nicht, denn die Gnade setzt voraus, dass du ein Sünder bist und Hilfe brauchst. Sie sagt, dass du das Problem bist und nicht die Lösung und dass du deine Rettung nicht verdienst noch verdienen kannst, sondern dass sie dir frei aus Liebe in Jesus Christus gegeben wurde. Die Gnade tötet den Stolz.

Werde praktisch.

Der Aufruf des Apostels ist nicht theoretisch, sondern kann einfach in die Tat umgesetzt werden. Er sagt: „Schaue nicht auf das Deine, sondern frage vielmehr, wie du anderen dienen kannst.“ Überlege, wie du dich in deinen Hauskreis einbringen, wie du Gemeinschaft fördern kannst. Biete dich an, wenn Freiwillige gesucht werden – um Kranke oder Einsame zu besuchen, um beim Putzen des Gemeindehauses zu helfen oder Gäste aufzunehmen. Melde dich für einen Fahrdienst oder greife bedürftigen Geschwistern finanziell unter die Arme.

Kurz gesagt: Achte nicht auf das Deine, sondern wandle würdig des Evangeliums, indem du Demut kultivierst und anderen praktisch dienst. Und bei all dem vergiss nicht, dass du ganz und gar abhängig bist von Gott! Jeder Erfolg und jeder Sieg ist ein Geschenk von Ihm und nicht Folge deiner besonderen Fähigkeiten.

Die Einheit der Gemeinde Jesu Christi wird vom Stolz, der Selbstsucht und dem nichtigem Ehrgeiz attackiert und untergraben. Aber die Freude des Apostels in seiner römischen Gefangenschaft konnte erst dann völlig werden, wenn die Philipper die Gesinnung Jesu annahmen und in Demut miteinander lebten. Die Freude und Einheit, die Gott nicht nur der Gemeinde in Philippi, sondern auch uns schenken will, lässt sich nämlich nicht von der Demut trennen. Möchtest du in der Demut wachsen? Dann beschäftige dich mehr und mehr mit Christus. Amen!

Die Erniedrigung Christi

„Denn ihr sollt so gesinnt sein, wie es Christus Jesus auch war, [6] der, als er in der Gestalt Gottes war, es nicht wie einen Raub festhielt, Gott gleich zu sein; [7] sondern er entäußerte sich selbst, nahm die Gestalt eines Knechtes an und wurde wie die Menschen; [8] und in seiner äußeren Erscheinung als ein Mensch erfunden, erniedrigte er sich selbst und wurde gehorsam bis zum Tod, ja bis zum Tod am Kreuz.“ (Philipper 2,5-8)

Die Philipper waren eine Gemeinde, die Paulus besonders liebte. Es scheint unter ihnen keine Lehrstreitigkeiten gegeben zu haben und auch keine Skandalsünden. Im Gegenteil – sie waren dem Wort Gottes gegenüber treu, worüber sich der Apostel als Gründer der Gemeinde sehr freute.

Und doch war er noch nicht ganz zufrieden, sondern schrieb: *„Ist nun bei euch Ermahung in Christus, ist Trost der Liebe, ist Gemeinschaft des Geistes, ist herzliche Liebe und Barmherzigkeit“* – ja, das ist bei euch vorhanden – *„[2] so macht meine Freude dadurch vollkommen, dass ihr eines Sinnes seid, gleiche Liebe habt, einmütig und einträchtig seid. [3] Tut nichts aus Eigennutz oder um eitler Ehre willen, sondern in Demut achte einer den andern höher als sich selbst“ (Philipper 2,1-3; L84).*

Obwohl die Philipper in Fragen der Glaubensausrichtung anscheinend keine nennenswerten Probleme hatten, gab es doch Uneinigkeit unter ihnen. Die war nicht durch unterschiedliche Lehrmeinungen entstanden, sondern durch ihren Eigennutz, durch das Trachten nach eigener Ehre nach dem Motto: „Erfahre ich auch genug Anerkennung? Warum wird der andere geehrt und ich werde übersehen?“ Es war nichts Schwerwiegendes, was ihre Einheit störte. Sie hatten nur Standardprobleme, wie sie überall in der Gemeinde und unter Christen vorkommen – Probleme mit der alten, unerlösten Natur. Aber solche Probleme haben es in sich! Verletzte Ehre, Stolz und Selbstsucht haben eine schreckliche Sprengkraft.

Man kann in einer Gemeinde einerlei Glauben haben, aber trotzdem nicht eines Sinnes sein. Aber genau um diese innere Einheit geht es Jesus in Seinem Gebet in Johannes 17. Er betet da nicht um eine institutionelle, organisierte Kircheneinheit, die nur unter Kompromittierung biblischer Wahrheit zustande kommt. Nein, die Gemeinde der wahrhaft Wiedergeborenen (aus allen Nationen, Sprachen und Kulturen und auch aus allen Kirchen und Konfessionen) ist durch den Geist der Wahrheit bereits eins – in dem Sohn Gottes, Christus Jesus, ihrem auferstandenen Herrn und Erlöser.

Worin die Gemeinde des Herrn aber Not hat, ist die Einheit der Herzen, die durch Ichbezogenheit und mangelnde Demut erschwert wird. Die Charakterfrage ist das große Problem.

Auch in unserer Gemeinde sind viele Nöte, die wir im Laufe der Jahre zu bewältigen hatten, nicht durch unterschiedliche Lehrauffassungen entstanden, sondern durch charakterliche Schwächen, die sich darin zeigten, wie man sich verhielt, wenn man anderer Ansicht war.

Wir sind alle Sünder – und nun versuche einmal, ein ganzes Bündel solcher Sünder dahin zu bewegen, sich zu vertragen. Das ist gar nicht so einfach! Wir sind selbstzentriert, verletzen einander, sind rechthaberisch und eifersüchtig und vorlaut. Es sind also nicht unbedingt schwere Richtungskämpfe, sondern ziemlich alltägliche Probleme, die vielen kleinen Füchse also, die den Weinberg der Gemeinde zerstören wollen.

Welche Lösung bietet nun der Apostel Paulus den Philippern an? Was sollten sie tun, um das Problem der Uneinigkeit der widerstrebenden Charaktere zu lösen?

Heute versucht man es vielfach mit Psychologie. Ein Ehepaar kam wegen Beziehungsproblemen zu einem Pastor. Dieser riet ihnen, einen Kursus für Konfliktmanagement zu belegen. „Christliche Lebensberatung“ ist heute das große Schlagwort. Aber welchen Weg geht Paulus? Er besitzt doch tatsächlich die Dreistigkeit und kommt mit massiver Theologie!

Er ist nämlich der festen Überzeugung, dass die Einheit in der Gemeinde nur mit einer gehörigen Portion Lehre erreicht werden kann. Dazu erörtert er jetzt ausführlich die biblische Lehre von der Inkarnation Christi. Die Gemeinde hat Streit, und der Apostel sagt nicht: „Nun vertragt euch doch!“, sondern er beginnt einen lehrmäßigen Exkurs über die Menschwerdung Jesu. Seine Botschaft war: Schaut in der Frage der Einheit nicht auf euch, die ihr selbstsüchtig seid, sondern schaut auf Christus. Was war mit Ihm?

I. Jesus war in göttlicher Gestalt

„Er, der in göttlicher Gestalt war, hielt es nicht für einen Raub, Gott gleich zu sein" (Philipper 2,6; L84). Das Wort „Gestalt" meint nicht nur Sein Erscheinungsbild, sondern Sein inneres Wesen, Seine Wirklichkeit. Jesus ist Gott! Darum sagt Paulus: *„Er ... hielt es nicht für einen Raub, Gott* ***gleich*** *zu sein."*

Zwischen der Göttlichkeit des Vaters und der Göttlichkeit des Sohnes gab es keinen Unterschied. Damit will der Apostel sagen, dass wir die Dimension der Demut Christi nicht wirklich erkennen, wenn wir nicht erfasst haben, wer Er ist. Er ist nämlich kein besonderer Mensch – kein König auf Erden, kein Präsident und auch kein Philosoph –, sondern Er ist Gott und über allem erhaben! Niemand ist höher als Er.

Viele Menschen haben kein Problem damit, Jesus Christus als Prophet anzuerkennen, als Außenseiter und Querdenker der Gesellschaft, als Vertreter der Armen, der gegen die Machtstrukturen Seiner Tage auftrat. Aber wenn wir meinen, dass das alles ist, was Christus ausmacht, haben wir das wahre Wesen Seiner Selbsterniedrigung nicht erfasst. Erst wenn wir erkennen, dass Er der Allerhöchste ist, dass Er wahrer Gott ist, erahnen wir die Breite, Höhe und Tiefe Seiner Demut.

Darum beginnt Paulus damit, uns als Erstes zu erklären, wer Christus ist. Wenn du siehst, wie Er herabgestiegen ist und sich unter alle Menschen gestellt hat, dann musst du wissen, dass Er nicht Mensch, sondern Gott war, als Er das tat. Luther sagte in seiner Auslegung zu diesem Vers: „Und ob wir's schon täten und uns tiefer herunterließen als Christus, ... so wär's doch nichts Sonderliches, sondern eine stinkende Demut gegen Christi Demut gerechnet.“[19]

II. Jesus beharrte nicht auf Seinen Rechten

Jesus beharrte nicht auf den Rechten Seiner Göttlichkeit. Wir lesen: *„Er ... hielt es nicht für einen **Raub**, Gott gleich zu sein.“* Er bestand nicht darauf, so behandelt zu werden, wie es Seiner göttlichen Würde entsprach, wie Er es als Sohn und Erbe Gottes verdient hatte. Er hielt nicht fest, sondern ließ los. Was für eine Gesinnung! Der lebendige Gott, dem alle Ehre gebührt und dem aller Anspruch gehört, der verzichtet, der entsagt. Wie schwer fällt uns das! Wir Menschen pochen auf unsere Rechte, wiewohl uns nichts gehört, sondern alles nur geliehen ist.

Wenn ich das Gerede höre, dass wir ein Recht auf Bildung haben, auf Arbeit, ein Recht auf Gesundheit und auf ein langes Leben, dann ekelt mich diese Vermessenheit an. Vor einigen Jahren hörte ich einen Gesundheitsapostel im Fernsehen sagen: „120 Jahre stehen uns zu!“ Seitdem habe ich nie mehr etwas von ihm gehört. Ich weiß nicht einmal, ob er noch lebt.

Auch er verwechselte die Güte und Barmherzigkeit Gottes mit Rechten und Ansprüchen. Das Einzige, was uns zusteht, ist der Tod und danach das Gericht, sagt die Bibel. Wenn wir bekommen, was wir verdient haben, dann ist das die ewige Verdammnis. Alles andere ist Gnade von Gott.

Manchmal hört man auch unter Christen solche Sprüche wie zum Beispiel: „Wir haben ein Recht auf Heilung!“ Wir Christen sollten es wirklich besser wissen! Denn nicht wir haben auf irgendetwas ein Anrecht – aber der Sohn Gottes, der hat Rechte!

Wenn wir etwas loslassen, von dem wir meinen, ein Recht darauf zu haben, ist es immer etwas, das wir fälschlicherweise beanspruchen. Wenn der Sohn Gottes aber etwas loslässt, dann ist es etwas, was Ihm wirklich gehört. Denn Er ist Herr und

---

[19] Eduard Ellwein (Hg.). Dr. Martin Luthers Epistel-Auslegung. Bd. 3. Die Briefe an die Epheser, Philipper und Kolosser. Vandenhoeck & Ruprecht: Göttingen, 1973. S. 195.

Schöpfer aller Dinge, Er ist erhaben über alles, Er ist der Erste und der Letzte, Er ist das A und das O, Anfang und Ende, Er regiert über alles. Und was tut Er? Er verzichtet! Er hielt es nicht für einen Raub, Gott gleich zu sein!

III. Jesus wurde Mensch

Paulus geht jetzt ins Detail und sagt von dem göttlichen Christus: *„... sondern [er] entäußerte sich selbst und nahm Knechtsgestalt an, ward den Menschen gleich und der Erscheinung nach als Mensch erkannt" (V. 7; L84).* Er *„entäußerte sich"* bedeutet: Er „entleerte sich" oder Er „machte sich gering". Er war ein Herr und wurde ein Sklave. Er ist Gott und wird nun Mensch.

Das darf nicht missverstanden werden. Gott verwandelte sich nicht in einen Menschen, indem Er Seine Gottheit aufgab. Als Christus Mensch wurde, hörte Er nicht auf, Gott zu sein. Jesus hat in Seiner Geburt nicht Sein Gottsein abgelegt, sondern das Kind in der Krippe ist immer noch der Sohn des lebendigen Gottes (Lukas 2,11). Er ist immer noch Gott.

Aber was Er getan hat, ist: Er hat die Privilegien Seiner Gottheit abgelegt, die Vorrechte aufgegeben, die Herrlichkeit des Himmels verlassen. Das ist so, als ob sich ein König in ein Armengewand kleidet und fortan das Leben eines Bettlers führt. Als der gegeißelte Christus gefragt wurde: „Bist du ein König?", antwortete Er: *„[Ja,] du sagst es" (Matthäus 27,11).* Denn obwohl Er erniedrigt war, war Er doch ein König, war Er doch Gottes Sohn!

Christus verwandelte sich also nicht in einen Menschen, sondern Er nahm vielmehr zusätzlich zu Seiner göttlichen Natur eine menschliche Natur an. Seine Menschwerdung war keine Subtraktion, sondern eine Addition. Er war Gott und Mensch zugleich – wie der Vater Ihn brauchte, damit Er unser Retter werden konnte.

Dazu war nämlich eine Person nötig, die beide Naturen in sich hatte – die göttliche und auch die menschliche. Das Westminster-Bekenntnis betont: zwei Naturen in einer Person –

aber unvermischt.[20] Die beiden Naturen bleiben fein säuberlich getrennt und sind doch präsent in einer Person – ganz und gar Gott und ganz und gar Mensch in Christus.

Darum ist Jesus Christus auch so einzigartig! Einen solchen Menschen wie Ihn hat es nie zuvor gegeben und wird es auch nie mehr geben. Aber Christus musste so sein, damit Er völlig ausgerüstet war, um die Aufgabe eines Mittlers zwischen Gott und Mensch ausführen zu können. Darum brachte uns der ewige Gott in Seiner Weisheit diese Ausnahmeperson, diesen einzigartigen Gottes- und Menschensohn Jesus Christus. Nur so konnte Er einerseits selbst ohne Sünde bleiben und andererseits für uns Menschen stellvertretend die Strafe für unsere Sünde auf sich nehmen.

Johannes Calvin hat diesen Vers so verstanden, „daß die Niedrigkeit des Fleisches nichts destoweniger ein Schleier war, durch den die göttliche Natur verdeckt", also verhüllt wurde.[21] Der Gedanke ist: Als Jesus unser sterbliches Fleisch und Blut annahm, streifte Er nicht Seine Gottheit ab, aber Er verhüllte sie mit seiner menschlichen Natur. Wenn wir das Kind in der Krippe sehen, sehen wir die Schwachheit eines Menschen, während die Gottheit des Kindes für unsere Augen verhüllt, verschlossen ist. Aber doch liegt Gott in der Krippe. Wenn wir Christus am Kreuz sehen, sehen wir nur ein hingerichtetes, menschliches Wesen, ein Haupt voll Blut und Wunden. Und doch hängt Gott dort, dessen Herrlichkeit verhüllt ist.

Wir erinnern uns auch an den Berg der Verklärung, auf dem Christus zusammen mit drei Seiner Jünger war. Da lesen wir, dass Er „verklärt" wurde oder auch, wie manche übersetzen, „umgestaltet" wurde und *„sein Angesicht leuchtete wie die*

---

[20] „… zwei ganz vollkommene und unterschiedene Naturen, … ohne Verwandlung, Zusammensetzung oder Vermischung", zitiert nach: Thomas Schirrmacher (Hg.). Der Evangelische Glaube kompakt: Ein Arbeitsbuch. Das Westminster Glaubensbekenntnis von 1647. VKW: Bonn, RVB: Hamburg, 2004. Artikel 8.2.

[21] E. F. K. Müller (Hg.). Johannes Calvins Auslegung der Heiligen Schrift. Der Brief an die Philipper. Verlag der Buchhandlung des Erziehungsvereins: Neukirchen, o.J. S. 25.

Sonne, und seine Kleider wurden weiß wie das Licht. Und siehe, es erschienen ihnen Mose und Elia, die redeten mit ihm" (Matthäus 17,2-3). Da schien plötzlich die Göttlichkeit Christi durch Sein Menschsein hindurch, und zwar auch für andere Anwesende wahrnehmbar. Das war nicht immer so. Aber es gab Momente, in denen auch andere merkten: Hier ist ein Mensch, der zugleich Gott ist.

Petrus hatte in dem Moment nur noch einen Wunsch: Er wollte Hütten bauen, er wollte dort wohnen bleiben und diesen herrlichen Ort nie mehr verlassen. So werden auch wir einmal den Himmel nie mehr verlassen wollen, denn dort wird es so sein wie auf dem Berg der Verklärung: Wir werden mit dem verklärten Christus zusammenwohnen, dessen verherrlichter Leib leuchten wird wie die Sonne und dessen Kleider glänzen werden wie das helle Licht.

Wissen wir eigentlich, dass Jesus Seine menschliche Natur im Himmel beibehalten hat? Auch dort ist Er Gott und Mensch. Christus wird auch im Himmel diese herrliche und einzigartige Doppelnatur besitzen, und wir werden Ihn in Seinem Auferstehungsleib sehen als Menschensohn und Gottessohn. Sein Name werde hoch gepriesen!

IV. Gehorsam bis zum Tode am Kreuz

Paulus beschreibt die Selbsterniedrigung Christi nun noch weiter, indem er sagt: *„... und wurde gehorsam bis zum Tod, ja bis zum Tod am Kreuz" (V. 8).* Welch eine Erniedrigung, welch eine Demut und Herablassung! Nicht die eines sterblichen Menschen, wie wir, denen es recht anstehen würde, demütig zu sein. Paulus aber erklärt uns: „So war Jesus, der Sohn Gottes, dem absolut zustand, Herr aller Herren zu sein."

Und was schließt Paulus aus der Erniedrigung Christi? Er mahnt die Philipper: ***„Seid so gesinnt, wie es Christus Jesus auch war,*** *6 der, als er in der Gestalt Gottes war, es"* – erstens: – ***„nicht wie einen Raub festhielt, Gott gleich zu sein;*** *7 sondern"* – zweitens: – *„er* ***entäußerte sich selbst****"* – drittens: – ***„nahm die Gestalt eines Knechtes an*** *und wurde wie die Menschen; 8 und in seiner äußeren Erscheinung als ein Mensch* *erfunden,* ***erniedrigte er sich selbst und wurde gehorsam bis zum Tod****, ja bis zum Tod am Kreuz."*

Damit erklärt er der Gemeinde in Philippi: „Wenn ihr dem durch die Gnade Gottes nachstrebt, dann habt ihr Einheit, dann habt ihr Frieden, dann habt ihr echte Herzensgemeinschaft und seid eines Sinnes. Dann macht ihr meine Freude vollkommen!" Gott helfe uns dazu. Amen!

Die Erhöhung Christi

„Darum hat ihn Gott auch über alle Maßen erhöht und ihm einen Namen verliehen, der über allen Namen ist, [10] damit in dem Namen Jesu sich alle Knie derer beugen, die im Himmel und auf Erden und unter der Erde sind, [11] und alle Zungen bekennen, dass Jesus Christus der Herr ist, zur Ehre Gottes, des Vaters." (Philipper 2,9-11)

Nachdem der Apostel Paulus gelehrt hat, wie bedeutungsvoll die Selbsterniedrigung Christi für unsere Einheit ist, für unser Miteinander, für die Liebe und den Frieden unter uns, zeigt er nun, wie wichtig es für das tägliche Leben als Christ ist, Jesus auch in Seiner Erhöhung anzuschauen.

Wir erinnern uns: Paulus gab den Philippern bezüglich ihrer Selbstsucht und ihrem eitlen Ehrgeiz keine „To-do-Liste" an die Hand, vielleicht mit der Überschrift: „Vier Prinzipien für die Einheit" oder „Fünf Tipps zu mehr Mitmenschlichkeit". Er wusste, dass das Problem unseres sündigen Herzens, unseres Stolzes und unserer Ichbezogenheit viel zu groß ist, als dass man es mit ein paar Psychotricks beseitigen könnte. Darum kam der Apostel mit besseren Waffen – er kam mit Theologie. Denn er wusste, dass Theologie für das tägliche Leben ist und dass für die Lebenspraxis nichts hilfreicher ist als gesunde, biblische Lehre.

Aus diesem Grund unterwies er die Philipper nicht in allerlei Lebensregeln, sondern er unterrichtete sie über die Lehre der Präexistenz Christi, über Seine Gottheit, Seine Inkarnation, Seine Selbstverleugnung und Sein Kreuz. Paulus war der festen Überzeugung, dass nichts besser hilft, als Jesus anzuschauen, als Ihn zu betrachten und zu studieren.

Genau das wird einen solch verändernden Einfluss auf unser Denken, Reden und Handeln haben, dass wir staunen werden. Es wird unsere Einheit und gegenseitige Höherachtung fördern wie nichts anderes. Paulus schreibt an anderer Stelle: *„Wir alle aber, indem wir ... die Herrlichkeit des Herrn anschauen wie in einem Spiegel, werden verwandelt in dasselbe Bild von Herrlichkeit zu Herrlichkeit" (2. Korinther 3,18).*

Während wir beständig auf Christus blicken, der uns ja in Seinem Wort begegnet, werden wir durch den Heiligen Geist verändert. Darum kommt Paulus nicht mit Methoden zu den Philippern, sondern mit Christologie. Er sagt: „Blickt auf Jesus, lernt von Ihm und seid gesinnt wie Er.“ Erkennt Ihn, nehmt Ihn auf im Glauben. Esst Ihn, trinkt Ihn, liebt Ihn …! Dann wird Er der umwandelnde Faktor in der Gemeinde sein.

Wenn wir alle auf Christus blicken und Er das Ziel unseres gesamten Seins, unseres Denkens, Wünschens und Hoffens ist, werden wir Ihm immer ähnlicher werden und uns selber so zurücknehmen, wie Er es tat, und eins sein wie Er mit dem Vater.

Darum muss Gottes Wort unsere Speise, unser beständiger Umgang sein. Die Heilige Schrift ist unser Gebet und unsere Anbetung, ist unsere Gemeinschaft, unser Gespräch, unser Leben und Ziel. Lies bereits am Morgen die Bibel in deiner persönlichen Zeit mit Gott und ernähre dich auch tagsüber immer wieder mit einem Abschnitt aus Seinem Wort. So wird das Bild Christi immer deutlicher in uns.

Paulus fährt fort, indem er den Philippern Christus weiter vor Augen malt. Nun zeigt er ihnen Seine Erhöhung. Auch sie soll unser geistliches Wachstum in Sachen Demut und Einheit fördern. Der Apostel listet vier Dinge auf, in welcher Hinsicht das geschieht:

I. Der Grund, warum Christus erhöht wurde

Der Apostel betont den Grund, warum Gott Christus erhöht hat. Er schreibt: *„**Darum** hat ihn Gott auch über alle Maßen erhöht“ (Philipper 2,9).* Warum? Der Grund ist ein anderer als in der Welt üblich. In der Welt wird immer der erhöht und geehrt, der besser ist als andere, der mehr kann, der größer ist, schneller, klüger und erfolgreicher. Derjenige, der es schafft, sich selbst am besten zu promoten, bekommt die Auszeichnung und den Titel. Der Ambitionierteste hat die besten Chancen, herausgestellt zu werden.

Aber bei Gott ist das anders. Nicht weil Jesus sich selbst groß gemacht hat, hat Ihn der Vater geehrt, sondern umgekehrt – weil Er sich klein gemacht hat, weil Er sich nicht selbst gesucht hat, sondern das, was den anderen dient, weil er sich selbst erniedrigt hat, darum hat Gott Ihn erhöht. Christus erstrebte Demut und war nicht Herr, sondern Diener. Verkehrte Welt? Nein, so ticken die Uhren im Reich Gottes. Und wenn das bei uns anders sein sollte, dann haben wir ein Problem ...

Kürzlich diente ein Hochschullehrer aus unserer Gemeinde in der Gemeindeküche. Er ist Dozent an der Universität, aber er macht regelmäßig Tischdienst und wäscht das Geschirr ab. Wir hatten gerade Gäste aus Russland da und erzählten ihnen davon. Da wollten sie den Bruder sehen und meinten, so etwas hätten sie noch nicht erlebt. Solche hingegebenen Brüder und Schwestern genießen eine große Wertschätzung bei denen, die ihre Bescheidenheit kennen!

Wie viele Gotteskinder wirken hinter der Bühne! Vielleicht werden sie einmal im Jahr zur Danksagung nach vorn gebeten, aber dann verschwinden sie schon wieder von der Bildfläche und dienen ungesehen und ungehört. Gott freut sich über solche Menschen! Denn sie schauen auf Jesus und lernen von Ihm. Der Heilige Geist hat ihnen einen stillen und bescheidenen Geist geschenkt. Das macht sie so angenehm in der Gemeinde. Sie fordern nicht, sie erwarten nicht ständig etwas, sondern sie geben und dienen und verbreiten ein angenehmes Aroma. Sie schaffen ein Klima, in dem die Gemeinde aufblühen und wachsen kann.

Auch Schwestern und Brüder, die in einem öffentlichen Dienst stehen, können in diesem sanften Geist wirken. Sie stehen vorne und tun ihren Dienst nicht um der Anerkennung und Selbstdarstellung willen, sondern zur Ehre Gottes. Und wenn jemand anders an der Reihe ist, sind sie nicht beleidigt, sondern unterstützen den, den Gott ebenfalls begabt hat. Sie suchen nicht das Ihre, sondern das, was des anderen ist. Somit dienen sie der Einheit.

Deshalb sagt Paulus auch zu den Philippern: „Ihr lieben Philipper, ihr habt keine großen Lehrstreitigkeiten und auch keine Irrlehre unter euch, aber ihr streitet zu viel! Ihr seid nicht eines Sinnes, euer Charakter ist euch noch im Weg. Das große

Problem bei euch ist keine Lehrfrage, sondern euer Herz! Darum schaut euch Jesus an! Lernt von Ihm, denn Er ist sanftmütig und von Herzen demütig!"

Der Herr hat durch Jesaja sagen lassen: *„Ich will aber den ansehen, der demütig und zerbrochenen Geistes ist" (Jesaja 66,2).* Das ist das Gegenteil von dem, was in der Welt gilt. Auch Maria brachte dies in ihrem Lobgesang zum Ausdruck, als sie betete: *„Meine Seele erhebt den Herrn, und mein Geist freut sich Gottes, meines Heilandes; denn er hat die Niedrigkeit seiner Magd angesehen. Siehe, von nun an werden mich selig preisen alle Kindeskinder. ... Er stößt die Gewaltigen vom Thron und erhebt die Niedrigen" (Lukas 1,46-48+52; L84).*

Also lasst uns lernen von Jesus, der erhöht wurde, weil Er sich selbst erniedrigte!

II. Gott gab Ihm einen Namen

Als Nächstes lesen wir: *„... und [hat] ihm einen Namen verliehen, der über allen Namen ist" (Philipper 2,9).* Weil der Sohn Gottes sich so gedemütigt hat und Sein Leben für andere niedergelegt hat, hat der Vater den Namen Jesus Christus über alle anderen Namen gesetzt. Die Namen der Großen dieser Erde verblassen, die Namen derer, die ihren Erfolg gesucht, Macht erstrebt und sich Denkmäler gebaut haben, werden vergehen. Aber der Name Jesus wird bleiben bis in Ewigkeit.

Paulus rühmt unseren Herrn Jesus Christus: *„[Er ist]* ***hoch*** *über jedes Fürstentum und jede Gewalt, Macht und Herrschaft und jeden Namen, der genannt wird, nicht allein in dieser Weltzeit, sondern auch in der zukünftigen" (Epheser 1,21).* Sein Name ist höher als alle Namen von Menschen und auch als alle Namen von Engeln. Darum rief Petrus aus: *„Und in keinem andern ist das Heil, auch ist kein andrer Name unter dem Himmel den Menschen gegeben, durch den wir sollen selig werden" (Apostelgeschichte 4,12; L84).*

Und Gott wird auch die Namen derer nicht vergessen, die in Demut und Selbstlosigkeit dem Herrn dienen, die so gesinnt sind, wie Christus auch war. Nicht einmal ein Glas Wasser, das du jemandem im Verborgenen gabst, wird Gott vergessen. Du kannst niemanden still und leise in seiner Krankheit besuchen, ohne dass der Herr es dir lohnen wird. Du magst auf dieser Erde anonym deinen Dienst tun, vielleicht hat dich kaum einer auf der Rechnung. Aber im Himmel bist du bekannt. Dort hast du einen Namen. Sei dir dessen gewiss!

III. Alle Zungen bekennen den Namen Jesu

Gott hat Seinem demütigen Sohn nicht nur einen Namen gegeben, der über alle Namen ist, sondern Paulus ruft aus: *„... damit in dem Namen Jesu sich alle Knie derer beugen, die im Himmel und auf Erden und unter der Erde sind, und alle Zungen bekennen, dass Jesus Christus der Herr ist" (V. 10-11).*

Wie gewaltig! Der, der verachtet war, den sie angespien, verlästert, geschlagen, gemartert haben, der, den sie ans Kreuz genagelt und feige ermordet haben, den hat Gott auferweckt von den Toten und Ihn zu Seiner Rechten gesetzt, hat Ihm einen Namen gegeben, in dem sich alle Knie beugen, die im Himmel und auf Erden und unter der Erde sind. Alle, die Lebenden und die Toten, die im Himmel und die in der Hölle sind, sie alle, einerlei welche Sprache sie sprechen, werden bekennen, dass Jesus Christus der Herr ist.

Heute verschmähen noch viele Christus und spotten über Ihn. „Gott? – ja", sagen sie, „aber Christus? – nein". Denn Er trennt die Religionen und stört angeblich den Weltfrieden. Man will ja religiösen Frieden erzielen, weil man hofft, auf diesem Weg auch zu politischem Frieden zu kommen. Dabei gibt es keinen größeren Störenfried als Jesus, der für sich beansprucht, den Namen zu haben, der über alle Namen ist und durch den allein Menschen gerettet werden können. Man möchte Christus deshalb beseitigen, Ihn aus dem Weg haben. Aber Er verschwindet nicht, sondern bleibt, denn in Seinem Namen werden sich eines Tages beugen alle Knie. Dieser Tag ist näher, als du denkst! Dann wirst auch du bekennen, dass Jesus Gottes Sohn ist!

Bei Jesaja heißt es: *„Nachdem seine Seele Mühsal erlitten hat, wird er seine Lust sehen und die Fülle haben; ... Darum will ich ihm die Vielen zum Anteil geben, und er wird Starke* *zum Raub erhalten, dafür, dass er seine Seele dem Tod preisgegeben hat und sich unter die Übeltäter zählen ließ und die Sünde vieler getragen und für die Übeltäter gebetet hat" (Jesaja 53,11-12).* Weil sich der Heiland erniedrigt und die Sünden vieler getragen hat, hat Ihm der Vater Millionen gegeben, die durch Ihn gerettet werden.

Wir haben uns nicht so tief gedemütigt wie der Sohn Gottes und wir werden auch niemals so hoch erhoben werden wie Er. Aber Paulus erklärt am Beispiel Jesu, dass dieselbe Wahrheit, wenn auch auf tieferer Ebene, auch für uns gilt. Der Weg der Selbsterniedrigung ist der Weg zur Erhöhung. Wer sich selbst vergisst, an den denkt Gott! Dem Demütigen gibt Er Gnade, und die Gemeinde der Demütigen ist eine Gemeinde der Einheit. Das lasst uns lernen durch die Gnade des Herrn!

Der Heiland hat gesagt: *„Nehmt auf euch mein Joch und lernt von mir; denn ich bin sanftmütig und von Herzen demütig; so werdet ihr Ruhe finden für eure Seelen" (Matthäus 11,29; L84).* Suche deshalb nicht länger, der Größte zu sein, sondern demütige dich, wie Christus es auch getan hat!

Und noch eines: Büßt der Vater Ehre ein, wenn Er den Sohn so erhöht? Nein, niemals! Paulus schreibt: *„Darum hat ihn Gott auch über alle Maßen erhöht ... damit in dem Namen Jesu sich alle Knie beugen ... und alle Zungen bekennen, dass Jesus Christus der Herr ist"* – wozu? – ***„zur Ehre Gottes, des Vaters.****"* Die Erhöhung Jesu geschieht zur Ehre Gottes, des Vaters. Darum sei Gott hoch gepriesen – Vater, Sohn und Heiliger Geist. Amen!

Verwirklicht eure Rettung

„Darum, meine Geliebten, wie ihr allezeit gehorsam gewesen seid, nicht allein in meiner Gegenwart, sondern jetzt noch viel mehr in meiner Abwesenheit, verwirklicht eure Rettung mit Furcht und Zittern; [13] denn Gott ist es, der in euch sowohl das Wollen als auch das Vollbringen wirkt nach seinem Wohlgefallen. Tut alles ohne Murren und Bedenken."

(Philipper 2,12-14)

Keine falschen Lehren, keine Skandalsünden, aber große Anteilnahme und Fürsorge für den Apostel – das war das Besondere an der Philipper-Gemeinde. Darum liebte Paulus diese Gemeinde sehr. Allerdings waren auch die Christen zu Philippi noch nicht vollkommen. Es gab bei ihnen die Standardsünden, die es in jeder Gemeinde gibt – die kleinen Füchse, die aber das Zeug in sich haben, den ganzen Weinberg zu verderben, wie zum Beispiel Ichbezogenheit, Stolz, falscher Ehrgeiz und Uneinigkeit. Um diese zerstörerischen Übel aus der Gemeinde zu eliminieren, übersandte der Apostel ihnen keine Verhaltensregeln, sondern er forderte sie auf: *„Denn ihr sollt so gesinnt sein, wie es Christus Jesus auch war" (Philipper 2,5).*

Jesus Christus war der Sohn Gottes und war sich dennoch nicht zu schade, sich selbst zu erniedrigen und unser aller Diener zu werden. Damit gilt auch für uns: Unsere Uneinigkeit beseitigen wir nicht dadurch, dass wir Einheit organisieren, sondern dadurch, dass ein jeder auf Christus schaut und so demütig werden möchte wie Er.

I. Ein weiteres Lob

Nun geht Paulus in seinem geistlichen Unterricht mit den Philippern weiter, indem er ein weiteres Lob einschiebt. Er ist ein guter Lehrer, er sagt nicht zu ihnen: „Bei euch funktioniert ja gar nichts, ihr seid Versager auf der ganzen Linie!" So redet kein weiser Vater mit seinem Kind und auch kein vernünftiger Lehrer mit seinen Schülern; und schon gar nicht redet so der von Gottes Geist erfüllte Paulus.

Nachdem der Apostel den Philippern gezeigt hat, wie weit sie noch von der vollkommenen Demut entfernt sind, die ihr Herr vorgelebt hat, will er sie nicht entmutigen und vielleicht sogar zum Verzagen bringen, sondern er lobt sie mit den Worten: *„Darum, meine Geliebten, wie ihr allezeit gehorsam gewesen seid, nicht allein in meiner Gegenwart, sondern jetzt noch viel mehr in meiner Abwesenheit“ (V. 12).*

Ihr Gemeindegründer macht sie wegen ihrer Schwachheit nicht nieder, sondern er zeigt ihnen ein weiteres Mal die Gnade, die bereits unter ihnen gewirkt hat. Zu Beginn des zweiten Kapitels hatte er ihnen schon gesagt, dass sie Ermutigung, Liebe, Gemeinschaft im Heiligen Geist, Herzlichkeit und Erbarmen untereinander haben. Wunderbar, dass das schon da ist, denn darauf kann man gut aufbauen!

Wenn der Apostel sagt, dass die Philipper nicht nur in seiner Gegenwart gehorsam sind, sondern auch und noch viel mehr in seiner Abwesenheit (V. 12), zeigt das, dass ihr Glaube nicht so sehr von ihm abhing, sondern menschenunabhängig war. Das ist ein wirklich großes Lob!

Als ich ein junger Christ war, reiste ein feuriger Evangelist durchs Land. Einige aus unserer kleinen Gemeinde fühlten sich durch seinen Dienst so sehr im Glauben gestärkt, dass sie ihm nachreisten. Und solange sie in seiner Nähe waren, glühten sie vor Liebe zu Jesus. Wenn der Mann aber wieder außerhalb ihrer Reichweite war, ließen sie nach und erkalteten.

So geht es manchmal Besuchern christlicher Konferenzen. Wenn diese vorüber sind, ist es auch mit ihrem Glauben nicht mehr weit her. Sie brauchen Pastoren einer bestimmten Sorte, und wenn sie die nicht haben, liegt ihre Nachfolge am Boden. Wir müssen deshalb unbedingt lernen, nicht an Menschen zu hängen, sondern an Christus allein!

II. Die „wenn – dann“-Motivation

Welche Schlussfolgerung zieht Paulus nun aus diesem wunderbaren Lob an die Philipper? Schreibt er ihnen: „Ihr seid geistlich schon so reif, deshalb braucht ihr euch nicht weiter zu bemühen“?

Nein, er führt erneut die „wenn – dann"-Argumentation an. Wenn es geistlich schon so erfreulich um euch steht, dann nehmt genau das zum Anlass, noch mehr wachsen zu wollen. So ruft der Apostel sie sogleich auf: *„Darum, meine Geliebten, ... verwirklicht eure Errettung mit Furcht und Zittern" (V. 12).*

Was bedeutet das? Die Philipper sind doch schon errettet und geistlich so reif – und nun sollen sie erst richtig loslegen? Ja, genau das meint Paulus. Er spricht nicht von der punktuellen Wiedergeburt, sondern von dem gesamten Prozess unseres Heils, der mit der Wiedergeburt beginnt und mit dem Eingang in die Herrlichkeit endet.

Sein Schwerpunkt liegt dabei auf der Frage der Heiligung, denn in der Wiedergeburt waren wir inaktiv. Da konnten wir unsere Errettung nicht verwirklichen, da wir geistlich **tot** waren. Erst musste Gott eingreifen und das Wunder der geistlichen Auferweckung in unserem Herzen vollbringen. Dabei konnten wir in keiner Weise mithelfen.

Aber nun, da wir durch den Geist Gottes lebendig gemacht wurden, sollen wir „verwirklichen", sprich: „herausarbeiten", sichtbar machen, was Gott in uns an geistlichen Früchten hineingelegt hat – Liebe, Demut, Sanftmut, Treue, Keuschheit usw. (siehe Galater 5,22). In der Wiedergeburt hat Gott all diese wunderbaren Dinge in uns hineingearbeitet, sagt Spurgeon[22], und nun ist es unsere Aufgabe, sie herauszuarbeiten.

Es geht hier also nicht darum, sich das Heil zu erarbeiten. Das möchten wir besonders denen sagen, die noch nicht so im Evangelium bewandert sind. Land auf, Land ab kursiert ja immer noch diese verrückte Idee, dass man sich durch gute Werke die Errettung verdienen und so in den Himmel kommen könne. Das ist nicht nur nicht das Evangelium, sondern es ist schlichtweg falsch!

---

[22] Charles H. Spurgeon. "Working out what is worked in". Predigt vom 12.07.1868. Metropolitan Tabernacle Pulpit. Pilgrim Publ.: Pasadena/ Texas, 1976/1982. S. 385ff. online verfügbar unter www.spurgeon gems.org/vols13-15/chs820.pdf.

Der unumstößliche Grundsatz der Schrift lautet vielmehr: Kein Mensch kann durch seine Werke vor Gott gerecht werden (Römer 3,20). Niemand! *„Aus Gnade seid ihr errettet durch den Glauben, und das nicht aus euch – Gottes Gabe ist es; nicht aus Werken, damit niemand sich rühme“ (Epheser 2,8-9).*

Wenn Paulus hier davon spricht, dass wir unsere Errettung „verwirklichen“ sollen, will er jetzt nicht das Gegenteil davon sagen, was er immer und immer wieder leidenschaftlich gelehrt hat. Er will nicht sagen, dass du dir dein Heil erarbeiten sollst. Das kannst du gar nicht. Aber wenn du es ohne dein Zutun empfangen hast, wenn Gott dir ohne deine Mitwirkung aus absolut freier Gnade ein neues Herz geschenkt hat, dann lass das auch sehen, dann bringe es zum Vorschein, dann stelle unter Beweis, dass Gott dich neu gemacht hat. Bringe es heraus und verwirkliche es, entwickle es – durch dein tägliches Leben.

Du bist errettet! Nicht durch deine Leistung, sondern aus purer Gnade hat Gott dich damit beschenkt, ohne deine Mitwirkung. Nun ist es aber deine Verantwortung, diese deine Errettung auszuleben.

Es gibt Leute, die argumentieren: „Gott wirkt in uns, deshalb brauchen wir nichts mehr zu tun.“ Falsch! Nach unserem Text muss es vielmehr so heißen: „Gott wirkt in uns. Darum wirken auch wir!“ Die Gnade, aus der wir ohne unsere Mitwirkung gerettet wurden, hat nicht in uns gewirkt, damit wir uns schlafen legen und nichts weiter tun sollen. Im Gegenteil: Die lebendig machende Gnade schafft eine Energie in uns, die uns zur Arbeit auffordert – nämlich den Segen des Heils, den Gott durch Sein Erbarmen in uns hineingelegt hat, auch auszuwirken und auszufüllen.

Ein gutes Beispiel dafür ist für mich Lazarus. Er lag tot im Grab. Man hätte ihn so laut und so oft rufen können, wie man wollte – er hätte nicht reagieren und das Grab verlassen können. Als aber Jesus ihm vollmächtig das Leben zugerufen hatte, kam dieses zu ihm ohne seine Mitwirkung. Und was tat Lazarus danach? Er kam aus dem Grab heraus und nahm wieder am Leben teil. Das ist es! Du bist aus Gnaden errettet – aber jetzt lebe deine Errettung aus!

Und wie sollen wir das tun? Paulus sagt: *„Darum, meine Geliebten, ... verwirklicht eure Errettung mit **Furcht und Zittern**“ (V. 12).* Das bedeutet: Dieses Herausarbeiten eurer Errettung tut mit ganzer Kraft, mit aller Mühe. Drängt darauf, ringt darum, setzt euch dafür ein, verfolgt es mit aller Macht.

Darin besteht unser Kampf als Christen. Der Teufel, unser verbliebenes sündhaftes Fleisch und auch die Einflüsse der Welt wollen die Kräfte des göttlichen Lebens in uns ersticken. Aber die Bibel sagt, dass wir uns das nicht gefallen lassen müssen, sondern dass wir die Früchte des Geistes mit Entschlossenheit herausarbeiten und die Werke des Fleisches radikal und schonungslos abtöten sollen. Darum werden wir immer wieder aufgefordert: *„Jagt ... nach ... der Heiligung, ohne die niemand den Herrn sehen wird“ (Hebräer 12,14; L84).*

Das ist derselbe Sound wie bei *„verwirklicht eure Errettung mit Furcht und Zittern“*. Tut es nicht nachlässig! So wie ein guter Baum die ganze Kraft seines Lebens einfließen lässt, um gute Früchte zu bringen, soll auch euer Bestreben dahin gehen, geistlich zu wachsen, viel Frucht zu tragen und zunehmend in das Bild Jesu umgestaltet zu werden.

Wenn es heißt: *„Mit Furcht und Zittern“*, meint der Apostel damit, den Kampf gegen die Sünde nicht mit dem heute so viel beschworenen Selbstbewusstsein oder Selbstvertrauen zu führen nach dem Motto: „Kein Problem, ich werde der Heiligung schon nachjagen. Gott wird noch staunen, wie ich das schaffe! Seitdem ich mich bekehrt habe und geistgetauft bin, ist das Thema ‚Sünde‘ für mich durch!“

Unlängst sagte ein Christ zu mir: „Natürlich sündige ich zwischendurch auch mal wieder – so alle drei bis vier Wochen kommt das vor. Aber dann geht’s siegreich weiter!“

Diese triumphalistische Theologie haben wir in der Arche nicht. Wir glauben nach der Schrift: Wiewohl wir durch Gottes Gnade Heilige sind, sind wir zugleich auch immer noch Sünder – und das täglich. Eigentlich müssten wir sagen: nicht nur täglich, sondern stündlich, denn unser Leben ist durchwebt von Sünde. Paulus bekennt, *„dass in mir, das heißt in meinem Fleisch, nichts Gutes wohnt“ (Römer 7,18).*

Darum kommen wir nicht im Geist der Selbstgerechtigkeit zum Herrn, sondern wir fürchten uns vor Gott und zittern. Es geht uns wie einem Abiturienten, der vor der Prüfung und dem Prüfungsausschuss großen Respekt hat. Er hat Ehrfurcht vor dem Ernst der Aufgabe. Und was ist die Konsequenz daraus? Er ist fleißig, er bereitet sich intensiv vor. Und weil wir Schüler in Gottes Schule sind, darum haben auch wir Ehrfurcht vor Ihm und zittern.

An dieser Stelle muss ich einschieben: Dieses Zittern ist kein Zittern aus Furcht davor, verloren zu gehen. In *der* Sache heißt es: *„Ihr habt nicht einen Geist der Knechtschaft empfangen, wieder zur Furcht, sondern einen Geist der Sohnschaft habt ihr empfangen, in dem wir rufen: Abba, Vater!" (Römer 8,15; Elb).* Und an Timotheus schreibt Paulus: *„Gott hat uns nicht gegeben den Geist der Furcht, sondern der Kraft und der Liebe und der Besonnenheit" (2. Timotheus 1,7; L84).*

Wir sind Söhne und Töchter Gottes, die sich nicht davor fürchten müssen, von ihrem himmlischen Vater ins Feuer der Hölle geworfen zu werden. Aber wir sind Kinder, die Ehrfurcht haben und einen heiligen Respekt vor Gott, ihrem himmlischen Vater. Denn Er ist ein heiliger Gott, und wir möchten auch heilig sein. Darum jagen wir der Heiligung nicht halbherzig nach und hinken nicht auf beiden Seiten, sondern wir trachten mit ungeteiltem Herzen nach einem tadellosen Lebenswandel, wir suchen die Gesinnung Christi mit all unserer Kraft.

Der Hebräerbrief formuliert es so: *„Darum, weil wir ein unerschütterliches Reich empfangen, lasst uns* ***dankbar sein*** *und so Gott dienen mit* ***Scheu und Furcht****, wie es ihm gefällt" (Hebräer 12,28; L84).* Denn die Heiligkeit Jesu Christi ist unser letztendliches Ziel in diesem Leben. Dafür leben wir und jagen ihr mit aller Entschiedenheit nach.

Nun mögen einige verzagen. Sie sehen ihren Kampf mit der Sünde, ihr Versagen, ihre Schwachheit, ihre Niederlagen und fragen: „Lieber Paulus, wie soll ich das zustande bringen? Einen solch heiligen Kampf, ein so entschiedenes Ringen um Reinheit ist mir noch nie gelungen. Darum muss ich aufgeben." Aber Paulus ruft: „Nein, tu das nicht! Denn mein Satz ist ja noch nicht zu Ende. Höre, wie er weitergeht: *Darum, meine Geliebten, ... verwirklicht eure Rettung mit Furcht und Zittern;* ***denn Gott ist es, der in euch sowohl das Wollen als auch das Vollbringen wirkt*** *nach seinem Wohlgefallen" (V. 12-13).*

Preis sei Gott! Bei all unserer Mühe um unser geistliches Vorankommen haben wir einen gewaltigen Trost: Gott wirkt beides – das Wollen und auch das Vollbringen! Amen!

Wollen und Vollbringen

„Darum, meine Geliebten, wie ihr allezeit gehorsam gewesen seid, nicht allein in meiner Gegenwart, sondern jetzt noch viel mehr in meiner Abwesenheit, verwirklicht eure Rettung mit Furcht und Zittern; [13] denn Gott ist es, der in euch sowohl das Wollen als auch das Vollbringen wirkt nach seinem Wohlgefallen. Tut alles ohne Murren und Bedenken“

(Philipper 2,12-14)

Gott wirkt beides – das Wollen und auch das Vollbringen! Was ist damit gemeint?

I. Gott ist vor uns an der Arbeit

Wenn wir mit aller Hingabe und aller unserer Kraft der Heiligung nachjagen und unsere Errettung zu erweisen suchen, tun wir das nicht aus uns selbst heraus, sondern dann steckt der Herr dahinter. Vielleicht hast du heute gerade gebetet: „Herr, Du weißt, wie meine Woche war, wie sehr ich versagt habe – vergib mir meine Sünden! Ich möchte doch so gerne verändert werden – bitte hilf mir!“ Diese Regung, die da in dir ist, die Buße und Sehnsucht nach Veränderung, die kommt nicht von dir, sondern die kommt vom Herrn.

Denn unser Streben nach Reinheit und Gottwohlgefälligkeit geht nicht auf uns selbst zurück, sondern auf Ihn. Bevor du an deinem Charakter arbeitest, hat der Heilige Geist schon an dir gearbeitet. Bevor du nach Heiligkeit drängst, hat Gott schon nach Heiligkeit in dir gedrängt. Bevor du geistliche Reife suchst, hat Gott schon das Wollen in dich hineingelegt.

Christus ist der konstante, große und vorrangige Wirker in deinem Leben. Er ist der Treiber, Er ist der Zünder in dir. Seine Energie ist es, die dich in Bewegung setzt. Und wenn du an deiner Heiligungsarbeit bist, brauchst du nicht zu verzagen, sondern dich nur daran erinnern: Dass ich überhaupt über meine Heiligung nachdenke, dass ich sie will, sie ersehne, geht nicht auf mich, sondern auf Christus zurück. Nicht ich bin die Quelle für mein Wollen, sondern Er. Er hat mir bereits den Antrieb, den Wunsch, die Sehnsucht und das Verlangen gegeben. Und weil Er es mir gegeben hat, brauche ich auch nicht zu verzagen. Denn die Botschaft lautet nicht nur, dass Er das Wollen gibt, sondern **auch das Vollbringen**. Also mach weiter! Der göttliche Energizer ist in vollem Gang. Das Schwungrad läuft, bewege dich einfach mit.

Dieser herrliche Gedanke bewegte den Apostel Paulus schon im ersten Kapitel: *„Ich bin darin guter Zuversicht, dass der in euch angefangen hat das gute Werk, der wird's auch vollenden bis an den Tag Christi Jesu" (Philipper 1,6; L84).*

Es ist also nicht so, dass du dich erst anstrengen musst, damit dann der Herr vollendet, was du begonnen hast. Das wäre das, was die Welt sagt: „Hilf dir selbst, dann hilft dir Gott." Aber das ist nicht das Evangelium, sondern Philosophie. Es stimmt einfach nicht, dass du erst einmal deinen Teil tun musst, bis Gott dann auch in Gang kommt. Das ist schlicht und ergreifend Lüge.

Die biblische Grundsatzwahrheit lautet vielmehr: Strenge du dich an – dann vollendet der Herr, was Er bereits vor deiner Anstrengung begonnen hat! Und du bist mitten drin, wenn Er anfängt und vollendet. So sieht die Sache von Gott her aus.

Wenn wir sie aus unserer menschlichen Perspektive betrachten, sollen wir sie so verstehen, wie Paulus es immer wieder formuliert hat: *„Ich habe mehr gearbeitet als sie alle" (1. Korinther 15,10).* Paulus hat also gearbeitet. So nehmen wir Menschen es wahr, und so soll es auch sein. Der göttliche Befehl lautet: „Arbeite in meinem Weinberg!" Und Paulus ist fleißig und müht sich ab und verliert sogar fast sein Leben dabei.

Aber hat er angefangen und Gott reagiert dann mit Segen auf das, was Paulus begonnen hat? Nein! Für uns scheint das so zu sein, dass wir erst anfangen und Gott daraufhin segnet. Die Wahrheit sieht aber anders aus. Hören wir Paulus selbst: *„Ich habe mehr gearbeitet als sie alle; jedoch nicht ich, sondern die Gnade Gottes, die mit mir ist" (1. Korinther 15,10).*

Paulus sagt: „Ja, ich bin fleißig, ich strenge mich an, ohne das geht es im Reich Gottes nicht!" Dann kommt aber das

„Aber“: „Aber bevor ich angefangen habe zu arbeiten, hat schon jemand anders gearbeitet – nämlich die Gnade. Sie war schon vor mir da. Nicht ich war es, sondern sie war es, die meine Arbeit initiiert hat, die meinen Fleiß bewirkt hat, die das Wollen in mir hervorgebracht hat. Ich bin ein unglaublich fleißiger Mensch – aber das wäre ich nicht, wenn die Gnade es nicht in mir gewirkt hätte.“ Deswegen sein Credo in demselben Vers: *„Durch Gottes Gnade bin ich, was ich bin“ (1. Korinther 15,10).*

Diese überwältigende Wahrheit klingt immer wieder in der Theologie des Paulus durch. Hört einmal diese Worte: *„Dafür mühe ich mich auch ab und ringe in der Kraft dessen, der in mir kräftig wirkt“ (Kolosser 1,29; L84).* Der Apostel sagt: „Ich mühe mich ab.“ Und er ermahnt auch uns: „Müht euch ab, ringt, kämpft, legt ab, widersteht, haltet durch mit Furcht und Zittern! Und wenn ihr verzagt und müde werdet, wenn ihr aufgeben wollt, dann vergesst nicht, dass letztendlich nicht ihr wirkt, sondern Einer, der in euch ist. Ihr habt einen göttlichen Antrieb in euch, ein himmlisches Perpetuum mobile.“ Unser Ringen lohnt sich also, unsere Arbeit an unserem Charakter ist nicht vergeblich, weil wir wissen: Es ist ein anderer in unsrem Leben am Werk, der in uns das Wollen und das Vollbringen wirkt.

Männer haben nicht selten mit Jähzorn zu kämpfen. Du hast gerade wieder einen Anfall gehabt und fragst dich: „Wann wird das nur aufhören?!“ Deine Familie leidet. Aber du möchtest dich Gott hingeben, du möchtest diese charakterliche Unart bekämpfen. Du sehnst dich danach, dass du verändert wirst, und möchtest der Sünde bis aufs Blut widerstehen. Das ist gut so! Und ich möchte dich ermutigen: Mach weiter so! Aber vergiss nicht, dass nicht du es bist, der mit deiner Sache zum Ziel kommt, sondern dass es der Herr ist, der an deinem Herzen arbeitet. Und Er arbeitet nicht nur mit, sondern Er hat schon an dir gearbeitet, bevor dir überhaupt bewusst war, dass du ein Problem hast.

Gott wirkt in uns! Und obwohl wir ebenfalls wirken sollen, und das mit unserer ganzen Kraft, ist doch wahr, dass Er es ist, der uns heiligt, der uns vollendet. Darum lesen wir: *„Er selbst aber, der Gott des Friedens, heilige euch durch und durch, und euer ganzes Wesen ...“ (1. Thessalonicher 5,23).*

Hören wir noch eine andere Bibelstelle: *„Der Gott des Friedens aber ..., der mache euch tüchtig in allem Guten, zu tun seinen Willen, und schaffe in uns, was ihm gefällt, durch Jesus Christus, welchem sei Ehre von Ewigkeit zu Ewigkeit!“ (Hebräer 13,20-21; L84).*

II. Wir sind sein Werk

Sollen wir Gottes Willen tun? Ja, mit aller Entschiedenheit! Und wenn wir ihn tun, woher kam das? Durch Gott, der uns dazu tüchtig gemacht hat. Darum sei Ihm alle Ehre und nicht uns, weil **Er** die Ursache für unser Streben nach Heiligkeit ist. *„Wenn ihr alles getan habt, was euch befohlen ist“*, sagt Jesus, *„so sprecht: Wir sind unnütze Knechte“ (Lukas 17,10; L84).* Und Paulus nennt den Grund: *„... damit sich vor ihm kein Fleisch rühme“ (1. Korinther 1,29).*

Wir sollen tun, was wir können, aber zugleich wissen, dass alles – vom Wollen bis zum Vollenden – nur von Jesus kommt. Denn wir sind von Kopf bis Fuß *„sein Werk, geschaffen in Christus Jesus zu guten Werken, die Gott zuvor bereitet hat, dass wir darin wandeln sollen“ (Epheser 2,10; L84).*

Du planst eine längere Autofahrt mit deiner Familie. Wie bereitest du dich als verantwortungsvoller Erwachsener darauf vor? Du überprüfst den Reifendruck und den Ölstand und vergewisserst dich, dass auch sonst alles gut funktioniert an deinem Wagen. Dann fährst du vorsichtig und hältst dich an die Straßenverkehrsordnung. Und was sagst du, wenn du sicher und unverletzt mit allen ans Ziel gekommen bist? Vielleicht: „Das habe ich heute aber wieder gut hinbekommen“? Nein, sondern als Gotteskind wirst du stattdessen sagen: „Es war die Gnade des Herrn, die uns bewahrt hat!“

So ist es mit allen Dingen in unserem Leben als Christ: Wir tun, was wir können und sollen, wissen aber zugleich, dass wir es nicht könnten, wenn Gott uns dazu nicht tüchtig gemacht hätte. *„Was hast du, das du nicht empfangen hast? Wenn du es* *aber empfangen hast, was rühmst du dich dann, als hättest du es nicht empfangen?" (1. Korinther 4,7; L84).*

Genauso wird es mit uns am Eingang zur Herrlichkeit sein. Wir streben hier nach einem veränderten Leben, nach Reinheit und Heiligkeit, wir tun alles, um Christus immer ähnlicher zu werden. Aber wenn wir oben angekommen sind und das Ziel erreicht haben, dann bekennen wir: „Nicht wir, sondern nur Deine Gnade hat uns bis hierher gebracht." Wir sind am Ende nicht dadurch gerettet, weil vermeintlich wir so eine gute Reise hingelegt haben, sondern nur dadurch, dass Jesus Christus uns gnädig gewesen ist.

Hört noch einmal unseren Text: *„Darum, meine Geliebten, ... verwirklicht eure Rettung mit Furcht und Zittern;* ***denn*** *Gott ist es, der in euch sowohl das Wollen als auch das Vollbringen wirkt nach seinem Wohlgefallen."* Trachtet mit allem Ernst nach einem heiligen Leben, tut dies mit Furcht und Zittern, setzt alle eure Kraft ein. Aber wenn es euch nicht so gelingen will, dann verzagt nicht, resigniert nicht, denn Christus lebt in euch. Und der schafft in euch, das zu tun, was wohlgefällig ist vor dem Herrn! Ist das nicht wunderbar?!!

III. Die nächste Ermahnung

Vor diesem Hintergrund kann Paulus nun die nächste Runde der Ermahnung einleiten. Er schreibt: *„Tut alles ohne Murren und Bedenken" (Philipper 2,14).* „Weil ihr, liebe Philipper, nun gelernt habt, dass Gott in euch wirkt – vom Anfang bis zum Ende, vom Wollen bis zum Vollbringen –, darum überfordere ich euch nicht, wenn ich jetzt fortsetze, euch zu ermahnen." Und dann sagt er ihnen, dass sie nicht murren sollen.

Als ich das las, dachte ich: „Nun auch das noch!" Denn ich hatte gerade Tage der Unzufriedenheit hinter mir, die Dinge liefen nicht so, wie ich wollte, und ich wurde nervös und zum Teil auch ungnädig und nörgelig. Und dann diese Ermahnung! Als ich sie aber in dem textlichen Zusammenhang sah, wurde ich ruhig. Denn wenn Christus in mir im Kampf gegen meine Sünde steht, dann wird Er auch mit meinem Murren fertig.

Da kam Freude in mir auf, weil ich erkannte: Mein Herr hat mir dieses Wort vorgelegt. Ich kann mich damit beschäftigen und es trifft mein Gewissen. Damit arbeitet Er an meinem Herzen, sodass ich auch bezüglich des Murrens freier werde. Gelobt sei Sein heiliger Name!

Ich möchte von einem Geist der Dankbarkeit und Zufriedenheit erfüllt sein. Und auch die anderen herrlichen Dinge in unserer Heiligung wirkt der Herr. Obwohl wir selbst Verantwortung tragen, geht doch alles zurück auf Seine Gnade, denn Er wirkt beides – das Wollen und das Vollbringen. In Jesu Namen. Amen.

Das Leben nicht geschont

*„Wenn ich aber auch wie ein Trankopfer ausgegossen werden
sollte über dem Opfer und dem priesterlichen Dienst eures
Glaubens, so bin ich doch froh und freue mich mit euch allen;
18 gleicherweise sollt auch ihr froh sein und euch mit mir
freuen! 19 Ich hoffe aber in dem Herrn Jesus, Timotheus bald zu
euch zu senden, damit auch ich ermutigt werde, wenn ich
erfahre, wie es um euch steht. 20 Denn ich habe sonst niemand
von gleicher Gesinnung, der so redlich für eure Anliegen sor-
gen wird; 21 denn sie suchen alle das Ihre, nicht das, was
Christi Jesu ist! 22 Wie er sich aber bewährt hat, das wisst ihr,
dass er nämlich wie ein Kind dem Vater mit mir gedient hat am
Evangelium. 23 Diesen hoffe ich nun sofort zu senden, sobald
ich absehen kann, wie es mit mir gehen wird. 24 Ich bin aber
voll Zuversicht im Herrn, dass auch ich selbst bald kommen
werde. 25 Doch habe ich es für notwendig erachtet, Epa-
phroditus zu euch zu senden, meinen Bruder und Mitarbeiter
und Mitstreiter, der auch euer Gesandter ist und Diener meiner
Not; 26 denn er hatte Verlangen nach euch allen und war
bekümmert, weil ihr gehört habt, dass er krank gewesen ist. 27
Er war auch wirklich todkrank; aber Gott hat sich über ihn
erbarmt, und nicht nur über ihn, sondern auch über mich, damit
ich nicht eine Betrübnis um die andere hätte. 28 Um so
dringlicher habe ich ihn nun gesandt, damit ihr durch seinen
Anblick wieder froh werdet und auch ich weniger Betrübnis
habe. 29 So nehmt ihn nun auf im Herrn mit aller Freude und
haltet solche in Ehren; 30 denn für das Werk des Christus ist er
dem Tod nahe gekommen, da er sein Leben gering achtete, um
mir zu dienen an eurer Stelle.“ (Philipper 2,17-30)*

Warum sprechen Kinder in Bayern mit bayrischem Dialekt? Warum reden die Kleinen in Sachsen sächsisch und im Schwabenland schwäbisch? Das kann man wahrscheinlich sprachlich zurückverfolgen und historisch erklären. Eine ganz einfache Antwort aber ist die: Kinder haben ihre Eltern zum Vorbild und lernen von ihnen zu sprechen.

Das ist der Grund, warum Eltern häufig besorgt beobachten, mit wem ihr Kind Umgang hat, wenn es ins Teenageralter kommt. Dann lösen sich Jugendliche nämlich mehr und mehr vom Elternhaus und suchen sich Vorbilder im Freundeskreis. Sie meinen, sie seien dann unabhängig. Tatsächlich kopieren sie sich nur untereinander.

Aber das ist nicht nur bei Kindern und Jugendlichen so, sondern auch bei Erwachsenen. Auch wir haben Vorbilder und orientieren uns an anderen Menschen. Das macht sich z. B. die Werbung zunutze. Wenn sie uns einen Joghurt anpreist mit einem niedrigen Fettanteil, dann wird auf dem Bild in der Anzeige wahrscheinlich eine schlanke, attraktive Frau abgebildet sein. Davon werden potenzielle Kundinnen angesprochen und kaufen den Joghurt – denn sie wollen genauso schön und schlank sein, wie die Frau auf dem Werbefoto ihnen suggeriert.

Wir alle orientieren uns an Vorbildern – auch in der Gemeinde. Wir lernen zu beten, Andachten zu halten, ein Leben in der Heiligung zu führen, indem wir uns an Vorbildern orientieren. Wir lernen auch, unter Druck zu stehen und Leid zu ertragen und dennoch am Glauben festzuhalten. Häufig lernen wir dies, indem wir andere ansehen, wie sie in ähnlichen Lagen standhaft geblieben sind.

Ein großes Problem in der heutigen Zeit ist, dass es immer weniger gute Vorbilder gibt. Wir müssen uns daher die Frage stellen: Von wem lerne ich, wen ahme ich nach? Wer ist ein Vorbild für mein Leben?

Paulus hat im Brief an die Philipper ab Vers 27 in Kapitel 1 gelehrt, was es heißt, ein Leben würdig des Evangeliums von Jesus Christus zu führen. In Kapitel 2 ermahnt er die Philipper und damit auch uns, dass wir in Demut einander höher achten sollen als uns selbst und dass wir nichts aus Selbstsucht oder nichtigem Ehrgeiz tun sollen. Schließlich führt er uns Jesus vor Augen und sagt: „Ahmt Ihn nach, denn Er ist der Prototyp für ein solches Verhalten." Christus ist der Maßstab, an dem wir uns orientieren sollen.

Nun mag der eine oder andere denken: „Das schaffe ich nicht! Die Anforderungen sind zu hoch! Wie soll ich jemals so sein können wie Jesus?“ Paulus tritt deinem Zweifel entgegen, indem er uns drei Männer vorstellt und sagt: „Schau mal: die Anforderung, die die Bibel, die Gott an dich stellt, nämlich nicht auf das Deine zu schauen, sondern auf das Wohl des anderen, die wird nicht nur von Jesus erfüllt, sondern hier sind auch Menschen wie du und ich, die ein Leben führen, das Gott wohlgefällig ist.“

I. Vorbilder, die mit Freude bereit sind, zu opfern

Der Apostel verweist zuallererst auf sich selbst, indem er schreibt: *„Wenn ich aber auch wie ein Trankopfer ausgegossen werden sollte über dem Opfer und dem priesterlichen Dienst eures Glaubens, so bin ich doch froh und freue mich mit euch allen; gleicherweise sollt auch ihr froh sein und euch mit mir freuen!“ (Philipper 2,17-18).*

Paulus ist ein Vorbild für Freude inmitten von Bedrängnis. Er ist bereit, sich komplett aufzugeben und sich für den Dienst am Evangelium zu opfern, und sagt explizit in Philipper 3, 17: *„Werdet meine Nachahmer, ihr Brüder.“* Oder in 1. Korinther 4, 16: *„So ermahne ich euch nun: Werdet meine Nachahmer!“*

Viele Gläubige sind eher zögerlich, wenn es darum geht, sich selbst als ein Vorbild für andere zu nennen, weil sie Sorge haben, dass dies ein Ausdruck von Stolz sein könnte. Paulus aber schrieb diese Worte unter der Inspiration von Gottes Geist. Er hatte kein falsches Gefühl von Unzulänglichkeit, sondern war demütig und wusste um seine Schwächen. Dennoch stellte er sich als Vorbild zur Verfügung, weil seine Motivation rein und sein Leben heilig war. Er ist ein menschliches Beispiel für uns, weil er dem göttlichen Vorbild Jesu folgte. Dabei war er nicht auf sich selbst bezogen und forderte: „Jetzt macht es mal so, wie ich es mache“, sondern er reflektierte nur das, was er in Christus sah. Deswegen dürfen wir auch ihn nachahmen.

Paulus schreibt, dass er wie ein Trankopfer ausgegossen werden könnte. Was ist ein Trankopfer? In der antiken Welt gab es sowohl bei den Juden als auch bei den Heiden Opferzeremonien. Nachdem ein Tier auf dem Altar getötet und geopfert worden war, indem man es verbrannte, kam als abschließender Akt der Priester und goss meist Wein über das Opfer (2. Könige 16,13; Jeremia 7,18). Dieser Wein verdampfte und sollte ein Wohlgeruch für Gott sein.

Paulus sagt hier: „Ich bin bereit, mein Leben als Trankopfer auf ein anderes Opfer ausschütten zu lassen." Er ist bereit, sich komplett hinzugeben zur Ehre Jesu Christi. Aber er war nicht nur bereit, irgendwann einmal ein Trankopfer zu sein – wenn z. B. am Ende seiner Gefangenschaft ein Urteil stand, das seinen Tod zur Folge hatte –, sondern er lebte schon jetzt, als er diese Zeilen schrieb, als ein Opfer für seinen Herrn. Er war bereits ein Trankopfer.

Aber er sagte noch etwas anderes: *„Wenn ich aber auch wie ein Trankopfer ausgegossen werden sollte* ***über dem Opfer und dem priesterlichen Dienst eures Glaubens****" (Philipper 2,17).* Das Trankopfer wurde als Beigabe über das größere Opfer, über das Opfertier, ausgegossen. Das wirkliche, hauptsächliche Opfer war also das Tier und nicht der Wein oder der Geruchsstoff.

Damit erklärt Paulus der Gemeinde in Philippi: „Wisst ihr, das eigentliche Opfer seid ihr. Ich werde nur als kleine Zugabe am Ende obenauf gegossen." Und was war das Opfer der Philipper? Es war der priesterliche Dienst ihres Glaubens.

In der Tat brachten die Philipper viele Opfer. Sie lebten in einer feindlich gesinnten Umgebung. Sie litten für ihren Glauben, sodass Paulus ihnen schrieb: *„****Lasst euch in keiner Weise einschüchtern von den Widersachern****, was für sie eine Anzeige des Verderbens, für euch aber des Heils ist, und zwar von Gott. Denn euch wurde in Bezug auf Christus die Gnade verliehen, nicht nur an ihn zu glauben,* ***sondern auch um seinetwillen zu leiden****" (Philipper 1,28-29).* Sie hatten denselben Kampf wie er: *„sodass ihr denselben Kampf habt, den ihr an mir gesehen habt und von dem ihr jetzt hört" (V. 30).*

Hier sehen wir einen Aspekt, in dem uns der Apostel ein Vorbild ist: Er ist demütig. Paulus, der so viele Restriktionen um Christi willen erduldet hat, achtet die Philipper höher als sich selbst. Er sieht sich und sein Leben im Vergleich zu dem seiner Glaubensgeschwister als das kleinere Opfer an. Er drängt sich nicht aufgrund eines stolzen Herzens als Vorbild auf, sondern er achtet sich geringer als die Philipper.

Ich muss gestehen, dass ich nicht immer so handle. Schon öfter habe ich mich ertappt, wie ich in unserer Pastorensitzung am Dienstagmorgen „nebenbei fallen ließ“, was ich denn am vorhergehenden Tag noch erledigt hatte. Denn eigentlich ist der Montag ja der „Pastorensonntag“, an dem ein Pastor frei haben sollte. Trotzdem kommt es ab und zu vor, dass man unterwegs ist, wenn bei den Geschwistern der Gemeinde ein schwerer Krankheitsfall vorliegt oder ein dringendes Seelsorgegespräch geführt werden muss. Dann habe ich meine Pastorenkollegen in einem Nebensatz wissen lassen, was sie sonst wahrscheinlich nicht wahrgenommen hätten. Was ich damit eigentlich zum Ausdruck bringen wollte, war: Ich opfere so viel. Kennst du ein solches Verhalten auch von dir? Geschickt erwähnst du im Gesprächsverlauf, was du mal wieder geleistet hast.

Paulus ist anders. Er hätte allen Grund gehabt zu klagen: „Schaut mal, wie ich hier leide!“ Stattdessen nimmt er sich in Demut zurück und sagt zu den Philippern: „Was ihr da leistet in eurer Verfolgung – das ist ein wahres Opfer! Ich bin lediglich das Trankopfer, das noch obenauf geschüttet wird.“

Und der Apostel verfällt auch nicht ins Stöhnen oder Klagen, sondern schreibt: *„So bin ich doch froh und freue mich mit euch allen; gleicherweise sollt auch ihr froh sein und euch mit mir freuen!“ (Philipper 2,17b-18).* Er freut sich, dass er als ein Trankopfer ausgegossen wird. Opferbereitschaft für das Evangelium bringt Freude. Das schrieb der Apostel bereits den Korinthern: *„Ich rede mit großer Zuversicht zu euch; ich rühme viel von euch;* ***ich bin erfüllt mit Trost; ich habe überschwängliche Freude in aller unsrer Bedrängnis****“ (2. Korinther 7,4; L84).*

Unsere Freude ist meist von den Umständen abhängig. Sind diese positiv, haben wir irdische Freude. Sind sie dagegen negativ, sackt die Freude in den Keller. Wir klammern uns an unseren Komfort, wollen nicht dienen und sind selten bereit, Opfer zu bringen. Damit berauben wir uns aber einer tiefen, echten Freude.

II. Evangeliumsfreude bedeutet nicht die Abwesenheit von Nöten

Paulus macht in den folgenden Versen deutlich, dass er nicht von einer künstlichen Freude spricht, die beständig ein aufgesetztes Lächeln auf sein Gesicht projiziert. Er spricht in seinem Brief von Freude in der Fürbitte (1,4), von Freude, wenn das Evangelium gepredigt wird (1,18), von Freude aufgrund der Liebe (4,1), von Freude im Empfangen von Gaben (4,10) und von Freude in der Opferbereitschaft (2,17-18).

Wir können dies unter dem Begriff „Evangeliumsfreude" zusammenfassen. Evangeliumsfreude bedeutet aber nicht, dass es keinerlei Nöte und Bedrängnisse gibt. Auch in der Gemeinde, auch im Dienst für Jesus gibt es Sorgen – auch bei Paulus. Woran sehen wir das?

Zum einen an einem Mann namens Epaphroditus. Er war ein Gesandter der Gemeinde in Philippi und sollte dem Apostel finanzielle Mittel übergeben und ihm als Helfer in seiner Gefangenschaft in Rom dienen. Doch dann wurde dieser Bote und Mitarbeiter krank: *„Er war auch wirklich todkrank; aber Gott hat sich über ihn erbarmt, und nicht nur über ihn, sondern auch über mich, damit ich nicht eine Betrübnis um die andere hätte" (Philipper 2,27).*

Paulus sagt damit, er hätte Betrübnis zu bereits vorhandener Betrübnis gehabt, wenn Epaphroditus an seiner Krankheit gestorben wäre. Luther übersetzt: *„Damit ich nicht eine Traurigkeit zu der anderen hätte."* Der Apostel deutet damit an, dass er bereits andere Sorgen hatte. Obwohl er ein Diener des Herrn und voller Evangeliumsfreude war, bezeichnet er sich als jemanden, der mit Sorgen zu tun hat.

Schauen wir Vers 28 an: *„Umso dringlicher habe ich ihn nun gesandt, damit ihr durch seinen Anblick wieder froh werdet und auch ich* ***weniger*** *Betrübnis habe."* Er sagt nicht: „Ich sende ihn euch zurück, damit ich *überhaupt* keine Betrübnis mehr habe", sondern *„weniger"*. An anderer Stelle schreibt er: „Die täglichen Bürden und Sorgen um die Gemeinde lasten auf mir." Er denkt beständig an das Volk Gottes. Paulus kämpft mit

Sorgen und Ängsten um die Erlösten Jesu Christi. Und dennoch hatte er Evangeliumsfreude!

Auch deine Evangeliumsfreude bedeutet nicht, dass du in einen Zustand gelangst, in dem ununterbrochene Harmonie herrscht und Frieden in allen Bereichen deines Lebens. Es bedeutet nicht, dass es nicht schwere Enttäuschungen, Nöte, Sorgen und Ängste geben kann. Aber deine Freude am Evangelium, an Jesus Christus gibt dir die Kraft, die Not, in der du bist, aus dem Blickwinkel Gottes zu sehen und sie dankbar aus Seiner Hand zu nehmen. Darin dürfen wir uns üben und wachsen.

Es wird der Tag kommen, an dem es keine Probleme mehr geben wird. Dieser Tag wird aber erst dann sein, wenn Christus uns heimruft oder wenn Er wiederkommt. Bis dahin ermahnt uns der Apostel, die Evangeliumsfreude bereits hier in diesem Leben zu erfahren – trotz mancher Sorgen und Nöte.

Paulus ist Realist bezüglich des Lebens in einer gefallenen Welt. Er möchte auch dir in dieser Hinsicht ein Vorbild sein – ein Vorbild darin, wie ein Leben zu führen ist, das Gott die Ehre gibt. Amen!

Vorbilder im Dienst Jesu Christi

„Ich hoffe aber in dem Herrn Jesus, Timotheus bald zu euch zu senden, damit auch ich ermutigt werde, wenn ich erfahre, wie es um euch steht. [20] Denn ich habe sonst niemand von gleicher Gesinnung, der so redlich für eure Anliegen sorgen wird; [21] denn sie suchen alle das Ihre, nicht das, was Christi Jesu ist! [22] Wie er sich aber bewährt hat, das wisst ihr, dass er nämlich wie ein Kind dem Vater mit mir gedient hat am Evangelium. [23] Diesen hoffe ich nun sofort zu senden, sobald ich absehen kann, wie es mit mir gehen wird. [24] Ich bin aber voll Zuversicht im Herrn, dass auch ich selbst bald kommen werde. [25] Doch habe ich es für notwendig erachtet, Epaphroditus zu euch zu senden, meinen Bruder und Mitarbeiter und Mitstreiter, der auch euer Gesandter ist und Diener meiner Not; [26] denn er hatte Verlangen nach euch allen und war bekümmert, weil ihr gehört habt, dass er krank gewesen ist. [27] Er war auch wirklich todkrank; aber Gott hat sich über ihn erbarmt, und nicht nur über ihn, sondern auch über mich, damit ich nicht eine Betrübnis um die andere hätte. [28] Umso dringlicher habe ich ihn nun gesandt, damit ihr durch seinen Anblick wieder froh werdet und auch ich weniger Betrübnis habe. [29] So nehmt ihn nun auf im Herrn mit aller Freude und haltet solche in Ehren; [30] denn für das Werk des Christus ist er dem Tod nahe gekommen, da er sein Leben gering achtete, um mir zu dienen an eurer Stelle.“

(Philipper 2,19-30)

In seinem Brief an die Philipper gibt Paulus der Gemeinde in Mazedonien einen sehr persönlichen Missionsbericht. Er schreibt, wie sich trotz seiner Gefangenschaft in Rom das Evangelium verbreitet. Er lässt sie in sein Herz blicken, indem er ihnen von seinem Dilemma berichtet, nämlich dass er einerseits gerne sterben würde, um bei Jesus zu sein, andererseits aber bleiben will, damit die Freude der Philipper am Evangelium gefördert wird (Philipper 1,25).

Ab Vers 27 unterbricht er seinen Missionsbericht und wendet sich an die Gläubigen. Er ermahnt sie, würdig des Evangeliums zu wandeln. Sie sollen standhaft gegenüber äußeren Attacken sein und die Einheit bewahren. Er ruft ihnen zu: *„Seid eines Sinnes, ... seid einmütig, ... tut nichts aus Selbstsucht oder nichtigem Ehrgeiz, einer achte den anderen höher als sich selbst!" (Philipper 2,2-3).*

Nach diesen Ermahnungen führt er ihnen das herausragende Vorbild Jesu Christi vor Augen, der Seine eigenen Interessen beiseiteschob, die Herrlichkeit bei Gott verließ, Mensch wurde und starb, um dann erhöht zu werden. Nach diesem Lobpreis auf die Demut Jesu stellt Paulus uns drei Männer vor, die auf vorbildliche Weise die Haltung Jesu widerspiegelten. Einer von diesen war er selbst. Danach wendet er sich Timotheus zu.

I. Vorbilder, die um das Wohl anderer besorgt sind

„Ich hoffe aber in dem Herrn Jesus, Timotheus bald zu euch zu senden, damit auch ich ermutigt werde, wenn ich erfahre, wie es um euch steht. Denn ich habe sonst niemand von gleicher Gesinnung, der so redlich für eure Anliegen sorgen wird" (V. 19-20).

Aus den Briefen des Apostels und aus der Apostelgeschichte wird deutlich, dass Paulus ein Team hatte, das ständig hin- und herreiste. Es war eine Zeit, in der es kein Telefon und Internet gab. Auch Autos, Flugzeuge und Satelliten waren noch nicht erfunden. Wenn Paulus also in Verbindung mit den Gemeinden treten und bleiben wollte, dann tat er dies durch junge Männer, die er hierhin und dorthin sandte. Sie überbrachten Botschaften und Briefe, stellten Fragen, lehrten und hielten Kontakt.

In diesem Fall wollte Paulus ein bestimmtes Teammitglied nach Philippi senden, nämlich Timotheus. Er stellt ihn vor mit diesen Worten: *„Denn ich habe sonst niemand von gleicher Gesinnung."*

Wir haben schon gesehen, dass Paulus Sorgen hatte. Und ich kann mir gut vorstellen, dass ein Teil seiner Betrübnis war, sagen zu müssen: „Ich habe niemanden außer Timotheus mit derselben Gesinnung." Da schwingt ein Stück Einsamkeit mit – es gibt nur diesen einen.

In welcher Hinsicht hatte Timotheus dieselbe Gesinnung? *„Der so redlich für eure Anliegen sorgen wird."* Luther übersetzt: *„Der so* ***herzlich*** *für euch sorgen wird."* Oder die Elberfelder: *„Der* ***aufrichtig für das Eure besorgt*** *sein wird."* *„Denn"*, Vers 21: *„sie suchen alle das Ihre, nicht das, was Christi Jesu ist."*

Paulus meint damit sicher nicht, dass alle anderen Christen auf der Welt ausschließlich selbstsüchtige Wesen sind. Er will aber damit zum Ausdruck bringen, dass in seinem Umfeld nur einer auf ganz erstaunliche Weise heraussticht, wenn es darum geht, für andere zu sorgen. Das ist der junge Mann Timotheus. Er setzt das um, wozu Paulus die Philipper gerade eben noch ermahnt hat: *„Tut nichts aus Selbstsucht oder nichtigem Ehrgeiz, sondern in Demut achte einer den anderen höher als sich selbst. Jeder schaue nicht auf das Seine, sondern jeder auf das des anderen" (Philipper 2,3-4).*

Bist du schon Christen begegnet, die so handeln – die das Wohl anderer ihrem eigenen Vorteil vorziehen? In Gesprächen sind es meist sie, die dir Fragen stellen – und zwar nicht nach dem Motto: „Wie geht es dir?", und ehe du antworten kannst, hat sich der Fragesteller schon wieder abgewandt. Nein, diese Leute wollen wirklich wissen, wie es um dich steht. „Was macht deine Familie? Wie geht es deinen Kindern? Wie sieht es mit deinem Problem am Arbeitsplatz aus? Was betrübt dein Herz? Was erfreut dich? Und wie geht es dir geistlich?" Ihnen ist es nicht so wichtig, von sich selbst zu erzählen, was sie alles erlebt, getan und erreicht haben.

Im Kontext des Philipperbriefes bedeutet dies nichts anderes, als dem Beispiel Jesu Christi zu folgen. Denn obwohl Er Gott war und sich erfreute an der Herrlichkeit im Himmel und am Wesen Gottes, hielt Er dies nicht fest wie einen Raub, *„sondern entäußerte sich selbst und nahm Knechtsgestalt an, ward den Menschen gleich und der Erscheinung nach als Mensch erkannt. Er erniedrigte sich selbst und ward gehorsam bis zum Tode, ja zum Tode am Kreuz" (Philipper 2,7-8; L84).* Jesus hat nicht Seinen Vorteil gesucht, sondern Er hat sich aufgegeben für dich und mich, damit wir die Strafe nicht tragen müssen für unsere Sünde. Das ist ein unglaublich starkes Vorbild!

Timotheus hat das offensichtlich verinnerlicht. Er schaute sich Jesus an und beobachtete Paulus und setzte dies dann um.

Wie ist das mit uns? Die meisten von uns müssen wohl bekennen, dass sie viel mehr daran interessiert sind, welchen Eindruck sie bei anderen hinterlassen – in allen Bereichen des Lebens. Seien es akademische Leistungen, seien es körperliche Errungenschaften (wie „fit" wir sind), sei es handwerkliches Geschick und oft auch „geistliche Erfolge".

Viel zu wenig sind wir daran interessiert, Jesus Christus und dem Evangelium hingebungsvoll zu dienen, indem wir uns um das Wohlergehen anderer bemühen. Das sollte bei dir zu Hause beginnen und sich in der Gemeinde und an dem Platz, an dem du stehst, in der Schule, am Arbeitsplatz, fortsetzen. Stattdessen rücken wir uns selbst oft ins Scheinwerferlicht und machen Werbung in eigener Sache. Solchen Leitern und Vorbildern sollten wir nicht folgen, sondern die nachahmen, die sich wie Timotheus redlich um das Anliegen anderer sorgen.

II. Vorbilder, die sich in der Not bewährt haben

Ein zweiter Aspekt, den wir bei Timotheus sehen, ist, dass er erprobt war. „Senkrechtstarter", die viel Wirbel verursachen, aber wenig Substanz haben, sollten keine Vorbilder für uns sein. Deshalb präsentiert Paulus sowohl mit Timotheus als auch mit Epaphroditus bewährte Männer Gottes. Über Timotheus schreibt er: *„Wie er sich aber **bewährt** hat, das wisst ihr, dass er nämlich wie ein Kind dem Vater mit mir gedient hat am Evangelium" (Philipper 2,22).*

In der antiken Welt haben Söhne meist das getan, was ihre Väter taten. Wenn der Vater ein Bauer war, dann wurde der Sohn Bauer. War der Vater Bäcker, wurde der Sohn Bäcker. Ein Großteil der Fertigkeiten eignete sich ein Sohn an, indem er vom Vater lernte. Es war so etwas wie ein Vater-Sohn-Mentoring. Paulus betrachtete Timotheus in dieser Hinsicht als seinen Sohn. Er war nicht sein leiblicher Sohn, aber wie ein

Junge von seinem Vater lernte, so lernte Timotheus von dem Apostel und diente zusammen mit ihm am Evangelium.

„Ihr lieben Philipper", schreibt Paulus, „diesen Timotheus sende ich euch als einen Vorboten meiner selbst. Ich weiß noch nicht, ob und wann ich selbst kommen kann. Aber ich will ihn euch senden. Ich habe Timotheus trainiert und habe ihm meinen Stempel aufgedrückt. Er ist wie mein Sohn. Er ahmt mich nach. Ich sende ihn zu euch als einen Prototyp von mir." Es ist gelebte Jüngerschaft, von der Paulus hier spricht, die auch wir praktizieren sollen.

Timotheus war also ein Mann, der nicht einfach loslief und seine eigenen Ziele verfolgte, sondern der sich selbst unter ein Trainingsprogramm stellte. Mit Paulus als Mentor war es sicher keine einfache Ausbildung. Dieser hatte sich von Männern wie Johannes Markus und Barnabas getrennt. Aber Timotheus hatte den Test bestanden, er war ausgebildet worden und wird nun vom Meister selbst empfohlen.

Timotheus wurde in vielerlei Hinsicht im Dienst des Herrn geprüft. Als aufgebrachte Bürger aus Thessalonich nach Beröa kamen und die Leute dort aufwiegelten, sah der Apostel Paulus sich gezwungen, die Stadt zu verlassen. Timotheus und Silas ließ er aber zurück, damit sie die Arbeit fortsetzen konnten (Apostelgeschichte 17,14). Wir lesen nicht, dass Timotheus die Knie schlotterten und er zu Paulus sagte: „Das kannst du nicht von mir verlangen! Schließlich geht es hier um Leben und Tod!" Er blieb. Er war bewährt – bewährt im Glauben.

Ähnlich war es in Apostelgeschichte 19, 21-22: *„Nachdem aber diese Dinge ausgerichtet waren, nahm sich Paulus im Geist vor, zuerst durch Mazedonien und Achaja zu ziehen und dann nach Jerusalem zu reisen, indem er sprach: Wenn ich dort gewesen bin, muss ich auch Rom sehen! Und er sandte zwei seiner Gehilfen, Timotheus und Erastus, nach Mazedonien und hielt sich noch eine Zeitlang in der Provinz Asia auf."* „Timotheus, geh mal da hin! Mach mal das!" Und Timotheus ging. Er war ein Vorbild in Demut und in der Bereitschaft, gehorsam zu sein und zu lernen.

Dann führt Paulus uns noch einen dritten Mann vor Augen, und das ist Epaphroditus (Philipper 2,25 ff). Er wird vorgestellt als *„mein Bruder und Mitarbeiter und Mitstreiter“*. Er war ein Gesandter der Philipper an Paulus, denn der Apostel erhielt kein Geld aus den Städten, in denen er eine Gemeinde gründete, sondern von den Gemeinden, die er zuvor ins Leben gerufen hatte. So sandte die Gemeinde in Philippi Geld, um Paulus und sein Team zu finanzieren. Der Apostel war also ein Missionar der Philipper, und Epaphroditus kam und unterstützte ihn darin. Er war ein Helfer, ein Freund.

Aber dann wurde Epaphroditus krank, und zwar so sehr, dass er fast daran starb – und das in einer Zeit, in der es keine Antibiotika oder Krankenhäuser gab. Aber selbst in dieser für ihn sehr schweren Zeit ist Epaphroditus ein großes Vorbild für uns. Denn Paulus schreibt über ihn: *„Er hatte Verlangen nach euch allen und war bekümmert, weil ihr gehört habt, dass er krank gewesen ist“ (V. 26).* Worüber machte sich Epaphroditus Sorgen? Er machte sich Gedanken, dass zu Hause in Philippi seine Freunde hörten, dass er krank war. Er wusste, dass sie sich um ihn sorgten, und er wünschte sich, dass er ihnen eine Nachricht übermitteln könnte.

Etliche von uns würden unter solchen Umständen fragen: „Kümmert es überhaupt niemanden, dass ich krank bin? Warum chartern die Philipper kein Boot und kommen mich besuchen?“ Wir würden in einem Meer von Selbstmitleid versinken und vielleicht sogar Gott anklagen: „Ich bin hier doch im Einsatz für den Herrn! Was ist los? Gott – warum lässt Du das zu?“

Epaphroditus hatte solche Gedanken nicht, seine Gesinnung war eine völlig andere. In allem, was Männer Gottes wie er taten, selbst in schwerer Krankheit, sorgten sie sich nicht um sich selbst, sondern um das Wohl der Gemeinde, um das Wohl der bluterkauften Schar Christi. Ist das eine Herausforderung für dich? Für mich schon!

Paulus schreibt über die Krankheit seines Mitarbeiters in Vers 27: *„Er war auch wirklich todkrank; aber Gott hat sich über ihn erbarmt, und nicht nur über ihn“* und noch einmal in Vers 30: *„Denn für das Werk des Christus ist er dem Tode nahe* *gekommen, da er sein Leben gering achtete, um mir zu dienen an eurer Stelle.“* Dieser Mann, von dem wir nicht viel mehr wissen als das, was wir hier in diesen wenigen Zeilen über ihn lesen, hat sein Leben Gott zur Verfügung gestellt – in allen Bereichen!

Es scheint auch, als ob der Apostel Sorge hatte, dass er die Gemeinde um einen hervorragenden Leiter und um ein Vorbild beraubt hätte, wenn Epaphroditus bei ihm gestorben wäre. Er schreibt: *„Umso dringlicher habe ich ihn nun gesandt, damit ihr durch seinen Anblick wieder froh werdet und auch ich weniger Betrübnis habe. So nehmt ihn nun auf im Herrn mit aller Freude und haltet solche in Ehren“ (V. 28-29).* Hier habt ihr ihn! Es geht ihm wieder gut, er ist gesund. Alles ist in Ordnung.

Es geht dem Apostel ganz praktisch um Vorbilder im Dienst Jesu Christi. Zuallererst verweist er auf Jesus – Er erniedrigte sich selbst. Danach stellt Paulus sich selbst als Vorbild dar, dann Timotheus und schließlich Epaphroditus. Für uns bleibt die Frage: Wer ist unser Vorbild in unserem Leben?

Eine solche Gesinnung findet man nicht bei Männern und Frauen in den Medien, bei Fußballstars oder Pop-Sternchen. Man findet sie nur bei Menschen, die von neuem geboren worden sind, die von Jesus Christus ein neues Herz bekommen haben und somit eine andere Priorität in ihrem Leben haben.

Was Paulus uns nun zurufen würde, ist: „Schaut euch um in eurem Umfeld! Findet Menschen, die sich bewährt haben, und werdet Nachahmer dieser Brüder und Schwestern! Verliert auch nicht aus dem Blick, dass ihr selbst zum Vorbild werden sollt für andere.“

Lieber Bruder, liebe Schwester, die ihr vielleicht auch schon im fortgeschrittenen Alter seid: Euer Dienst wird gebraucht! Seid ein Vorbild für die junge Generation! Sie brauchen Menschen, an denen sie sich orientieren können, an denen sie erkennen: Das sind Gott geweihte Christen, die andere höher achten als sich selbst. Amen!

„Damit ich Christus gewinne"

„Im Übrigen, meine Brüder, freut euch in dem Herrn! Euch immer wieder dasselbe zu schreiben, ist mir nicht lästig; euch aber macht es gewiss. [2] Habt acht auf die Hunde, habt acht auf die bösen Arbeiter, habt acht auf die Zerschneidung! [3] Denn wir sind die Beschneidung, die wir Gott im Geist dienen und uns in Christus Jesus rühmen und nicht auf Fleisch vertrauen, [4] obwohl auch ich mein Vertrauen auf Fleisch setzen könnte. Wenn ein anderer meint, er könne auf Fleisch vertrauen, ich viel mehr: [5] beschnitten am achten Tag, aus dem Geschlecht Israel, vom Stamm Benjamin, ein Hebräer von Hebräern, im Hinblick auf das Gesetz ein Pharisäer, [6] im Hinblick auf den Eifer ein Verfolger der Gemeinde, im Hinblick auf die Gerechtigkeit im Gesetz untadelig gewesen. [7] Aber was mir Gewinn war, das habe ich um des Christus willen für Schaden geachtet; [8] ja, wahrlich, ich achte alles für Schaden gegenüber der alles übertreffenden Erkenntnis Christi Jesu, meines Herrn, um dessentwillen ich alles eingebüßt habe; und ich achte es für Dreck, damit ich Christus gewinne [9] und in ihm erfunden werde, indem ich nicht meine eigene Gerechtigkeit habe, die aus dem Gesetz kommt, sondern die durch den Glauben an Christus, die Gerechtigkeit aus Gott aufgrund des Glaubens, [10] um ihn zu erkennen und die Kraft seiner Auferstehung und die Gemeinschaft seiner Leiden, indem ich seinem Tod gleichförmig werde, [11] damit ich zur Auferstehung aus den Toten gelange." (Philipper 3,1-11)

I. Immer dasselbe

Der Apostel Paulus beginnt Kapitel 3 des Philipperbriefes mit den Worten: *„Im Übrigen, meine Brüder, freut euch in dem Herrn!" (V. 1).* Das ist der Grundton im gesamten Brief. Trotz Höhen und Tiefen soll der rote Faden im Leben Freude sein, und zwar die Freude am Herrn. Wenn auch in Fesseln, konnte sich Paulus doch freuen.

Er hatte die Philipper im Kapitel zuvor ja ermahnt, dass sie so gesinnt sein sollten, wie Jesus Christus es war. Dann hatte er ihnen zwei Personen vorgestellt, Timotheus und Epaphroditus, die sich als demütige und selbstlose Nachfolger Jesu erwiesen hatten. Wie ein Sohn dem Vater, so hatte Timotheus mit Paulus am Evangelium gedient. Und Epaphroditus hatte um Christi willen sein Leben nicht geschont. Solche Christen ohne Falsch waren für den Apostel eine große Freude, und er lud die Philipper ein, sich mit ihm zu freuen.

Aber bei aller Freude und Dankbarkeit über die positive geistliche Situation in der Philippergemeinde quälte Paulus dennoch ein Thema, über das er ihnen schon mehrfach geschrieben hatte. Und er konnte es nicht lassen, auch diesmal wieder davon zu reden. Er sieht nämlich eine große Gefahr, weshalb er ausruft: *„Dass ich euch immer dasselbe schreibe, verdrießt mich nicht und macht euch umso gewisser“ (V. 1; L84).*

Wir wollen meistens gerne etwas Neues hören. Aber es ist manchmal gut für uns, dieselbe Wahrheit immer und immer wieder zu hören, sie uns einzuprägen, damit wir fest werden und vor Irrtum geschützt sind.

II. Die wahre Beschneidung

Was war es denn, was Paulus immer wieder thematisierte? Es ging ihm um die Judenchristen, die zwar an Jesus glaubten, aber meinten, zur Errettung gehöre auch die Beschneidung. Sie wollten, dass sich sogar die Heidenchristen beschneiden lassen sollten, um sich als Christen auszuweisen.

Vor diesen Leuten wollte Paulus die Philippergemeinde schützen. Darum wiederholte er sich in seinen Briefen und warnte immer wieder vor dieser Irrlehre. In Vers 2 wird er drastisch: *„Habt acht auf die Hunde, habt acht auf die bösen Arbeiter, habt acht auf die Zerschneidung!“*

„Hunde“ nennt er sie und „böse Arbeiter“. Warum? Weil sie predigten, dass zur Erlösung noch religiöse Rituale gehörten. Darin sah Paulus eine Zerstörung des Evangeliums. Er konnte manches ertragen, aber wenn man anfing, Errettung auch nur teilweise auf der Grundlage von menschlichen Werken zu predigen, griff er zu starken Worten und nannte solche Lehrer „die Zerschneidung“. Sie rühmten sich der Beschneidung, aber Paulus nannte ihr Verhalten „Zerschneidung“. Sie zerschnitten nämlich die Gnade Gottes und zerrissen die Gemeinde, obwohl der unumstößliche Grundsatz des Evangeliums lautet: *„Aus Gnade seid ihr errettet durch den Glauben, und das nicht aus euch – Gottes Gabe ist es; nicht aus Werken, damit niemand sich rühme" (Epheser 2,8-9).*

Die Judaisten aber rühmten sich ihrer Werke und forderten die Beschneidung für die christliche Gemeinde. Paulus stand dem entschieden entgegen, indem er erklärte: „Ein solcher Glaube zerschneidet das Evangelium. Darum hütet euch vor dieser Lehre!" *„Denn"*, so fährt er im Brief an die Philipper fort, *„wir sind die Beschneidung, die wir Gott im Geist dienen und uns in Christus Jesus rühmen und nicht auf Fleisch vertrauen" (V. 3).*

Die Beschneidung war im alten Israel das äußere Bundeszeichen, das das Volk beständig an seine Verpflichtungen Gott gegenüber erinnerte. Es war ein Ausdruck davon, dass wir aufgrund unserer sündhaften Natur Reinigung vor Gott brauchen.

Aber schon im Alten Testament mahnt Gott an, dass die äußere Beschneidung an der Vorhaut nicht das Entscheidende ist, sondern die wahre Beschneidung ist eine Beschneidung des Herzens. Wahre Reinigung geschieht also nicht am Fleisch, sondern sie muss im Geist geschehen. Darum heißt es schon in 5. Mose 10,16 (L84): *„So beschneidet nun eure Herzen und seid hinfort nicht halsstarrig."* Bei Jeremia lesen wir: *„Beschneidet euch für den Herrn und tut weg die Vorhaut eures Herzens, ihr Männer von Juda und ihr Leute von Jerusalem, auf dass nicht um eurer Bosheit willen mein Grimm ausfahre wie Feuer und brenne, sodass niemand löschen kann" (Jeremia 4,4; L84).*

Ihre äußere Beschneidung rettete sie schon damals nicht vor Gottes Zorn. Dazu war eine andere Beschneidung nötig, von der Paulus im Römerbrief atemberaubend schreibt: *„Denn nicht der ist ein Jude, der es äußerlich ist; auch ist nicht das die Beschneidung, die äußerlich am Fleisch geschieht; sondern der ist ein Jude, der es innerlich ist, und seine Beschneidung geschieht am Herzen, im Geist, nicht dem Buchstaben nach" (Römer 2,28-29; SCL).*

Nach der Lesart des Paulus sind nicht diejenigen Juden, die äußerlich beschnitten sind, sondern die, die es innerlich sind. Und das sind alle die, die aus Gnade von neuem geboren sind, die sich nicht auf äußere Handlungen verlassen, sondern die innerlich gereinigt sind und Gott aus der Tiefe ihrer Herzen, in ihrem Geist dienen und ihren Ruhm nicht in äußeren Zeichen, sondern allein in Jesus Christus finden.

Warum hat Gott denn dann den Juden dieses äußere Zeichen der Beschneidung gegeben? Weil Er ihnen und uns nachhaltig demonstrieren wollte, **dass Zeremonien zwar etwas andeuten, aber nichts bewirken und wir deshalb davon für immer lassen sollten**, nachdem Christus gekommen ist.

Auch Freikirchler sollten diese Gefahren sehen. Wir werden nicht durch das Wasser der Taufe gerettet, nicht durch Brot und Wein beim Abendmahl, nicht durch das Öl, mit dem wir nach Jakobus 5 Kranke salben – auch nicht, wenn es aus Israel kommt. Nicht durch religiöse Rituale, sondern allein aus dem Glauben an Jesus Christus werden wir gerettet.

Darum behauptet Paulus mit großer Kühnheit: „Wir sind die Beschneidung." Seine Predigt war Errettung allein aus Gnade, allein aus Glauben. Und jedem, der diesem reinen und heiligen Evangelium irgendeine verdienstvolle menschliche Mitwirkung untermischen wollte, widersetzte sich der Apostel mit äußerster Entschiedenheit.

Hat dies etwas mit uns zu tun? Natürlich! Denn auch heute will der Mensch immer etwas zum Rühmen haben. „Edel sei der Mensch, hilfreich und gut", dichtete Goethe. Also sind wir edel, und Gott wird schon mit uns zufrieden sein. Wir bringen Ihm unsere Vorzüge und heben hervor, dass wir niemandem etwas schuldig sind. „Wären alle so wie ich", meint so mancher, „könnte Gott sich wirklich glücklich schätzen. Natürlich war ich fleißig und habe es zu etwas gebracht, ich habe meine Steuern gezahlt und zudem reichlich für mildtätige Zwecke gespendet."

In einer Talkshow, in der es unter anderem um die Frage der Buße ging, sagte kürzlich ein Prominenter zum andern: „Wo sündigen wir denn noch?" Nein, wir sündigen nicht mehr. Wir sind gegen Krieg und Atomkraft, gegen Rassismus und Frauendiskriminierung, wir sind human, zivilisiert und sozial gerecht, wir sind getauft und feiern Weihnachten und Ostern, wir haben christliche Wurzeln und sind anständige Menschen, ja, wir sind beschnitten. Was kann Gott noch mehr von uns verlangen? Wir glauben irgendwie noch an Christliches, aber wir glauben mehr an uns selbst, unsere guten Werke, unseren guten Willen und unsere gute Erziehung.

III. Was mir Gewinn war

Kürzlich sagte eine Frau zu mir: „Von Jugend auf bin ich christlich erzogen und habe mich mein Leben lang daran gehalten. Das wird Gott doch gewiss honorieren!" Was hätte Paulus dieser Frau geantwortet? Wir haben es hier schriftlich: *„Wenn ein anderer meint, er könne sich auf Fleisch verlassen, so könnte ich es viel mehr, der ich am achten Tag beschnitten bin, aus dem Volk Israel, vom Stamm Benjamin, ein Hebräer von Hebräern, nach dem Gesetz ein Pharisäer, nach dem Eifer ein Verfolger der Gemeinde, nach der Gerechtigkeit, die das Gesetz fordert, untadelig gewesen" (Philipper 3,4-6; L84).*

Paulus hatte Edles vorzuweisen: als Kind jüdisch erzogen, am achten Tag beschnitten, mütterlicher- und väterlicherseits ein Jude, dann noch ein hoher Gelehrter in Israel, ein Pharisäer, dazu ein guter Kämpfer gegen christlichen Fundamentalismus und Fanatismus, zugleich aber alle jüdischen Vorschriften vorbildlich einhaltend. Paulus, das wird reichen, damit kommst du in den Himmel! So viel wie du hat niemand vorzuweisen!

Und tatsächlich hielt Saulus, wie anfangs sein Name war, dies alles für ausreichend. Er hielt es wörtlich für *„Gewinn" (Vers 7)*. Er war stolz darauf und war sich sicher, dass Gott auch stolz auf ihn sein müsste. Aber eines Tages auf dem Weg nach Damaskus wurde seine Karawane jählings gestoppt – nicht von der Polizei, sondern Jesus Christus selbst zeigte ihm die rote Kelle. Ein helles Licht umleuchtete den Anführer Saulus, sodass er geblendet zu Boden fiel. Eine Stimme rief: *„Saul, Saul, was verfolgst du mich?" (Apostelgeschichte 9,4).* Im wahrsten Sinn des Wortes niedergeschmettert fragte der eben noch so große Theologe: *„Herr, wer bist du?“* Die Antwort war: *„Ich bin Jesus, den du verfolgst!“ (V. 5; L84).*

Das war für den Apostel die Wende in seinem Leben. In Seiner souveränen und freien Art riss Christus sich einen Mann heraus, der nicht wollte. Aber Gott war stärker, Er beschnitt sein Herz, und schon war er willig. Wir wissen, dass Gott den Paulus eine lange Zeit in die Einsamkeit führte und ihm in aller Stille erklärte, was eigentlich mit ihm vorgegangen war und was Er mit ihm vorhatte.

Paulus hatte eine Offenbarung Jesu Christi erlebt und war überwältigt. Das kleidete er in seinem Brief an die Philipper in die Worte: *„Was mir Gewinn war, das habe ich um Christi willen für Schaden erachtet. Ja, ich erachte es noch alles für Schaden gegenüber der überschwänglichen Erkenntnis Christi Jesu, meines Herrn. Um seinetwillen ist mir das alles ein Schaden geworden, und ich erachte es für Dreck, damit ich Christus gewinne“ (Philipper 3,7-8; L84).*

Als er Christus gesehen, als er Sein Heil erkannt hatte und Seine Gnade und Gerechtigkeit, da wollte er von allem anderen nichts mehr wissen. Die Offenbarung des Herrn war für ihn eine so überschwängliche Erkenntnis, dass er das Vorige alles für Schaden hielt, ja sogar für Dreck. Was ihm zuvor so wichtig gewesen war – nämlich Jude zu sein und Schriftgelehrter, am Fleisch beschnitten und eine moralische Instanz –, war hohl und wertlos geworden für diesen von Gott gebrochenen Mann im Vergleich mit der alles übersteigenden Erkenntnis Christi.

Als er den Heiland erlebt hatte, verlor alles andere seinen Glanz. Als er die Liebe Jesu sah und die Bedeutung Seines Kreuzestodes und Seiner rettenden Gnade verstand, war alles, wonach Menschen trachten, für ihn nur noch Müll. Von da an wollte er nur noch eins – nämlich Christus gewinnen!

Es ging ihm wie dem Menschen, der unerwartet einen verborgenen Schatz in einem Stück Land gefunden hatte, von dem Jesus weiter erzählt: *„Und in seiner Freude ging er hin und verkaufte alles, was er hatte, und kaufte den Acker“ (Matthäus 13,44; L84).* Paulus war auch dem Kaufmann ähnlich, der schöne Perlen suchte: *„Als er eine kostbare Perle* *fand, ging er hin, verkaufte alles, was er hatte, und kaufte sie" (Matthäus 13,46).*

Der Schatz ist Jesus. Und die kostbare Perle ist auch Jesus. Wenn du Ihn gefunden hast, verkaufst du alles, was du vorher besessen hast. Du gibst es alles hin, um den Einen dein eigen zu nennen. Deine Herkunft, deine Selbstgerechtigkeit, dein Stolz, deine Leistungen, deine guten Werke, deine Almosen, deine Gebetsrituale, deine Kerzen und Kruzifixe, deine Pilgerfahrten, Kreuz- und Jakobswege, deine Gewänder, Meditationen und Askese – so gut und ernst, wie alles gemeint ist, taugt es doch nicht vor Gott. Darum lass es alles fahren, wie Paulus es tat. Er schrieb: *„[Damit ich] in ihm [Christus] erfunden werde, indem ich nicht meine eigene Gerechtigkeit habe, die aus dem Gesetz kommt, sondern die durch den Glauben an Christus, die Gerechtigkeit aus Gott aufgrund des Glaubens" (V. 9; SCL).*

Entscheide dich: Willst du äußere Religion oder Christus? Willst du dein Vertrauen auf Fleisch setzen oder auf den Sohn Gottes, durch den allein du gerettet werden kannst? Willst du durch Werke selig werden oder durch Gnade? Beides geht nämlich nicht. Wer beides will, der zerschneidet, der zerstört das Evangelium des Glaubens. Darum suche nicht länger Symbole, Rituale, Zeremonien und Traditionen, sondern suche die Wirklichkeit, eine Beschneidung des Herzens, indem Jesus dein Herz reinigt und dein Leben verändert und du Ihn gewinnst und mit Ihm das ewige Leben. Amen!

Die Kraft Seiner Auferstehung

„[Damit ich] in ihm [Christus] erfunden werde, indem ich nicht meine eigene Gerechtigkeit habe, die aus dem Gesetz kommt, sondern die durch den Glauben an Christus, die Gerechtigkeit aus Gott aufgrund des Glaubens, [10] *damit ich ihn erkenne und die Kraft seiner Auferstehung und die Gemeinschaft seiner Leiden, indem ich seinem Tod gleichförmig werde,* [11] *damit ich zur Auferstehung aus den Toten gelange." (Philipper 3,9-11)*

Wir haben gehört, dass Paulus mit den Judenchristen hart ins Gericht ging, die durch eine Mischung von beidem selig werden wollten – nämlich aus Gnade aufgrund des Glaubens einerseits, aber andererseits auch durch menschliche Vorzüge und Werke. Aber das ist für den Apostel „Zerschneidung". Er betont: Wir brauchen nur eins, und das ist die Gerechtigkeit Christi, weshalb er ausruft: *„[Damit ich] ... nicht meine eigene Gerechtigkeit habe, die aus dem Gesetz kommt, sondern die durch den Glauben an Christus, die Gerechtigkeit aus Gott aufgrund des Glaubens" (V. 9).*

Das ist der Schatz, das ist die Perle, wofür wir alles andere aufgeben, damit, wie Paulus nun weiter fortsetzt, *„ich ihn erkenne und die Kraft seiner Auferstehung" (V. 10).*

I. Das Kreuz hat Gültigkeit

Was meint der Apostel damit? Er meint, dass in dem Werk der Erlösung, das Christus für die Glaubenden vollbracht hat, Kraft liegt, gewaltige Kraft. Im Gesetz ist keine Kraft, in der Zeremonie, in der Kerze und auch nicht in der Beschneidung des Fleisches. Paulus schreibt: *„Lasst euch von niemand richten wegen Speise oder Trank oder wegen bestimmter Feiertage oder Neumondfeste oder Sabbate" (Kolosser 2,16).*

In Feiertagen, im Sabbat, in Speisegesetzen, in der äußeren Beschneidung, in der Säuglingsbesprengung und auch im Wasser der Taufe ist keine Kraft. Das alles sind nur Zeichen, nur Sinnbilder, aber sie sind nicht die Wirklichkeit. Sie tun etwas mit dir am äußeren Menschen, aber nicht am inneren. Und solange du dich auf das verlässt, was äußerlich an dir geschieht, ohne dass du innerlich verändert bist, betrügst du dich selbst. Die äußere Religion hat keine Kraft. Aber Christus hat Kraft! Das hat Paulus erlebt, darum ruft er: *„[Ich möchte] ihn erkennen und die Kraft seiner Auferstehung“ (V. 10).*

Was tat der Vater durch die Auferstehung? Wir lesen: *„Den [Christus] er für alle beglaubigte, indem er ihn aus den Toten auferweckt hat“ (Apostelgeschichte 17,31).* Der himmlische Vater beglaubigte durch die Auferstehung Seines Sohnes, dass das Erlösungswerk am Kreuz unwiderrufliche Gültigkeit hat, und zwar für alle, die an Ihn glauben, die ihr Vertrauen ganz auf Ihn setzen. Wer das tut, erlebt die Kraft der Auferstehung!

Manchmal bekennen mir Menschen ihre Sünden. Zum Teil sind das auch sehr schwerwiegende Dinge, über die sie nicht hinwegkommen. Sie werden von Schuldgefühlen geplagt, haben ein böses Gewissen und schlaflose Nächte und der Teufel foltert ihre Seele. Dann erkläre ich ihnen die gute Nachricht, dass Jesus ihre Schuld, auch schwere Vergehen, auf sich genommen und die Strafe dafür am Kreuz getragen hat. Und wenn sie dann die Gnade haben, das im Glauben zu erfassen, explodiert ihr Herz und sie springen vor Freude förmlich in die Luft! Denn sie verstehen, dass ihre Sünde in Christus vergeben ist und keine Verdammnis mehr auf ihnen liegt. Sie sind frei! So erleben sie buchstäblich die Kraft der Auferstehung in der Vergebung ihrer Sünden.

Gott schickt Sünder nicht auf Pilgerfahrt, um sich zu geißeln und zu kasteien, sondern Er sagt einfach in Seinem Sohn Jesus: *„Kommt her zu mir, alle, die ihr mühselig und beladen seid; ich will euch erquicken“ (Matthäus 11,28; L84).* Darum setzt euer Vertrauen ganz und gar auf Christus und glaubt an Ihn, dann empfangt ihr die Vergebung eurer Sünden und ihr seid neue Menschen. Das ist die Kraft der Auferstehung!

II. a) Durch die Kraft der Auferstehung von neuem geboren

Der Apostel Petrus schreibt einmal: *„Gelobt sei Gott, der Vater unseres Herrn Jesus Christus, der uns nach seiner großen Barmherzigkeit wiedergeboren hat zu einer lebendigen*

Hoffnung" wodurch? – *„durch die Auferstehung Jesu Christi von den Toten" (1. Petrus 1,3; L84).*

Wir sind durch die Kraft der Auferstehung von neuem geboren. Das heißt, wenn Jesus im Grab geblieben wäre, könnte kein Mensch neu werden. Ohne Auferstehung gäbe es keinen einzigen Christen auf der Welt. Wahres christliches Leben ist auf nichts anderes zurückzuführen als auf die Auferstehung des Sohnes Gottes. Deine und meine Wiedergeburt und die von Millionen Glaubender ist die Auswirkung derselben Kraft, die Christus aus den Toten hervorgebracht hat.

Darum heißt es im Epheserbrief: *„Gott aber, der reich ist an Erbarmen, hat um seiner großen Liebe willen, mit der er uns geliebt hat, auch uns, die wir tot waren durch die Übertretungen, mit dem Christus lebendig gemacht – aus Gnade seid ihr errettet! – und hat uns mit auferweckt und mitversetzt in die himmlischen Regionen in Christus Jesus" (Epheser 2,4-6).*

II. b) Durch die Kraft der Auferstehung geistlich wachsen

Aber die Kraft der Auferstehung zeigt sich nicht nur in der Errettung und geistlichen Erneuerung eines Menschen, sondern auch fortwährend im täglichen Leben eines jeden Gläubigen. In Kolosser 3, 1 lesen wir: *„Wenn ihr nun mit Christus auferweckt worden seid, so sucht das, was droben ist, wo der Christus ist, sitzend zur Rechten Gottes."*

Die Kraft der Auferstehung verleiht uns nicht nur die Fähigkeit, ein neues Leben zu beginnen, sondern es auch fortzusetzen. Leben strebt immer nach Leben. Deshalb ist es unvorstellbar, dass jemand von neuem geboren ist, aber sein altes Leben in der Sünde fortsetzt. Nein, wenn er mit Christus auferweckt worden ist, dann strebt er sein ganzes Leben lang nach Christus. Deshalb formuliert Paulus auch nicht: „Ich habe die Kraft der Auferstehung kennengelernt", sondern er sagt: *„Ihn* ***möchte*** *ich erkennen und die Kraft seiner Auferstehung" (V. 10; L84).*

Gewiss hat der Apostel die Kraft der Auferstehung bereits kennengelernt. Aber er weiß: sie will jeden Tag neu erlebt werden. Sie ist es, die uns täglich Kraft verleiht, Anfechtung zu überwinden, der Sünde zu trotzen und im Glauben nicht müde zu werden. Die Kraft der Auferstehung manifestiert sich also in unserer täglichen Heiligung und in unserem fortwährenden Dienst für unseren Herrn. Durch die Kraft der Auferstehung bleiben wir treu auch im Leiden und mitten in der Not.

In den Jahrzehnten der kommunistischen Christenverfolgung wurden schwerste Repressalien auf unsere Glaubensgeschwister in der damaligen Sowjetunion ausgeübt – Benachteiligungen aller Art, bis hin zu jahrelanger Verschleppung nach Sibirien. Aus Furcht vor dem KGB mussten sich die Christen an geheimen Plätzen versammeln. Das war eine schwere und harte Zeit. Aber die Gläubigen hatten eine wunderbare Gewohnheit: Wenn das Leid und die Verzweiflung überhandnehmen wollten, rief der leitende Bruder der versammelten Gemeinde nicht nur zu Ostern zu: „Christus ist auferstanden!" Und die Gläubigen antworteten im Chor: „Er ist wahrhaftig auferstanden!"

Durch die Rückbesinnung und glaubensvolle Erinnerung an die siegreiche Auferstehung Jesu fanden die verfolgten Christen neuen Mut und neue Festigkeit! Sie erlebten buchstäblich die „Kraft der Auferstehung" mitten in ihren Trübsalen. Darum heißt es im Epheserbrief: *„Dem aber, der überschwänglich tun kann über alles hinaus, was wir bitten oder verstehen, nach der Kraft, die in uns wirkt" (Epheser 3,20; L84).*

Ja, in uns Gotteskindern wirkt eine Kraft, und zwar die Kraft der Auferstehung! Es ist nicht die Kraft religiöser Bemühungen, die Kraft transzendenter Selbstsuche, die Kraft zeremoniellen Pomps oder die von Satzungen und Vorschriften oder des guten Willens. Es ist die Kraft Jesu, die Macht Seiner Auferstehung, die uns zur Seligkeit führt. „Und diese Kraft, diese Stärke, die möchte ich erkennen!", schreibt Paulus den Philippern. Das ist es, was auch wir brauchen.

Von Martin Luther wird berichtet, dass er oft von schweren Anfechtungen finsterer Mächte und von Niedergeschlagenheit gequält wurde. In solchen dunklen Tagen schrieb er mit Kreide überall das lateinische Wort „vivit" hin – auf Deutsch „Er lebt". Luther kannte also schon die Graffiti-Kunst. Allerdings begrenzte er sic auf seine Wohnung. Aber dort war auf dem Tisch, an den Türen und Wänden überall zu lesen: „vivit". Als man den Reformator fragte, was das bedeutete, antwortete er: „Jesus lebt. Wenn Er nicht lebte, so begehrte ich nicht, auch nur noch eine Stunde zu leben. Aber Jesus hat gesagt: *‚Ich lebe und ihr sollt auch leben!'"*[23] Wende das doch auch auf dein Leben an. Schreibe „Er lebt" nicht auf deine Möbel und Tapeten, aber schreibe es in dein Herz!

III. Die Gemeinschaft Seiner Leiden

Paulus schreibt weiter: *„Ihn möchte ich erkennen und die Kraft seiner Auferstehung und die Gemeinschaft seiner Leiden" (V. 10; L84).*

„Gemeinschaft Seiner Leiden" – was heißt das? Wie Christus Seinen Drangsalen nicht entflohen ist, möchte auch der Apostel Trübsalen nicht aus dem Wege gehen, sondern sie willig tragen, wie der Vater es will. Er will im Aushalten der Bedrängnisse Christus ähnlich sein, ja er will, wie er wörtlich sagt, *„seinem Tod gleichförmig werden" (V. 10).* Wie Jesus in Gethsemane „ja" zu Seinem Vater gesagt hat, will auch Paulus „ja" sagen zu seinem Lebensweg, zu seinen Widrigkeiten und Nöten und darin Christus gleichförmig sein.

Auch wir heute leben in einer gefallenen Welt, voller Sünde und Schwachheit, und wir erleben Not, Schwierigkeiten, Trübsal und Leiden aller Art. Vielleicht erhalten wir die Diagnose „Krebs" oder verlieren unseren Arbeitsplatz, die Ehe zerbricht, die Kinder leiden, wir werden um unseres Glaubens willen gemobbt und verleumdet. Was machen wir mit diesen Widrigkeiten? Lehnen wir sie ab? Hadern wir mit Gott? Werden wir bitter?

Oder erinnern wir uns, was Jesus durchlitten hat, und sagen uns: So wie Er Seine Leiden und Schmerzen getragen hat, will auch ich sie tragen. Auch ich will den Kelch trinken, den mir mein Vater im Himmel reicht. Darin will ich Christus ähnlich sein. Ich will in meinen Kämpfen durch Lernen von Geduld,

---

[23] Martin Haug. Er ist unser Leben. a.a.O. Nr. 154.

Ausdauer und Gottvertrauen meinem Heiland charakterlich immer ähnlicher werden. Zugleich dürfen wir wissen, dass die Kraft der Auferstehung da ist, die uns jeden Tag durchträgt.

In Römer 6, 5 lehrt uns Paulus: Wie wir mit Christus *„eins gemacht und ihm gleich geworden sind in seinem Tod, so werden wir ihm auch in der Auferstehung gleich sein."* Dasselbe bringt er in unserem Textabschnitt nun auch den Philippern nahe. „Ich möchte Christus in Seinem Leiden gleich sein und in Seinem Tode und dann natürlich auch in Seiner Auferstehung." Deshalb lautet der nächste Satz: *„... damit ich zur Auferstehung aus den Toten gelange" (V. 11).* Wenn er durch den Glauben mit Christus leidet, weiß er, dass er auch zur Auferstehung gelangt.

Als ich ein junger Christ war, gab mir meine Mutter zu einer Jugendfreizeit eine schöne, warme Wolldecke mit. Leider war mir diese während der Freizeit abhandengekommen. Das erzählte ich dem Jugendpastor, der mich daraufhin fragte, wie die Decke denn ausgesehen habe. Ich antwortete ihm: „Sie hat Streifen." Da kam die humorvoll gemeinte Antwort: „Wolfgang, dann sind die Streifen ja auch weg!" Als ich die Decke wiedergefunden hatte, waren die Streifen natürlich auch wieder da.

Warum erzähle ich dieses profane Erlebnis? Ich will damit ausdrücken, dass wir als Glaubende so mit Jesus eins gemacht sind, so mit Ihm verwoben sind wie das Streifenmuster mit meiner Decke. Das heißt, was dem Heiland passiert, passiert auch uns. So wie Er gestorben ist, sind auch wir mit Ihm gestorben. Und wie Er auferstanden ist, sind auch wir mit Ihm auferstanden. Wie wir Seinem Tode gleichförmig sind, sind wir auch Seiner Auferstehung gleichförmig.

Was für eine Botschaft! Das alles hat uns unser Erlöser geschenkt – aus purer und freier Gnade, ohne unseren Verdienst, ohne unser Hinzutun, ohne unsere Werke, ohne unsere Mühe, ohne eigene Gerechtigkeit, nur aus Erbarmen. *„Wem ich gnädig bin, dem bin ich gnädig; und wessen ich mich erbarme, dessen erbarme ich mich" (Römer 9,15; L84).*

Wenn dir das klar wird, wenn dir dieser Heiland offenbar wird, dann wird auch bei dir aus Saulus ein Paulus. Dann rufst du mit ihm: *„Aber was mir Gewinn war, das habe ich um Christi willen für Schaden erachtet. [8] Ja, ich erachte es noch alles für Schaden gegenüber der überschwänglichen Erkenntnis Christi Jesu, meines Herrn. Um seinetwillen ist mir das alles ein Schaden geworden, und ich erachte es für Dreck, damit ich Christus gewinne [9] und in ihm gefunden werde, dass ich nicht habe meine Gerechtigkeit, die aus dem Gesetz kommt, sondern die durch den Glauben an Christus kommt, nämlich die Gerechtigkeit, die von Gott dem Glauben zugerechnet wird" (V. 7-9; L84).* Amen.

„Ich jage ihm aber nach“

„Nicht dass ich es schon erlangt hätte oder schon vollendet wäre; ich jage aber danach, dass ich das auch ergreife, wofür ich von Christus Jesus ergriffen worden bin. [13] Brüder, ich halte mich selbst nicht dafür, dass ich es ergriffen habe; eines aber [tue ich]: Ich vergesse, was dahinten ist, und strecke mich aus nach dem, was vor mir liegt, [14] und jage auf das Ziel zu, den Kampfpreis der himmlischen Berufung Gottes in Christus Jesus. [15] Lasst uns alle, die wir gereift sind, so gesinnt sein; und wenn ihr über etwas anders denkt, so wird euch Gott auch das offenbaren. [16] Doch wozu wir auch gelangt sein mögen, lasst uns nach derselben Richtschnur wandeln und dasselbe erstreben!“ (Philipper 3,12-16)

Paulus spricht einige Verse vor diesem Textabschnitt die tief greifende Veränderung an, die er auf der Straße nach Damaskus erlebt hat. Er berichtet über seine bis dahin beeindruckenden religiösen Leistungen und Errungenschaften. Er sagt: *„[Ich bin] beschnitten am achten Tag, aus dem Geschlecht Israel, vom Stamm Benjamin, ein Hebräer von Hebräern, im Hinblick auf das Gesetz ein Pharisäer, im Hinblick auf den Eifer ein Verfolger der Gemeinde, im Hinblick auf die Gerechtigkeit im Gesetz untadelig gewesen“ (Philipper 3,5-6).* Mit anderen Worten: „Wenn sich jemand auf sich selbst und sein Fleisch verlassen und sich rühmen kann, dann bin ich es.“

Doch dann erklärt er, dass ein Austausch in seinem Leben stattgefunden hat und dass ihm dies alles nun nichts mehr wert ist: *„Was mir Gewinn war, das habe ich um des Christus* ***willen für Schaden geachtet****; ja, wahrlich, ich achte alles für Schaden gegenüber der alles übertreffenden Erkenntnis Christi Jesu, meines Herrn, um dessentwillen ich alles eingebüßt habe;* ***und ich achte es für Dreck****, damit ich Christus gewinne und in ihm erfunden werde ...“ (V. 7-9).*

Nun setzt Paulus seine Hoffnung nicht mehr auf seine eigene Gerechtigkeit, weil er die Gerechtigkeit Christi erkannt hat und weiß: diese brauche ich, weil sie alleine mich vor Gott bestehen lässt! Deshalb gibt es für ihn nun nichts Größeres mehr, als

Jesus Christus und Seine Kraft und Gerechtigkeit zu erkennen und Gemeinschaft mit Ihm zu haben.

Einige Philipper mögen jetzt gedacht haben: Dieser Apostel hat es geschafft! Er hat geistliche Vollkommenheit erlangt, denn er hat es verstanden, irdische Gewinne und religiöse Ziele beiseitezulegen und stattdessen Christus als das höchste Ziel im Leben zu haben.

Diesem Missverständnis tritt Paulus jedoch klipp und klar entgegen und benutzt dafür das Bild eines Athleten. Das tut er häufig in seinen Briefen. Er vergleicht das Leben eines Christen mit dem Lauf eines Sportlers, der sich im Wettkampf befindet. *„Wisst ihr nicht, dass die, die in der Kampfbahn laufen, die laufen alle, aber einer empfängt den Siegespreis? Lauft so, dass ihr ihn erlangt" (1. Korinther 9,24; L84).*

Diese Analogie des sportlichen Wettkampfes benutzt Paulus auch hier in Philipper 3. Er spricht von seinem Eifer, den Kampfpreis zu erlangen (V. 14), und sagt, dass er auf das Ziel zujagt. Er befindet sich also in einem Lauf und hat die Ziellinie noch nicht überschritten.

Aber was ist das Ziel, auf das er zujagt? In Römer 8, 29 erklärt er: *„Denn die er zuvor ersehen hat, die hat er auch vorherbestimmt, **dem Ebenbild seines Sohnes gleichgestaltet zu werden**."* Das Ziel seiner, deiner und meiner Rettung ist also, Jesus gleich zu werden. Diesen Veränderungsprozess nennt die Bibel Heiligung.

Eines möchte ich deutlich herausstellen: Wenn der Apostel über den Lauf spricht, den ein Christ zu vollenden hat, um das Ziel zu erreichen, dann spricht er nicht von der Wiedergeburt und der Rettung der Seele. Deine Rettung ist nicht das Ergebnis eines guten Laufes und deiner besonderen Anstrengung, sondern es verhält sich mit ihr so, wie wir in Epheser 2, 8 (L84) lesen: *„Aus Gnade seid ihr selig geworden durch den Glauben, das nicht aus euch – Gottes Gabe ist es, damit sich kein Fleisch rühme."* Das ist die Rechtfertigung, die vor Gott gilt. Sie wird nicht durch eine Leistung erreicht, sondern du erhältst sie aus reiner Gnade. Sie ist ein Geschenk, das Gott dir gibt.

Von der Rechtfertigung zu unterscheiden ist die Heiligung. Diese ist ein fortlaufender Prozess, in dem wir in das Bild Jesu verändert werden. Wir sollen und dürfen Christus in unserem Wesen, in unseren Gedanken, Einstellungen und Herzen immer ähnlicher werden. Das ist der Lauf, von dem Paulus spricht.

Der Apostel nennt nun einige Prinzipien, wie wir den Lauf der Heiligung effektiv bestreiten können:

I. Wir sind noch nicht vollendet

Das Erste, was wir als Gotteskinder auf dem Weg zu Jesus wissen müssen, ist, dass wir noch nicht am Ziel angelangt sind. Selbst Paulus hatte es noch nicht erreicht, denn er schreibt: *„Nicht dass ich es schon erlangt hätte oder schon vollendet wäre" (V. 12).* Und Vers 13: *„Brüder, ich halte mich selbst nicht dafür, dass ich es ergriffen habe."* Er sagt, dass er noch nicht das ist, was er einst sein wird.

Obwohl der Apostel bereits eine neue Kreatur war und ein neues Herz geschenkt bekommen hatte, obwohl er vor Gott gerechtfertigt war (Römer 5,1), ihm seine Sünden vergeben waren und der Heilige Geist in ihm wohnte (Römer 8,9+11; 2. Timotheus 1,14), war er dennoch nicht vollkommen! Er erlebte immer noch Versuchungen, er lebte in seinem unerlösten Fleisch und war immer noch ein Sünder (Römer 7,14-25).

Daher schreibt er an anderen Stellen: *„Denn ich weiß, dass in mir, das heißt in meinem Fleisch, nichts Gutes wohnt; das Wollen ist zwar bei mir vorhanden, aber das Vollbringen des Guten gelingt mir nicht" (Römer 7,18).* Und: *„Glaubwürdig ist das Wort und aller Annahme wert, dass Christus Jesus in die Welt gekommen ist, um Sünder zu retten, von denen ich der größte bin" (1. Timotheus 1,15).*

Paulus geht also in aller Deutlichkeit gegen die Lehre vor, die behauptet, dass Christen Menschen seien, die nicht mehr sündigen. Er wendet sich gegen die, die meinen, dass Christen bereits auf Erden in einen Zustand geistlicher und moralischer Perfektion gelangen könnten, sodass nichts Sündiges mehr in ihnen sei.

In einer Predigt sprach ein Pastor davon, dass er den Grad geistlicher Vollkommenheit erreicht habe. Ein Zuhörer fragte ihn nach der Predigt: „Macht es Ihnen etwas aus, wenn ich Ihre Frau befrage, ob Sie tatsächlich den Grad der geistlichen Vollkommenheit erreicht haben?“ Der Pastor antwortete: „Nun, Sie können sie fragen, aber Sie müssen zuvor wissen, dass meine Frau noch nicht an diese Lehre glaubt.“

Paulus war der wohl hingegebenste und reifste Christ, der je lebte. Nach seiner Begegnung mit Jesus bewirkte er für das Reich Gottes sehr viel. Er war ein Evangelist, ein Lehrer, ein Gemeindegründer, er war ein Hirte und ein Vater in Christus. Dennoch schrieb er: *„Ich habe es noch nicht erlangt“*, und er bekannte freimütig und ohne Umschweife, dass er das Ziel noch nicht erreicht hatte. Diese Erkenntnis machte ihn demütig, schützte ihn vor geistlicher Arroganz und half ihm, motiviert weiterzulaufen.

Geistliches Wachstum beginnt mit der Erkenntnis, dass du noch nicht da bist, wo du sein sollst. Solche, die meinen, sie hätten bereits geistliche Vollkommenheit erreicht, sehen keinen Grund, im Lauf voranzukommen. Warum sollten sie auch nach etwas jagen, von dem sie meinen, dass sie es schon besitzen? Das sind selbstzufriedene und selbstgerechte Menschen, die in großer Gefahr stehen, ihrer Sünde gegenüber blind zu werden. Sie meinen, sie wüssten alles, und sind stets bemüht, auf ihre geistlichen Erkenntnisse und Leistungen hinzuweisen.

Wirklich reife Christen sind ihren Sünden gegenüber sensibel und leben demütig vor Gott. Sie kultivieren ihre Heiligung und machen Fortschritte in ihrem christlichen Leben. Sie wissen: Wir sind noch nicht am Ziel, es ist noch eine Wegstrecke zurückzulegen.

II. Größte Anstrengung

Das zweite Prinzip für einen hingegebenen Lauf ist die Bereitschaft zur größten Anstrengung. Es ist nämlich anstrengend, in der Heiligung zu wachsen. Paulus schreibt: ***„Ich jage aber danach, dass ich das auch ergreife, wofür ich von Christus Jesus ergriffen worden bin. ... und jage auf das Ziel***

zu, den Kampfpreis der himmlischen Berufung Gottes in Christus Jesus *" (V. 12+14).*

Es ist also ein eifriges Jagen nach dem Ziel, von dem Paulus hier spricht. Er ist ein Mann der Bewegung. Er lümmelt nicht auf dem Sessel herum und sagt: „Die Rettung ist mein und nun lasse ich alle Fünfe gerade sein." Das haben uns schon Leute unterstellt, wenn wir die Betonung auf die Gnade Gottes legen. Sie befürchteten: „Wenn man so viel von der Gnade Gottes in der Errettung und von Erwählung spricht, dann führt das doch dazu, dass die Menschen nichts mehr tun."

Das Gegenteil ist der Fall, wie wir hier an Paulus sehen. Er jagt dem Ziel, Jesus ähnlicher zu werden, nach. Dabei trainiert und bewegt er jeden geistlichen Muskel. Denn er läuft, um zu gewinnen und den Preis zu erhalten. „Ich laufe, ich jage, ich strenge mich an, weil ich noch nicht da bin", sagt er – oder in anderen Worten: *„**Dafür arbeite und ringe ich auch**" (Kolosser 1,29).* Dem Timotheus schreibt er: *„Kämpfe den guten Kampf des Glaubens" (1. Timotheus 6,12).*

In Lystra wandte sich der Apostel an die Jünger und ermahnte sie, unerschütterlich im Glauben zu sein, und er sagte ihnen: *„Wir müssen durch viele **Bedrängnisse** in das Reich Gottes eingehen" (Apostelgeschichte 14,22).* „Bedrängnisse" bedeutet Widerstand, bedeutet Kraftanstrengung und dass nicht alles so einfach läuft, wie wir uns das vielleicht vorgestellt haben. Das Christenleben ist ein anstrengender Kampf!

Und doch war Paulus in diesem Kampf absolut abhängig von der Kraft Gottes. Alles, was er tat, auch sein Lauf, erfolgte nicht aus eigener Kraft. Er berichtet in 2. Korinther 12, 9 (L84): *„Und er hat zu mir gesagt: Lass dir an meiner Gnade genügen; denn meine Kraft ist in den Schwachen mächtig. Darum will ich mich am allerliebsten rühmen meiner Schwachheit, damit die Kraft Christi bei mir wohne."*

Im eben zitierten Wort aus Kolosser 1, 29 *„Dafür arbeite und ringe ich auch"* fügt er hinzu: ***„gemäß seiner wirksamen Kraft, die in mir wirkt mit Macht"***. Und in Philipper 2, 13 (L84) heißt es bezüglich der Heiligung: *„Denn Gott ist's, der in* *euch wirkt beides, das Wollen und das Vollbringen, nach seinem Wohlgefallen.“*

Und wie ist es hier in unserem Textabschnitt? Läuft und jagt Paulus plötzlich allein, auf sich gestellt, in eigener Kraft? Nein, er schreibt: *„Ich jage aber danach, dass ich das auch ergreife,* ***wofür ich von Christus Jesus ergriffen worden bin*** *“ (V. 12).*

Hier sehen wir eine wunderbare Übereinstimmung der Ziele Gottes mit den Zielen Seiner Heiligen. Die Gläubigen streben nach demselben Kampfpreis, den auch Jesus Christus für sie vorgesehen hat. Paulus wurde von Ihm ergriffen, errettet und auf die Laufbahn gestellt. Dann aber hat sich der Herr nicht zurückgezogen und den Apostel sich selbst überlassen, sondern Er ist ihm durch den Heiligen Geist zu einem Beistand und zu einer Kraftquelle geworden. Denn nun hat der Gläubige das gleiche Anliegen, wie Jesus es auch für ihn hat.

Paulus wusste, wovon er sprach. Er kannte die lange Reise, die beschwerliche Strecke, die er bereits hinter sich hatte, und das Ziel, das zu erreichen sein Lebensinhalt war. Ungefähr 30 Jahre lagen zwischen dem Bekehrungserlebnis auf der Straße nach Damaskus und dem Moment, als er diese Zeilen aus der Gefangenschaft schrieb. In dieser Zeit hatte er großen Widerstand erlebt, sowohl von innen als auch von außen.

Wo bist du gerade in deinem Lauf? Erlebst du Widerstand, bist du durstig und schwach? Vielleicht bist du auch über eine Hürde gestürzt und liegst am Boden. Aber Jesus ist da und hilft dir wieder auf, denn Er hat dasselbe Ziel wie du. Er motiviert dich und schenkt dir Kraft durch die Verheißungen Seines Wortes, durch die Predigt, durch deine Geschwister in der Gemeinde. Er richtet dich auf und stellt dich wieder her. Und in dieser Seiner Kraft darfst du in der Heiligung wachsen und den Lauf vollenden! Amen.

Das Ziel vor Augen

„Nicht dass ich es schon erlangt hätte oder schon vollendet wäre; ich jage aber danach, dass ich das auch ergreife, wofür ich von Christus Jesus ergriffen worden bin. [13] *Brüder, ich halte mich selbst nicht dafür, dass ich es ergriffen habe; eines aber tue ich: Ich vergesse, was dahinten ist, und strecke mich aus nach dem, was vor mir liegt,* [14] *und jage auf das Ziel zu, den Kampfpreis der himmlischen Berufung Gottes in Christus Jesus.* [15] *Lasst uns alle, die wir gereift sind, so gesinnt sein; und wenn ihr über etwas anders denkt, so wird euch Gott auch das offenbaren.* [16] *Doch wozu wir auch gelangt sein mögen, lasst uns nach derselben Richtschnur wandeln und dasselbe erstreben!“* *(Philipper 3,12-16)*

Paulus hat trotz seines großartigen Amtes und seiner vielfältigen Gaben das Ziel noch nicht erreicht. Er ist nicht vollkommen sündlos, sondern er bezeugt, dass er noch nicht vollendet ist. Er ist gerettet und gerechtfertigt aus Gnade durch den Glauben, aber er befindet sich immer noch im Prozess, Christus ähnlicher zu werden. Das Ziel erlangt er erst, wenn er bei Jesus ist.

Bis dahin ist der Weg der Heiligung vergleichbar mit einem Athleten im Wettkampf. Für einen effektiven Lauf muss ein Christ zunächst erkennen, dass er noch nicht da ist, wo er sein soll. Und er muss wissen, dass der Lauf größte Anstrengung erfordert, die er aber nicht aus sich selbst heraus erbringen kann, sondern es ist Christus, der ihm die Kraft dafür gibt.

Ein weiteres Prinzip für den Lauf der Heiligung ist:

I. Das Ziel vor Augen haben

Denn was nützt eine noch so große Anstrengung, wenn der Läufer nicht auf das Ende fokussiert ist? Jeder Athlet weiß, dass er nach vorne schauen muss. Sobald er in das Publikum oder zu Boden blickt, fängt er an zu straucheln und stürzt vielleicht sogar.

Beim Lesen seines Briefes an die Philipper springt die Zielstrebigkeit des Apostels ins Auge, mit der er sein Christsein lebt: *„Brüder, ich halte mich selbst nicht dafür, dass ich es ergriffen habe; eines aber tue ich: Ich vergesse, was dahinten ist, und strecke mich aus nach dem, was vor mir liegt, und jage auf das Ziel zu, den Kampfpreis der himmlischen Berufung Gottes in Christus Jesus" (Philipper 3,13-14).*

Paulus ist hochkonzentriert. Er schaut nur nach vorne auf das Ziel. Dabei erledigt er nicht mehrere Dinge gleichzeitig und lässt sich von Nebensächlichkeiten ablenken, denn er schreibt: *„**Eines** aber tue ich"* – und das ist: ich strecke mich aus nach dem, was da vorne liegt.

Menschen, die in bestimmten Disziplinen (sei es im Sport, in der Musik oder Kunst) großartige Leistungen vollbringen, haben meist nur eines im Sinn und sind darauf konzentriert: Sie trainieren und üben über Jahre hinweg, um Spitzenleistungen zu vollbringen. Sie verzetteln sich nicht, sie tanzen nicht auf vielen Hochzeiten und verschwenden keine unnötige Energie.

Solch eine Konzentration auf das Ziel ist auch für den Lauf eines Christen absolut notwendig. Du musst dich konzentrieren auf das Ziel! Du darfst nicht aus den Augen verlieren, wo du hinwillst! Denn sonst wirst du straucheln.

Wie oft lassen wir uns durch die Nichtigkeiten des täglichen Lebens vom Ziel ablenken! Wir sorgen uns um Anerkennung und begehren den falschen Glanz des Reichtums. Jesus erklärt in dem Gleichnis über den Sämann, bei dem u. a. einige Samen unter die Dornen gefallen sind: *„Die Sorgen der Welt und der betrügerische Reichtum und die Begierden nach allem andern dringen ein und ersticken das Wort, und es bleibt ohne Frucht" (Markus 4,19; L84).* Die Wahrheit wird überwuchert von Dornen. Sei wachsam, dass das nicht auch bei dir so ist!

Jakobus spricht von einem Mann *„mit geteiltem Herzen, unbeständig in allen seinen Wegen" (Jakobus 1,8).* Verfolgst du mehrere Ziele bei deinem Lauf als Christ? Hast du ein geteiltes Herz und stehst in Gefahr, das eigentliche Ziel aus den Augen zu verlieren? Paulus ermahnt uns, das Ziel im Fokus zu haben und weder nach rechts noch nach links zu blicken. Er erinnert uns, dass wir nur nach vorne schauen sollen.

Das wusste schon Salomo, er sagt in den Sprüchen: *„Lass deine Augen geradeaus schauen und deine Blicke auf das gerichtet sein, was vor dir liegt! [26] Mache die Bahn für deinen Fuß gerade, und alle deine Wege seien bestimmt; [27] weiche weder zur Rechten ab noch zur Linken, halte deinen Fuß vom Bösen fern!" (Sprüche 4,25-27).* Sehen wir hier die Verbindung zwischen einem reinen und geheiligten Leben und dem Fokussiert-Sein auf das Ziel? Ein Christ in der Laufbahn soll sich nicht von nichtigen Dingen ablenken lassen, sondern den Kampfpreis vor Augen behalten.

Wie sieht eine solche Konzentration auf das Ziel aus? Paulus gibt die Antwort: *„Ich vergesse, was dahinten ist, und strecke mich aus nach dem, was vor mir liegt" (V. 13).* Zu vergessen, was hinter mir liegt, bedeutet: Ich schaue während meines Laufes nicht zurück. Ein Läufer dreht sich nicht um und beschäftigt sich mit dem, was sich hinter ihm abspielt. Tut er das doch, verliert er Geschwindigkeit, verlässt die Bahn und verliert am Ende das Rennen. Schau nicht zurück! Es ist bedeutungslos, was hinter dir geschah.

Wir sprachen zu Beginn von Christen, die meinen, sie seien schon vollkommen. Solche Menschen sind permanent dabei, nach hinten zu schauen und darauf hinzuweisen, was sie in ihrer christlichen Vergangenheit schon alles erreichten und wie gut und erfolgreich sie doch waren. Sie rühmen sich ihrer Werke.

Das tut der Apostel nicht. Er schaut eben gerade nicht zurück, um sich zu rühmen, sondern er achtet seine religiösen Errungenschaften für Schaden und Dreck (Philipper 3,8). Das heißt für dich: Schau auch du nicht nach hinten, sondern vergiss, was dich in deinem Lauf bremst, hindert und ablenkt.

Was sollen wir vergessen? Alles. Paulus macht hier keine Einschränkung oder trifft eine Auswahl. Er meint alles, was hinter uns liegt. Das beinhaltet die guten als auch die schlechten Dinge. Es bedeutet einerseits, die Erfolge, tugendhaften Taten, großartigen Leistungen und geistlichen Dienste zu vergessen. Wir sollen uns nicht baden in dem, was wir schon alles geleistet haben. Andererseits sollen wir aber auch die schlechten Dinge hinter uns werfen wie Sünden, Missetaten, Fehler und Unheil.

Das soll nicht zu Ballast werden, der an uns hängt in unserem Lauf dem Ziel entgegen.

Warum sollen wir alles vergessen? Weil weder das Gute noch das Schlechte etwas damit zu tun hat, wie du heute läufst. Ein Sportler geht auch nicht an den Startblock und erzählt dabei seinem Nachbarn, wie erfolgreich er früher war und welche Meisterschaften er damals errungen hat. Du kannst nicht heute leben und dabei von den Siegen von gestern zehren. Denn du wirst nicht deinen Lauf vollenden, indem du ständig über den Wert sinnierst, den du auf der hinter dir liegenden Strecke errungen zu haben glaubst.

Jesus sagt: *„Wer seine Hand an den Pflug legt und sieht zurück, der ist nicht geschickt für das Reich Gottes" (Lukas 9,62; L84).* Genauso wenig sollen wir uns von unseren vergangenen Sünden, Verfehlungen und Schulden lähmen und schwächen lassen. Sind sie nicht vergeben? Hat Gott sie nicht in die Tiefen des Meeres versenkt? Ist der Schuldbrief nicht zerrissen? Was belastest du dich dann mit deiner sündigen Vergangenheit? Was wühlst du in den Sünden deiner Vorfahren herum? Schau nach vorne! Wenn du deine Sünden an das Kreuz gebracht hast, sind sie vergeben und für immer getilgt!

Auch in der Gemeinde blicken wir nach vorne. Hin und wieder hört man Geschwister von den guten alten Zeiten sprechen. Damit meinen sie nicht nur schöne Erinnerungen an ihre persönliche Vergangenheit, sondern auch an die der Gemeinde. „Damals war es so schön, da taten wir dies und taten das. Und der Herr war mit uns ..." Natürlich sagt Psalm 103, 2: *„Vergiss nicht, was er [der HERR] dir Gutes getan hat."* Diese Wahrheit soll als Ermutigung für den gegenwärtigen Lauf dienen, aber nicht zur rückwärtsgewandten Nostalgie führen.

Es können auch Verluste von lieb gewordenen Menschen sein, die uns hindern, den Blick nach vorne zu richten. Deine Kinder haben dich verlassen und sind eigene Wege gegangen. Und du schwelgst in der Vergangenheit, als sie noch so klein und süß und gehorsam waren. Vielleicht sind liebe Angehörige gestorben. Und du lebst nur noch in der Erinnerung, wie schön es damals war. Natürlich gibt es eine Zeit der Trauer, und wir dürfen auch weinen. Aber die Trauer darf uns nicht daran hindern, nach vorne zu sehen und zu wissen: Das, was noch kommen wird, ist viel schöner als das, was jemals war.

Der wiedergeborene Theologieprofessor D. Beck in Tübingen schrieb an einen Freund, der sein vierjähriges Kind verloren hatte: „Ihren Schmerz kenne ich aus eigener Erfahrung. Es wurden mir seinerzeit auch zwei Kinder entrissen und später noch meine geliebte Frau. Da quälte mich auch dieses entsetzliche ‚warum?'. Die Erinnerungen ... über die verlorenen Freuden. Da gab mir der Herr einen weiteren Spruch: ‚Ich vergesse, was dahinten ist, und strecke mich zu dem, das das vorne ist.' An solche ewigen Worte muss man sich klammern wie an einen Fels im Wellengewoge der Seele. Demgemäß riss ich mein Herz von der Vergangenheit zurück und richtete es vorwärts nach dem, was oben liegt, um dort, statt im Revier der Erde, mit meinen Lieben vor dem Herrn mich zu vereinigen und zu beten, dass er uns zusammenfasse und -halte in ihm selber als unserem Leben. So sollen die uns Vorangegangenen Magnete werden, die unser Herz aufwärts ziehen. Wenn Gott uns nimmt, will er uns Größeres geben!"[24]

Es gibt so vieles, was uns veranlasst, nach hinten zu schauen – vermeintlich bessere Zeiten, Menschen, die wir verloren haben, die Frage nach dem Warum. Aber strecke dich durch die Gnade Gottes doch wieder aus nach dem, was vor dir liegt. Das führt uns zu dem Ziel, auf das wir zujagen.

II. Das Ziel

Paulus schreibt: *„Ich vergesse, was dahinten ist, und strecke mich aus nach dem, was vor mir liegt,* ***und jage auf das Ziel zu,*** *den Kampfpreis der himmlischen Berufung Gottes in Christus Jesus" (Philipper 3,13-14).*

Was ist das für ein Ziel? Paulus benennt es in Römer 8, 29: *„Die er zuvor ersehen hat, die hat er auch vorherbestimmt, dem Ebenbild seines Sohnes gleichgestaltet zu werden."* Das Ziel ist, so zu werden, wie Jesus ist. Das ist unsere Berufung, das ist

[24] Martin Haug. Er ist unser Leben. a.a.O. Nr. 2261.

der Weg, auf dem wir uns befinden. Das bedeutet, dass wir danach streben, in einen Stand zu kommen, in dem keine Lüge mehr in uns ist, kein Stolz, keine Überheblichkeit, kein Streit und kein Ehegezänk, kein Ehebruch, keine Habgier, kein böses Herz, keine Krankheit, kein Leid und kein Geschrei, sondern vollkommene Heiligkeit. All das erlangen wir nicht auf dieser Welt, sondern dann, wenn wir bei Ihm sind. Dann werden wie so sein wie Er.

Paulus macht das hier im Philipperbrief und auch in seinen anderen Schreiben immer wieder deutlich. Er sagt: „Das Ziel ist nicht irdisch, sondern himmlisch." In den Versen 20-21 erinnert er ebenfalls an den Zeitpunkt der Vollendung: *„Unser Bürgerrecht aber ist im Himmel, von woher wir auch den Herrn Jesus Christus erwarten als den Retter, der unseren Leib der Niedrigkeit umgestalten wird, sodass er gleichförmig wird seinem Leib der Herrlichkeit."* Im Himmel wird der Kampf aus Römer 7 aufgehoben sein.

Der Apostel Johannes spricht ähnlich: *„Geliebte, wir sind jetzt Kinder Gottes, und noch ist nicht offenbar geworden, was wir sein werden; wir wissen aber, dass wir ihm gleichgestaltet sein werden, wenn er offenbar werden wird; denn wir werden ihn sehen, wie er ist" (1. Johannes 3,2).*

Paulus lebte in der Erwartung, dieses Ziel zu erreichen. Und er bewegte sich mit derselben Hingabe und demselben Eifer darauf zu wie damals, als alles begann. Wenn ein Läufer die Ziellinie überschritten hat, wirft er seine Arme in die Luft und jubelt, weil er gesiegt hat. Und auch im Himmel herrscht Jubel, wenn ein Läufer nach dem anderen sein Ziel erreicht.

Es wird der Tag kommen, an dem Jesus dich heimruft. Das wird der Augenblick sein, in dem du die Ziellinie überquerst. Jesus wird da sein und mit ihm die himmlischen Heerscharen und die Erlösten. Sie sehen, wie du kommst, und sie jubeln. Sie jubeln aber nicht über dich und deine Leistung, sondern sie jubeln über das Lamm Gottes, das dich dazu brachte, dass du das Ziel erreichen konntest.

Am Ende seines Lebens schrieb Paulus diese Worte: *„Ich habe den guten Kampf gekämpft, ich habe den Lauf vollendet,* *ich habe Glauben gehalten; hinfort liegt für mich bereit die Krone der Gerechtigkeit, die mir der Herr, der gerechte Richter, an jenem Tag geben wird" (2. Timotheus 4,7-8; L84).* Paulus erwartete den Siegpreis und war gewiss, dass er ihn im Himmel bei Gott empfängt.

Danach streben auch wir – nicht aus eigener Kraft, aber befähigt durch den Heiligen Geist. Ich wünsche dir wirklich von Herzen den Segen Gottes, Seinen Beistand und Seine Kraft für deinen Lauf. Dann werden wir gemeinsam im Himmel feiern! Amen.

„Haltet euch an mein Vorbild"

„Werdet meine Nachahmer, ihr Brüder, und seht auf diejenigen, die so wandeln, wie ihr uns zum Vorbild habt. [18] Denn viele wandeln, wie ich euch oft gesagt habe und jetzt auch weinend sage, als Feinde des Kreuzes des Christus; [19] ihr Ende ist das Verderben, ihr Gott ist der Bauch, sie rühmen sich ihrer Schande, sie sind irdisch gesinnt. [20] Unser Bürgerrecht aber ist im Himmel, von woher wir auch den Herrn Jesus Christus erwarten als den Retter, [21] der unseren Leib der Niedrigkeit umgestalten wird, sodass er gleichförmig wird seinem Leib der Herrlichkeit, vermöge der Kraft, durch die er sich selbst auch alles unterwerfen kann." *(Philipper 3,17-21)*

Paulus hat den Mut, sich als Vorbild für die Philipper zu empfehlen. *„Werdet meine Nachahmer"*, sagt er. Das heißt: Folgt meinem Beispiel, haltet euch an mein Vorbild! Aber wie kann dieser Mann die Christen in Philippi dazu aufrufen, seinem Vorbild zu folgen, denen er doch in demselben Kapitel geschrieben hat: *„Nicht dass ich es schon erlangt hätte oder schon vollendet wäre" (V. 12).* Und in Vers 13 wiederholt er: *„Brüder, ich halte mich selbst nicht dafür, dass ich es ergriffen habe."* Mit anderen Worten: Ich bin nicht vollkommen, ich bin noch im Fleisch und sündige noch. Wie kann sich dieser unfertige Mensch trotzdem für andere zum Vorbild machen?

I. Christus – unser erstes Vorbild

Der Apostel zielt nicht darauf ab, sich in derselben Weise als Vorbild darzustellen, wie Christus es war. Jesus allein war vollkommen, Er allein war ohne Sünde, Er allein ist das wahre Ebenbild Gottes (Kolosser 1,15) und der Abglanz Seiner Herrlichkeit (Hebräer 1,3). Und deshalb weist Paulus die Gläubigen zuallererst auf Ihn hin. Jesus ist unser Vorbild, unser Beispiel, Er ist unser Meister, und wir sollen nicht Menschen, sondern Ihm nachfolgen. Darum schrieb der Apostel im selben Brief an die Philipper: *„Denn ihr sollt so gesinnt sein, wie es Christus Jesus auch war" (Philipper 2,5).*

Nicht an Menschen, sondern an Christus sollen wir uns orientieren. In Sein Bild und nicht in das Bild eines Menschen sollen wir verwandelt werden. Christus-Ähnlichkeit ist das eine große Ziel der Kinder Gottes.

Haben Christen aber nicht auch noch andere Ziele? Zum Beispiel anderen dienen, Nächstenliebe üben, beten oder Seelen gewinnen? Sind das nicht auch wichtige Ziele? Natürlich sind sie das. Aber diese Ziele sind alle dem einen untergeordnet. Denn wenn du lernst, zu dienen wie Jesus, zu beten wie Jesus und zu missionieren wie Jesus, wirst du Ihm immer ähnlicher. Unser ganzes Christenleben zielt letztendlich nur auf eines ab, wie der Römerbrief betont: *„Denn die er zuvor ersehen hat, die hat er auch vorherbestimmt, dem Ebenbild seines Sohnes gleich gestaltet zu werden" (Römer 8,29).*

Welches Ziel hat Gott also mit Seinen Kindern? Dass wir so werden sollen wie Jesus! Das ist Gottes großes Vorhaben mit uns. Sein Ziel ist nicht, dass es uns gut geht, dass wir keine Probleme haben und lange leben. Sein Ziel ist auch nicht, dass wir von Wunder zu Wunder und von Zeichen zu Zeichen schweben, sondern dass wir dem Wesen und Charakter Christi gleich werden. Darum lesen wir die Bibel. Denn wenn wir wissen möchten, wie Jesus ist, müssen wir in die Bibel schauen. *„Sie ist es, die von mir zeugt"*, hat Jesus gesagt. Das heißt, ohne Bibel gibt es keine Umgestaltung in die Art Christi.

Wir studieren Gottes Wort nicht, um großes Bibelwissen zu erlangen und um darin gute Ratschläge fürs Leben zu finden. Das mögen gute Beiprodukte sein, es ist aber nicht der Punkt, auf den es ankommt. Sondern wir lesen in der Schrift, um Jesus zu erkennen, um zu sehen, wie Er ist, damit auch wir so werden können wie Er. Darum geht es. Das ist der wahre Grund, warum wir die Bibel studieren.

Und das ist auch der Grund, warum der Heilige Geist gekommen ist. Er ist es, der unser Herz in die Art Christi verändert, die wir in der Schrift erkannt haben. Darum heißt es: *„Nun aber schauen wir alle mit aufgedecktem Angesicht die Herrlichkeit des Herrn wie in einem Spiegel* [das ist das Wort], *und wir werden verklärt in sein [Christi] Bild von einer*

Herrlichkeit zur andern von dem Herrn, der der Geist ist“ (2. Korinther 3,18; L84). Das ist das eigentliche Werk des Heiligen Geistes. Er führt Menschen zur Bibel, lässt sie das Wesen Jesu erkennen und verändert dementsprechend ihr Herz.

Der Heilige Geist ist nicht wegen irgendwelcher Phänomene oder aufregender Manifestationen gekommen, sondern Er ist schlicht gekommen wegen der Umwandlung unseres Charakters in das Ebenbild Jesu Christi. Heutzutage ist es sehr wichtig, dass die nebulöse Vorstellung davon, was Christen sein sollen und was ihr Ziel ist, erhellt wird und man mit Klarheit erkennt, worum es im christlichen Leben wirklich geht. Denn unsere Gleichgestaltung mit Jesus Christus ist unerlässliche Voraussetzung für den Eingang in die Herrlichkeit. Wenn wir nicht werden wie Jesus, werden wir nicht in das Himmelreich hineinkommen, denn ohne Heiligung wird niemand den Herrn sehen (siehe Hebräer 12,14).

Deshalb weist Paulus die Philipper auf keinen anderen hin als auf Christus und fordert sie auf: „Seid so gesinnt, wie Jesus Christus auch war. Wandelt Ihm nach! Seid so demütig und so dienstbereit, seid so voller Hingabe wie Er!“ Und der Apostel ruft aus: *„Ihn möchte ich erkennen“ (Philipper 3,10; L84)*, *„[ich möchte] in ihm erfunden werden“ (V. 9)*. Er ist unser Vorbild, dem wir durch die Gnade Gottes und die Kraft des Heiligen Geistes nacheifern sollen. Die Philipper sollten auf Jesus schauen, darum allein schrieb Paulus ihnen diesen Brief.

II. Vorbilder auf dem Wege

Was aber bewegt ihn, nun auch sich selbst als Vorbild zu präsentieren? Es geht ihm dabei nicht um das Ziel. Das ist und bleibt Jesus allein. Es geht ihm bei sich selbst um den **Weg**. Seine Botschaft lautet: „Schaut mich an, wie ich diesen Weg in die Gleichgestaltung mit Christus gehe! Schaut, mit welcher Entschlossenheit ich ihn zurücklege! Ich habe das Ziel noch nicht ergriffen, wie ihr auch noch nicht, aber blickt auf mich und seht, wie ich laufe! Folgt meinem Beispiel, in welcher Weise ich das Ziel der Vollkommenheit zu erreichen suche!“

Diesen Weg musste der Heiland nie zurücklegen. Er war immer vollkommen, Er war von Ewigkeit her schon rein, heilig und absolut ohne Sünde. Darum können wir bei Jesus nicht beobachten, wie Er von Unvollkommenheit zu Vollkommenheit gelangte. Denn Er war immer vollkommen, Er war immer Gottes tadelloses Ebenbild. Bei Ihm gibt es keinen Fortschritt.

Wir müssen uns Jesus wie den Gipfel eines hohen und beschwerlichen Berges vorstellen. Die Spitze ist unser Ziel. Und was wir nun brauchen, ist ein guter Bergführer. Jemand, der mit einem Hubschrauber hochgeflogen ist und uns von oben zuruft: „Ich bin hier. Seht zu, dass ihr auch raufkommt!", ist uns keine besondere Hilfe. Wirklich weiterhelfen können uns Bergführer, die wie wir noch nicht oben sind, die auch noch nicht das Ziel erreicht haben, die uns aber zeigen können, wie wir am besten wandern und klettern können, die uns die Hand reichen und sagen: „Folgt mir, ich weiß, wo es langgeht!"

Ich brauche jemanden, an dessen Beispiel ich sehen kann, wie ich während des Aufstiegs mit Hindernissen fertig werde und was ich tun muss, wenn ich gestolpert, gefallen oder gar gestürzt bin. Geistlich gesehen also: Wie gehe ich mit Sünde um, wie mit Anfechtungen, Enttäuschungen, wie mit Ärger und Frust, wie mit meinem Stolz und meiner Rechthaberei? Und was mache ich, wenn ich müde werde und resignieren will?

Wie gut, dass da ein Paulus ist! Der sagt: *„Meine Brüder, ich schätze mich selbst noch nicht so ein, dass ich's ergriffen habe. Eins aber sage ich: Ich vergesse, was dahinten ist, und strecke mich aus nach dem, was da vorne ist, und jage nach dem vorgesteckten Ziel, dem Siegespreis der himmlischen Berufung Gottes in Christus Jesus" (Philipper 3,13-14; L84).* Er ist zum Aufstieg entschlossen, er blickt nur nach vorn, nach oben, er schaut auf zu Jesus, er macht weiter und geht voran. Und er sagt zu seinen Mitwanderern: *„Werdet meine Nachahmer" (V. 17). „Folgt meinem Beispiel" (Zür).*

Und in der Tat, der Heilige Geist hat diesen Mann in Gottes Wort für uns regelrecht zu einer Art Standard gemacht. Keiner außer Jesus dominiert die neutestamentlichen Schriften so stark wie er. Gott hat ihn tatsächlich so zum Vorbild geformt wie keinen anderen der Apostel. Paulus kennt nur eines – nämlich hin zum Christus-Ziel! Er ist ein ausdauernder Läufer, ein mutiger und geschickter Kletterer, ein großartiges Vorbild.

Aber der Apostel geht noch weiter. Der vollständige Satz lautet nämlich: *„Werdet meine Nachahmer, ihr Brüder, und seht auf diejenigen, die so wandeln, wie ihr uns zum Vorbild habt" (V. 17).* Er spricht also nicht nur von sich allein, sondern auch noch von anderen, die ebenso ein Vorbild sind wie er. Er sagt: „**Seht** auch auf sie" – das bedeutet: richtet eure Augen auf sie. Wahrscheinlich meint er hier Timotheus und Epaphroditus, die er beide in Kapitel 2 lobend hervorgehoben hat.

III. Fleisch-und-Blut-Beispiele

Was bedeutet das nun ganz praktisch für uns? Christus ist unser großes Ziel, unser Endziel, unsere ewige Norm. Aber wir brauchen auch „Fleisch-und-Blut-Beispiele". Es ist gut, dass wir Paulus haben, Timotheus und Epaphroditus, aber wir brauchen auch Vorbilder, die in unserer Zeit leben. Wir brauchen heute vorbildliche Pastoren und Älteste, deren Lebenserfüllung Christus ist, so wie Paulus dem Timotheus geschrieben hat: *„Sei den Gläubigen ein Vorbild im Wort, im Wandel, in der Liebe, im Geist, im Glauben, in der Keuschheit" (1. Timotheus 4,12).* Seid ihr als Pastoren, Älteste und Leiter ein Vorbild im Vorangehen, im Gehorsam, in der Hingabe, im Drängen und Eifern hin zu Christus? Darin besteht unser göttliches Mandat als Leiterschaft – ein Vorbild zu sein wie Paulus.

Die Tragik unserer Tage ist leider, dass es an solchen Vorbildern mangelt. Kirchen und Gemeinden haben die Standards biblischer Erwartungen immer weiter heruntergesetzt und viele, viele sind gefallen. Sie verloren den Pfad zu ihrer eigenen Christus-Ähnlichkeit und rissen Tausende, wenn nicht sogar Millionen mit weg von diesem Weg der Gottseligkeit und stürzten ab als Irrlichter in den Abgrund zeitgeistiger Verirrung. Welch ein Desaster!

Wenn wir keine biblischen Vorbilder mehr haben, werden unsere Kirchen krank. Davor möge Gott uns bewahren! Darum sei auch du ein Vorbild in der Familie, im Hauskreis und in der

Gemeinde. *„Sei den Gläubigen ein Vorbild im Wort, im Wandel, in der Liebe, im Geist, im Glauben, in der Keuschheit."* Sei ein Beispiel und lass die Menschen sehen, wie du von ganzem Herzen und mit ganzer Kraft dahin strebst, Christus immer ähnlicher zu werden, damit auch von uns gesagt werden kann: *„Ihr Ende schaut an und folgt ihrem Glauben nach" (Hebräer 13,7; L84).*

Allerdings muss zur Vermeidung von Missverständnissen noch gesagt werden: Paulus lehrt nicht, dass wir durch die Mühe unseres Nachjagens die Seligkeit erreichen. Wer das meint, befindet sich auf dem Weg zur Hölle. Was er dagegen sagen will, ist: Du bist einzig und allein aus Gnade gerettet und nicht durch dich selbst. Aber wenn du Christ bist und den Heiligen Geist empfangen hast, dann setzt dieses neue Leben aus Gott eine Kraft in dir frei, die dich verändert, die dich hintreibt zu Jesus. Und nun lernst du auch an dem Beispiel von geistlichen Vorbildern, wie du dieses neue christliche Leben so führen kannst, dass es Gott wohlgefällig ist.

Möchtest du das durch die Kraft Gottes lernen? Möchtest du werden wie Jesus? Der Herr wird es schenken! Amen!

Feinde des Kreuzes

„Werdet meine Nachahmer, ihr Brüder, und seht auf diejenigen, die so wandeln, wie ihr uns zum Vorbild habt. [18] *Denn viele wandeln, wie ich euch oft gesagt habe und jetzt auch weinend sage, als Feinde des Kreuzes des Christus;* [19] *ihr Ende ist das Verderben, ihr Gott ist der Bauch, sie rühmen sich ihrer Schande, sie sind irdisch gesinnt.* [20] *Unser Bürgerrecht aber ist im Himmel, von woher wir auch den Herrn Jesus Christus erwarten als den Retter,* [21] *der unseren Leib der Niedrigkeit umgestalten wird, sodass er gleichförmig wird seinem Leib der Herrlichkeit, vermöge der Kraft, durch die er sich selbst auch alles unterwerfen kann."* *(Philipper 3,17-21)*

Wir haben von der Notwendigkeit guter Vorbilder im Reich Gottes gehört, die uns an ihrem Beispiel zeigen, was es heißt, mit ungeteiltem Herzen Christus und Seinem heiligen Charakter nachzustreben, wie Paulus alles zu vergessen und dem einen nachzujagen. Nachdem der Apostel sich über gute Vorbilder gefreut und die Philipper aufgerufen hat, solche zu sein, kommt er zu einem schmerzlichen Thema:

I. Verderbliche Vorbilder

Er muss leider auch von schlechten Vorbildern, ja sogar von verderblichen sprechen: *„Denn viele wandeln, wie ich euch oft gesagt habe und jetzt auch weinend sage, als Feinde des Kreuzes des Christus; ihr Ende ist das Verderben, ihr Gott ist der Bauch, sie rühmen sich ihrer Schande, sie sind irdisch gesinnt" (V. 18-19).*

Was sind das für Leute? Und gibt es solche auch noch heute in der Kirche und Gemeinde des Herrn? Paulus bezeichnet sie als „Feinde des Kreuzes". Das ist ja ein starker Ausdruck. Aber Achtung, diese Leute kommen nicht daher und sagen: „Wir sind Feinde des Kreuzes, wir sind gegen Jesus." Wenn sie so auftreten würden, wären sie ungefährlich. Man müsste nicht vor ihnen warnen, denn sie sagten ja selbst, wer sie sind.

Diese Leute behaupten stattdessen, Christen zu sein, und bezeichnen sich als Freunde und nicht als Feinde des Kreuzes.

Sie sind Kirchen- und Gemeindemitglieder und gehören vielleicht sogar zur Leiterschaft. Es ist also gar nicht so einfach, sie unter den wahrhaft Gläubigen auszumachen. Das Neue Testament macht uns immer wieder darauf aufmerksam, und schon unser Herr Jesus warnte: *„Hütet euch aber vor den falschen Propheten, die in Schafskleidern zu euch kommen, inwendig aber reißende Wölfe sind!" (Matthäus 7,15).*

Was ist also notwendig? Paulus nennt es in 1. Korinther 12, 10 in der Auflistung der geistlichen Gaben: **die Gabe der Geisterunterscheidung**. Achtet genau auf die Worte des Apostels, wie ernst er sie meint, wie wichtig sie ihm sind. Es geht ihm nicht darum, andere schlechtzureden, damit er besser dasteht. Nein, es geht ihm um ein Anliegen, das über Sein oder Nichtsein der Philipper-Gemeinde entscheidet.

Lest noch einmal mit Bedacht seine Worte: *„Denn viele wandeln, wie ich euch oft gesagt habe und jetzt auch weinend sage" (V. 18).* Es war also nicht das erste Mal, sondern immer wieder hat Paulus sie vor diesem Phänomen gewarnt. Vielleicht haben einige darauf ärgerlich reagiert und gemeint, der Apostel höre überall die Flöhe husten und habe eine krankhafte Angst vor falschen Lehren – so eine Art Phobie gegen alles, was nicht so dachte wie er.

Mir sagte ein Pastor bezüglich des Eindringens unbiblischer Lehren in die Gemeinde: „Wolfgang, übertreibe nicht, du musst auch an die Selbstheilungskräfte des Leibes Christi glauben!" Aber der Apostel hielt nichts von solchen Beschwichtigungen, sondern er wiederholte seine Mahnungen und setzte dann noch hinzu: „Was ich euch *jetzt auch weinend sage*."

Er weint! Ein sonst so belastbarer Mann weint! Sein Herz ist gebrochen. Warum? Er sah eine tödliche Gefahr heraufziehen – und zwar die, dass Menschen sich als Christen bezeichneten, aber dennoch bewusst in der Sünde verharrten.

Die Gemeinde in Philippi hatte Paulus ja nicht nur gegründet, sondern sie sollte ein Brückenkopf nach Europa sein. Wie konnte sie das, wenn sie geistlich nicht gesund war? Deshalb war Paulus dieses Thema so ungeheuer wichtig.

Wenn heute über Gefahren für die Gemeinde Jesu gesprochen wird, winkt man häufig ab. Aber nicht so Paulus – er weint, wie er das schon einmal getan hat. Als er sich von den Ältesten der Gemeinde in Ephesus verabschiedete, sagte er zu ihnen: *„Denn das weiß ich, dass nach meinem Abschied reißende Wölfe zu euch kommen, die die Herde nicht verschonen werden. ... Darum seid wachsam und denkt daran, dass ich drei Jahre lang* ***Tag und Nacht*** *nicht abgelassen habe, einen jeden* ***unter Tränen*** *zu ermahnen" (Apostelgeschichte 20,29+31; L84).*

Was hatte dieser Mann für ein Vaterherz! Oft wird Paulus ja als eine Art theologischer Roboter dargestellt, aber das war er nicht – er war ein Mann mit Herz und Gefühl. Er liebte die bluterkaufte Gemeinde und ermahnte sie nicht mit Härte, sondern mit Tränen. Paulus war ein echter Seelsorger.

II. Moralischer Liberalismus

Manche Ausleger meinen, dass Paulus hier auf die Judaisten anspielte, die lehrten, dass zur Errettung nicht nur Glauben aus Gnade nötig sei, sondern auch noch die Beschneidung und andere äußere Satzungen. Sie hatte Paulus zu Beginn unseres Kapitels „Hunde" genannt und „böse Arbeiter", und er warnte: *„Habt acht auf die Zerschneidung!" (V. 2).* Das waren Leute, die die Gnade als nicht ausreichend ansahen und deshalb das Gesetz als zum Heil nötig predigten. Das hielt Paulus für einen skandalösen Betrug am Evangelium, für eine Lüge.

In unseren jetzigen Versen scheint Paulus aber eine andere Gruppe im Sinn zu haben, die nicht Werke predigte, sondern offensichtlich **billige Gnade**. Es gab seinerzeit schon Vorläufer der sogenannten Gnostiker, die lehrten: „Der Geist ist gut, aber Gegenständliches, wie zum Beispiel der Körper, ist schlecht."

Aus diesem Grund vertraten sie die Ansicht: „Wir Christen sind im Geist erneuert. Und weil unser Körper aus Fleisch und somit böse ist, tut es nichts zur Sache, was wir mit ihm tun. Wenn du unzüchtig und pervers mit ihm umgehst, macht das nichts, denn das Fleisch ist böse und verdient nur Böses. Sei ein Fresser, sei ein Säufer, ein Ehebrecher usw. Das ist in Ordnung, denn es betrifft ja nur den Leib, nicht aber den Geist", auf den es dieser Lehre nach ankommt. Sie propagierten im Namen des Evangeliums die Freiheit des Fleisches, also moralischen Liberalismus.

Heute nennt man das theologisch „Antinomismus". Dieser Begriff wurde stark von Martin Luther geprägt und heißt vom Lateinischen her „Anti-Gesetz". Den Antinomismus vertreten bis heute Menschen, indem sie behaupten, dass wir als Christen **vom Heiligen Geist geführt werden und deshalb die Gebote als Regel für unsere Lebensführung keine Gültigkeit mehr haben**.

Das hat Luther abgelehnt, und vor ihm hat Jesus es abgelehnt und Paulus, ebenso wie alle anderen Apostel. Denn diese Irrlehre sagt: „Ich bin Christ und glaube in vollem Maß an das Evangelium der Gnade. Darum spielt es keinerlei Rolle, wie ich lebe. Ich werde so oder so errettet, denn die Gnade überdeckt doch alles!" Diese Lehre lädt geradezu zur Sünde ein, denn je mehr Böses ich mit meinem Leibe tue, desto größer wird angeblich doch die Gnade. Mit anderen Worten drückt der Antinomismus aus: „Gottes Barmherzigkeit hat kein Ende. Darum lasst uns die christliche Freiheit preisen und tun, wozu wir Lust haben!"

Ein solches Denken infiltriert auch heute Kirchen und Gemeinden. Kirchenmitglieder leben manchmal schlimmer als Atheisten. Und wenn sie gefragt werden, wie es denn mit ihrer Seligkeit stehe, antworten sie: „Ich bin getauft!" – soll heißen: Mir kann nichts geschehen, denn ich habe mich schon als Kind gegen die Hölle ‚feuerversichern' lassen.

Auch in freien Gemeinden wird das Thema Gemeindezucht immer kleiner geschrieben, denn das Privatleben der Mitglieder gehe die Gemeindeleitung nichts an, meint man. Hauptsache, die Menschen glauben an Jesus, alles andere tue nichts zur Sache. Jeder solle sich vom Geist Gottes leiten lassen.

Wenn jemand mit einer Frau befreundet ist, kann er sie heiraten oder einfach nur so mit ihr zusammenleben. Und wenn derjenige will, kann er sich dann auch wieder scheiden lassen und eine andere heiraten. Ehebruch – was ist das schon? Wir sind eben so. Unzucht und Perversion sind gesellschaftsfähig geworden. Wir können schließlich unsere Triebe nicht unterdrücken, die die Schöpfung uns gegeben hat. Also lasst alle in der Gemeinde mitarbeiten, denn wir dürfen niemanden ausgrenzen. Alle lieben doch Jesus! Sie sind umweltbewusst und kaufen in „Dritte Welt-Läden". Sie sind alle „Christen".

Solche schrecklichen Thesen waren auch in der Philipper-Gemeinde auf dem Vormarsch. Der Apostel Paulus rief darum die Gläubigen auf, mit allen ihren Kräften die Gleichgestaltung mit Christus zu suchen und Seine Heiligkeit und Reinheit zu erstreben.

Welche Lehren kamen da auf sie zu? „Lebt so, wie ihr wollt. Die Hauptsache ist, ihr glaubt an Jesus und euer Geist ist erneuert. Alles andere ist nicht wichtig." Und wie stand Paulus dazu? Er schrieb: *„Viele wandeln, wie ich euch oft gesagt habe und jetzt auch weinend sage, sie sind Feinde des Kreuzes des Christus; ihr Ende ist das Verderben, ihr Gott ist der Bauch, sie rühmen sich ihrer Schande, sie sind irdisch gesinnt" (V. 18-19).*

Sie suchten Befriedigung ihrer fleischlichen Lüste, aber nicht das heilige Leben des Christus. Sie wollten Ihn nur benutzen, um ihr Ego befriedigen zu lassen. Er sollte ihnen alle Probleme vom Hals halten, damit sie rundum Wohlergehen erfuhren. Und wenn sie zu ihrem irdischen Glück noch etwas vermissten, dann sollte Jesus ihnen das alsbald besorgen.

Das nennt Paulus *„ihr Bauch ist ihr Gott"* und sie sind *„irdisch gesinnt"*. Diese Menschen hatten eine ausgeprägte Befriedigungsmentalität. Ihr Gebet bestand aus: „Gib mir dies, Herr, und gib mir das. Gib mir eine Frau, die besonders gut aussieht. Gib mir genügend Geld, damit es mir an nichts fehlt. Gib mir Erfolg und lass es mir rundum gut gehen!" Eine solche Religion hat mit dem wahren christlichen Glauben nichts gemein. Denn sie ist nicht gott- und christuszentriert, sondern menschenzentriert. Und das ist Götzendienst.

III. Lebendiger Glaube hat Konsequenzen

Es ist wahr – wir werden nicht durch das Halten der Gebote errettet, auch nicht durch eine Mischung von Gnade und

Gesetz, sondern ganz allein aus der freien Gnade Gottes aufgrund des Glaubens, den Gott uns geschenkt hat. Aber diese Errettung bleibt nicht ohne Konsequenzen. Martin Luther hat diesbezüglich erklärt: „Denn Christus hat uns vom Fluch, nicht vom Gehorsam des Gesetzes befreit."[25] Luther meint also: Jesus hat uns durch Sein Leiden und Sterben von der Verurteilung durch das Gesetz erlöst. Aber Er hat uns nicht vom Gehorsam dem Gesetz gegenüber erlöst.

Die Wiedergeburt wirkt sich also aus – durch ein heiliges Streben, durch einen Hunger nach Reinheit. Das neue göttliche Leben hat einen unbändigen Drang, einen unstillbaren Durst nach der Lebensart Jesu. Es saugt sich voll von Christus. Dazu gehört auch die Heiligung des Leibes. In 1. Thessalonicher 5, 23 heißt es: *„Er selbst aber, der Gott des Friedens, heilige euch durch und durch, und euer ganzes Wesen, der Geist, die Seele* ***und der Leib****, möge untadelig bewahrt werden."*

Die Bibel lehrt, dass Gottes Kinder in der Tat auf immer bewahrt werden und sie, wie Jesus wörtlich sagt, in Ewigkeit nicht verloren gehen (Johannes 10,28). Denn wie könnten wir selig werden, wenn wir uns auf uns selbst verlassen müssten? Nein, wenn Gott nicht Sein Werk in uns anfangen und auch selbst vollenden würde, wären wir alle verloren. Darum besteht die herrliche Lehre des Evangeliums darin, dass der Herr Seine Kinder auf ewig versiegelt hat und wir deshalb sicher in Jesu Armen sind.

Wenn aber jemand aus dieser biblischen Lehre der Heilssicherheit ableitet, dann ja sündigen zu können, wie er wolle, dann ist er, wie Paulus in unserem Text klarmacht, kein Christ. Dann ist er ein Feind des Kreuzes und sein Ende ist das Verderben. Denn das wahre christliche Leben äußert sich darin, dass es die Sünde verabscheut, dass es nach Heiligkeit verlangt.

Vielleicht sagst du: „Ich möchte auch Christ sein und mich taufen lassen." Wenn du aber weiterhin wie bisher entgegen

---

[25] Martin Luther in einer Predigt zu Gal 3,23 aus dem Jahr 1532, zitiert nach Joh. Georg Walch (Hg.). Luthers Sämtliche Schriften. a.a.O. Bd. 9 Sp. 807 (Text modernisiert).

dem Wort Gottes und Seinem Gebot leben möchtest, dann bist du leider noch kein Christ. Denn Jesus will nicht nur unser Retter, sondern auch unser Herr sein. Das bedeutet, dass unser Leben als Christ eine Reflexion dessen ist, was der Heilige Geist durch die Gnade Gottes in uns gewirkt und verändert hat.

Wenn du also glaubst, auf billige Weise ein Jünger Jesu sein zu können, muss ich dich ermahnen und dir sagen, dass das nicht möglich ist. Dann hast du den Heiligen Geist noch nicht empfangen und bist noch nicht in deinem Herzen von Gott erneuert worden. Denn wer wirklich Christ ist, der lebt auch nach Christi Weise und man wird ihn an den guten Früchten erkennen, die in seinem Leben zu sehen sind.

Natürlich ist auch ein Christ nicht vollkommen und perfekt. Aber er jagt der Umgestaltung seines Lebens nach und gehorcht von Herzen gern Gottes Wort und möchte es umsetzen.

Darum lauten die letzten Worte des Apostels in diesem Abschnitt: *„Unser Bürgerrecht aber ist im Himmel, von woher wir auch den Herrn Jesus Christus erwarten als den Retter, der unseren Leib der Niedrigkeit umgestalten wird, sodass er gleichförmig wird seinem Leib der Herrlichkeit, vermöge der Kraft, durch die er sich selbst auch alles unterwerfen kann" (V. 20-21).* Nicht irdische und weltliche Gesinnung ist das Kennzeichen der Kinder Gottes, sondern Heimweh, die Sehnsucht nach der völligen Umgestaltung – auch nach der Umgestaltung unseres Leibes entsprechend der Herrlichkeit des Leibes Christi.

Jage also nach dem vorgesteckten Ziel! Du bist noch nicht da, aber Jesus erfüllt dich mit Kraft, mit Geisteskraft, sodass du ein heiliges Leben erstrebst und Sünde nach und nach hinter dir lassen kannst. So erweist du dich als wahres Gotteskind, das nicht irdisch gesinnt ist, sondern Heimweh nach dem Himmel hat. Halte fest an dieser Hoffnung! Amen.

„Freut euch“

„Darum, meine geliebten und ersehnten Brüder, meine Freude
und meine Krone, steht in dieser Weise fest im Herrn, Geliebte!
2 Ich ermahne Euodia und ich ermahne Syntyche, eines Sinnes
zu sein im Herrn. 3 Und ich bitte auch dich, mein treuer Mit-
knecht, nimm dich ihrer an, die mit mir gekämpft haben für das
Evangelium, samt Clemens und meinen übrigen Mitarbeitern,
deren Namen im Buch des Lebens sind. 4 Freut euch im Herrn
allezeit; abermals sage ich: Freut euch! 5 Eure Sanftmut lasst
alle Menschen erfahren! Der Herr ist nahe! 6 Sorgt euch um
nichts; sondern in allem lasst durch Gebet und Flehen mit
Danksagung eure Anliegen vor Gott kundwerden. 7 Und der
Friede Gottes, der allen Verstand übersteigt, wird eure Herzen
und eure Gedanken bewahren in Christus Jesus!“

(Philipper 4,1-7)

Paulus beginnt den Abschnitt mit den Worten: *„**Darum**, meine geliebten und ersehnten Brüder ... **steht in dieser Weise fest im Herrn**, Geliebte!“* Der Apostel bezieht sich mit diesen Worten auf das, was er in den Versen zuvor den Philippern geschrieben hatte – dass das Bürgerrecht der Kinder Gottes im Himmel ist und dass wir auf dem Weg zu diesem Ort sind und dort eine Belohnung in Empfang nehmen werden – nämlich dass wir Christus gleichgestaltet werden. Unser Leib der Niedrigkeit wird umgestaltet werden und wird gleichförmig sein dem verherrlichten Leibe Jesu Christi. Das ist das Ziel. Und weil uns dieses Ziel zugesichert ist, ruft Paulus die Philipper auf: „Bleibt fest und verliert das Ziel nicht aus den Augen! Steht fest im Herrn!“

Dann wendet sich der Apostel zwei Frauen zu, die im Streit miteinander lagen, und ermahnt sie, eines Sinnes zu sein. Er nennt sogar ihre Namen: Euodia und Syntyche. Diese beiden haben es geschafft, für immer in der Bibel aufgeführt zu sein – allerdings unter nicht so guten Vorzeichen.

Interessant ist, dass Paulus nicht nur die beiden Streithähne (oder besser gesagt: Streithennen) anspricht, sondern er wendet sich auch an die Gemeinde. Er fordert seinen treuen *„Mit-*

knecht" wie auch Clemens und andere Mitarbeiter auf, sich der Sache von Euodia und Syntyche anzunehmen. Die Namen dieser Gemeindemitarbeiter nennt er nicht. Entweder hat er sie vergessen oder er hatte andere Gründe, sie nicht zu erwähnen. Das spielt im Übrigen keine Rolle, denn ihre Namen, wenn auch in diesem Brief nicht erwähnt, stehen doch im Buch des Lebens! Wenn dein Name auf dieser Erde auch nicht Erwähnung findet, darfst du dich dennoch freuen, denn die Hauptsache ist, dass du im Buch des Lebens eingeschrieben bist!

In den Versen 4 bis 7 kommt der Apostel zu dem Schwerpunkt dieses Textabschnitts, er spricht das Herz und die Gesinnung eines jeden Christen an. Dabei ruft er die Philipper zur Freude und Sanftmut auf und ermahnt sie, sich um nichts zu sorgen. All dies mündet in der großartigen Verheißung, die da lautet: *„Und der Friede Gottes, der allen Verstand übersteigt,* ***wird*** *eure Herzen und eure Gedanken bewahren in Christus Jesus!" (V. 7).*

Diese Ermahnung bzw. der seelsorgerliche Rat des Apostels, sich allezeit zu freuen und sanftmütig zu sein und sich um nichts zu sorgen, ist keine moralische Zurechtweisung, sondern gründet sich im Evangelium von Christus. Der Text spricht über deine Gefühle. Er spricht über deine Freude – *„freut euch im Herrn!"* – und über deine Sorgen und den Frieden in deinem Herzen. Paulus unternimmt hier keinen komplizierten theologischen Exkurs, sondern er beschreibt, **wie das Evangelium dein tägliches Leben prägen will**.

Dein Herz, dein inwendiger Mensch, der deine Gefühle und Gedanken speist, aus dem deine Entscheidungen hervorgehen, soll von der Kraft des Evangeliums erfüllt sein. Die Wahrheiten Gottes, offenbart in der Heiligen Schrift, sollen der bestimmende Faktor sein, wie wir denken, wie wir fühlen und wie wir auf die Situationen des Lebens reagieren.

Freude, Sanftmut und Sorglosigkeit – all das, was Paulus hier ganz praktisch anspricht – beziehen sich aber nicht allein auf besonders schwere Momente in unserem Leben, wenn z. B. ein Unglück oder eine schwere Krankheit uns ereilen. Nein, dieser Text bezieht sich auf unser **ganzes** Leben. Die Wortwahl des Paulus macht dies deutlich: *„Freut euch im Herrn* ***allezeit;*** *abermals sage ich: Freut euch!* [5] *Eure Sanftmut lasst* ***alle*** *Menschen erfahren! Der Herr ist nahe!* [6] *Sorgt euch um* ***nichts;*** *sondern in* ***allem*** *lasst durch Gebet und Flehen mit Danksagung eure Anliegen vor Gott kundwerden.* [7] *Und der Friede Gottes, der* ***allen*** *Verstand übersteigt, wird eure Herzen und eure Gedanken bewahren in Christus Jesus!" (V. 4-7).*

Das Evangelium will unser ganzes Leben beherrschen! Es ist kein Stufenplan, der je nach Situation und Schwere einen anderen Lösungsvorschlag unterbreitet. Nein, der Text richtet sich an alle Christen zu allen Zeiten und in allen Lebenslagen – ob du nun vor 2000 Jahren in Philippi gewohnt hättest oder ob du heute in Hamburg lebst.

Dieser Abschnitt hat also eine Botschaft für unseren ganz normalen Alltag. Wenn du morgens aus dem Bett steigst, heißt es für dich: „Freue dich!" – auch wenn es schwerfällt. Wenn eine Mutter ihr Kind für die Schule fertig macht, gilt für sie: „Sorge dich um nichts!", denn der Herr kümmert sich um es. Wenn ein Vater sich auf den Weg zur Arbeit macht und schon im Voraus weiß, dass er wieder mit fiesen Sprüchen gereizt werden wird, fordert ihn der Text auf, seine Sanftmut allen kundwerden zu lassen – auch seinen Kollegen! Wenn du als Schüler oder Student gerade durch eine Klausur gefallen bist, sollst du dennoch Gott die Ehre geben und Ihm danken. Der Text betrifft auch den Einsamen, der sich nach Gemeinschaft sehnt, er betrifft alle Gläubigen zu jedem Augenblick ihres Lebens. Denn Gottes Wille für unser **gesamtes** Leben ist, dass wir die Kraft des Evangeliums erleben und sie auch widerspiegeln.

Als Erstes schreibt Paulus über die Freude – ein christliches Herz soll sich freuen. Vers 4: *„Freut euch im Herrn allezeit; abermals sage ich: Freut euch!"* Es ist nicht das erste Mal, dass wir im Philipperbrief über Freude lesen – an dieser Stelle begegnet sie uns zum 13. und 14. Mal. Es ist, als ob Paulus sagt: „Habt ihr es denn nun alle verstanden? Zwölfmal habe ich es bereits gesagt und nun ein 13. Mal. Und zum 14. Mal sage ich: Freut euch!"

I. Das Wesen der Freude

Die Freude, von der Paulus hier spricht, ist nicht oberflächlich. Es geht nicht um ein äußerliches Glücklichsein, sondern es ist eine **Freude im Herrn** – *„freut euch im Herrn allezeit"*. Dieser Zusatz unterscheidet die christliche Freude von der oberflächlichen Lustigkeit unserer Kultur. Die Evangeliumsfreude setzt sich von menschlich erzeugter, irdischer Freude ab.

Irdische Freude ist immer abhängig und wird genährt von den Umständen. Sie richtet sich stets nach unserer persönlichen Lebenslage. Wenn diese gut ist, geht's stimmungsmäßig aufwärts. Wenn unsere Situation unseren Vorstellungen und Wünschen entspricht, freuen wir uns. Das ist einfach. Aber wenn es schlecht um uns bestellt ist, wenn sich Hoffnungen zerschlagen und Erwartungen nicht erfüllt werden, wenn sich die Dinge unserer Meinung nach zu unserem Nachteil entwickeln, dann haben wir keine Freude, sondern sind unglücklich.

Die Evangeliumsfreude ist komplett anders. Sie ist nicht von Umständen abhängig, weil sie eine Freude **im Herrn** ist. Was bedeutet das – Freude „im Herrn"? Ich glaube, es bedeutet, dass sich unsere Freude in unserer Beziehung zu Gott in Jesus Christus gründet.

Das Evangelium sagt dir, dass Gott dich vor Grundlegung der Welt erwählt hat und dass du Sein geliebtes Kind bist. Es sagt dir, dass Jesus Christus, dein Retter, für dich auf diese Welt gekommen ist und dass Er ein vollkommenes Leben führte und dir Seine Gerechtigkeit schenkte – eine Gabe, die du niemals ohne Ihn hättest erlangen können. Das Evangelium sagt dir auch, dass dir deine Sünden vergeben sind, weil Christus deine Sünde, deine Rebellion und den gerechten Zorn Gottes auf sich nahm. Wenn der Teufel dich nun noch anklagt, fliehst du zum Kreuz und rufst: „Dort wurde bezahlt für mich!"

Durch das Evangelium bist du gewiss, dass du von neuem geboren bist und dass dir die Gabe des Glaubens und der Buße geschenkt worden ist. Und du weißt auch, dass Gott dir Seinen Geist als ein Unterpfand gab, sodass du ein vollkommenes Erbe empfangen wirst, wenn Jesus Christus wiederkommt.

Wie reagierst du auf eine solche Botschaft? Sagst du: „Ach, das ist ja ganz nett“? Nein, sondern wenn du ein Kind Gottes bist und dir das bewusst ist, gibt es nur eine Reaktion – und zwar Freude! Das ist kein aufgesetztes Lächeln und nichts Gezwungenes, sondern es kommt aus der Tiefe deines Herzens. Du weißt, du bist erlöst! Du bist nun in Frieden mit dem lebendigen Gott, dem Schöpfer des Himmels und der Erde, du gehörst Ihm!

Weil das so ist, weil sich die Freude eines Christen in den Wahrheiten des Evangeliums gründet, kann Freude auch befohlen werden. Paulus befiehlt dir, dass du dich freust! *„Freut euch im Herrn allezeit; abermals sage ich: Freut euch!“* Das ist ein Imperativ, ein Befehl mit einem Ausrufezeichen dahinter. „Wie kannst du es wagen, Paulus, mir zu sagen, wie ich zu fühlen habe? Soll ich etwa auf einen Knopf drücken? Meine Gefühle sind Ausdruck dessen, wer und was ich bin. Da kann man nichts daran ändern! Mir geht es heute eben nicht so gut – wie kann ich mich da freuen?“

Manchmal sagt die Bibel, dass wir glauben sollen, manchmal, dass wir Buße tun sollen, manchmal, dass wir gehorchen sollen. Dieser Text sagt uns, wie wir fühlen sollen. *„Freut euch!“* Wenn du als Kind Gottes an dem festhältst, was Er für dich getan hat, wenn du dem Evangelium vertraust und es der bestimmende Faktor in deinem Leben ist, dann hast du Freude in deinem Herzen und kannst sie quasi „auf Befehl“ zum Ausdruck bringen. Damit zeigst du der Welt, zeigst du Gott, zeigst du deiner Familie und auch dir selbst, dass Jesus Christus dir zum größten Schatz geworden ist und dass du alles andere für Verlust erachtest.

Griesgrämige Christen erkennen nicht die Schönheit, den Reichtum und die Majestät unseres Retters. Freudlose Christen sind ein Widerspruch in sich selbst. Deshalb ist die Freude für Paulus so wichtig.

Die Frage ist nun: Welche Gedanken dominieren dein Leben? Schaust du auf dich und auf deine Erfolge bzw. Misserfolge? Dann wird manchmal Freude da sein, öfter aber wirst du Trübsal blasen.

II. Der Befehl ist umfassend

Der Befehl, den uns der Apostel hier erteilt, ist umfassend. Wann sollen wir uns nämlich freuen? Immer! *„Freut euch im Herrn **allezeit**.“* Es gibt keine Ausnahmen. Aber wie ist es möglich, sich **immer** zu freuen? Es ist möglich, weil sich die Basis unserer Freude niemals ändert. Gott ist **immer** gut. Das Evangelium ist **immer** wahr. Die Gnade des Herrn trägt **immer** durch. Seine bewahrende Hand ist **allezeit** über uns. Die Wahrheit des Wortes Gottes ändert sich **niemals**.

Wenn wir uns an der Wahrheit des Evangeliums erfreuen, dann freuen wir uns immer. Der einzige Grund, warum wir diesem Befehl Folge leisten können, ist, dass die Ursache unserer Freude im Herrn liegt und nicht in unseren Umständen. Wenn deine Freude nicht in Jesus gegründet ist, wirst du dich nicht immer freuen können – vielleicht manchmal, aber nicht immer.

Die Freude der Christen ist nicht einfach nur eine Emotion, sondern sie ist die Antwort auf die Wahrheit des Evangeliums. *„Du tust mir kund den Weg zum Leben: Vor dir ist Freude die Fülle und Wonne zu deiner Rechten ewiglich“* sagt David in Psalm 16, 11 (L84). Gott möchte, dass auch du diese Freude erlebst!

Wen könnten wir uns als Beispiel für eine solche Freude anschauen? Natürlich Paulus selbst. Er schrieb einige Verse zuvor: *„Wenn ich aber auch wie ein Trankopfer ausgegossen werden sollte über dem Opfer und dem priesterlichen Dienst eures Glaubens, **so bin ich doch froh und freue mich mit euch allen**“ (Philipper 2,17)*.

Was meint Paulus damit, wenn er sagt, dass er eventuell wie ein Trankopfer ausgegossen werden wird? Er meint, dass er von Löwen gefressen oder enthauptet werden könnte, denn die Möglichkeit einer Exekution stand im Raum. Trotz dieser düsteren Aussichten sagt der Apostel: *„So bin ich doch froh und freue mich mit euch allen“*!

Wie kann er das sagen? Er sagt es nicht, weil er so hervorragende irdische Aussichten hat, sondern er sieht den Tod mit großen Schritten auf sich zukommen. Dennoch ist er voller

Freude, denn diese ist im Evangelium gegründet. So kann er sich sicher sein: Gott hat einen guten Plan mit mir – was immer auch geschehen mag –, und ich werde das Ziel erreichen!

Weil das Evangelium wahr ist, ist Freude möglich. Möge Gott uns helfen, dass wir wie Paulus darin leben und auch darin wachsen. Amen!

Sorgt euch um nichts

„Eure Sanftmut lasst alle Menschen erfahren! Der Herr ist nahe! [6] Sorgt euch um nichts; sondern in allem lasst durch Gebet und Flehen mit Danksagung eure Anliegen vor Gott kundwerden. [7] Und der Friede Gottes, der allen Verstand übersteigt, wird eure Herzen und eure Gedanken bewahren in Christus Jesus!“ *(Philipper 4,5-7)*

Das Evangelium von Christus soll unser ganzes Leben durchdringen und der Grund unserer Freude sein. In diesem Abschnitt der Schrift spricht der Apostel Paulus nun über die Sanftmut und das Sorgen.

I. Seid sanftmütig

Paulus schreibt: *„Eure Sanftmut lasst alle Menschen erfahren!“* Luther übersetzt: *„Eure Güte lasst kund sein allen Menschen!“* In der Elberfelder-Bibel lesen wir: *„Eure Milde soll allen Menschen bekannt werden.“* Diese Übersetzungsvariationen beschreiben alle im Kern, auf welche Art und Weise wir unseren Mitmenschen begegnen sollen.

Die Gemeinde in Philippi hatte mit Widerständen und Verfolgung zu tun. Paulus appellierte mit seinen Worten an sie, sich nicht mit Rachegedanken zu befassen, denn eine sanftmütige und gütige Person erduldet Unrecht. Sie wird nicht bitter und werkelt nicht an einem verborgenen Plan, um die zur Strecke zu bringen, die ihr Unrecht getan haben. **Nein, der Sanftmütige vertraut seine Sache ganz dem Herrn an** und betet: „Herr, hilf Du mir und schaffe Du mir Recht!“

Der Apostel Petrus wendet sich in seinem ersten Brief an Sklaven, die Christen waren. Er schreibt ihnen dies: *„Als er [Jesus] geschmäht wurde, schmähte er nicht wider, als er litt, drohte er nicht, sondern übergab es dem, der gerecht richtet“ (1. Petrus 2,23)*. Das ist Sanftmut. Das ist Milde.

Sanftmut ist eine Eigenschaft, für die wir Christen wahrscheinlich recht wenig beten. Sie wird selten als eine geistliche Tugend verstanden, sondern meist als eine natürliche Charakterfrage angesehen. „Ich bin eben aufbrausend, zornig und ungeduldig", hört man dann. Die Bibel aber gebietet uns, dem Geist der Sanftmut nachzujagen. Hast du jemals für Sanftmut gebetet?

Paulus geht sogar noch einen Schritt weiter und sagt, dass du für deine Sanftmut unter den Menschen bekannt sein sollst. *„Eure Sanftmut lasst alle Menschen erfahren!"*, verlangt er. Wenn die Leute an dich denken, soll ihnen sofort deine Sanftmut und Milde, deine Güte und Ausgeglichenheit in den Sinn kommen. Du sollst in dem Ruf stehen, duldsam zu sein.

Um welchen Ruf bist du bemüht? Möchtest du, dass andere vorrangig deine Begabungen im Blick haben, wenn sie an dich denken? Vielleicht sagst du: „Schön wäre es, wenn alle wüssten, dass ich in vielen Bereichen sehr kompetent bin", „... dass ich hübsch bin", „... dass ich intelligent bin"! Natürlich tragen wir das nicht so offensichtlich vor uns her, aber wir senden subtile Botschaften und sind stets bemüht, uns ins rechte Licht zu setzen. Die anderen sollen doch einen guten Eindruck von uns bekommen, wenn sie uns beobachten!

Die Sanftmut ist vollkommen anders. Für sie bekannt zu sein bedeutet, nicht seine eigenen, selbstsüchtigen Ziele zu verfolgen, sondern seine Sache dem Herrn zu übergeben. Lass die Menschen wissen, dass du gütig bist! Stehe in dem guten Ruf, sanftmütig zu sein!

Sanftmut im Herzen des Gläubigen zeigt also, dass das Evangelium in ihm am Wirken ist. Es gibt für sie keine andere Erklärung.

II. Habt Frieden

Ein weiteres Merkmal eines Christen ist sein Friede. *„Und der Friede Gottes, der allen Verstand übersteigt, wird eure Herzen und eure Gedanken bewahren in Christus Jesus!" (V. 7).* Das Evangelium soll eine solche Kraft in uns entwickeln, dass wir in unserem Alltag im Frieden leben.

Beim Frieden ist es ein wenig anders als bei der Freude und der Sanftmut. Hier liegt kein Befehl vor: „Sei voller Frieden!" Friede ist offensichtlich das Ergebnis eines zuvor geschehenen

Handelns, das Paulus in Vers 6 beschreibt: *„Sorgt euch um nichts; sondern in allem lasst durch Gebet und Flehen mit Danksagung eure Anliegen vor Gott kundwerden."*

Hier haben wir zwei Anweisungen, zwei parallele Befehle, die gemeinsam eines beschreiben: **Die Abhängigkeit von Gott.** Was ist Abhängigkeit von Gott? Auf der einen Seite bedeutet es, sich von allen Sorgen loszusagen. Auf der anderen Seite bedeutet es, für alles zu beten. Schau auf die Parallele: *„Sorgt euch um nichts, sondern in allem lasst durch Gebet und Flehen mit Danksagung eure Anliegen vor Gott kundwerden."* **Sorgt euch um nichts, sondern betet für alles.** Wenn wir diese beiden Dinge tun, bekommt das Evangelium von Jesus Christus Kraft in unserem Leben. Möchtest du, dass das Wort Gottes eine nachhaltige Wirkung auf deine Seele hat und du im Frieden leben kannst? Dann mach es, wie Paulus es hier beschreibt: Sage den Sorgen ab und bete für alles!

„Alle eure Sorge werft auf ihn; denn er sorgt für euch" (1. Petrus 5,7). Dieser Aufruf ist in unserer westlichen Kultur ungewöhnlich. Die Deutschen sind laut einer Statistik Europameister im Sorgen. 66% haben Angst davor, ihren Job zu verlieren. Bei den Niederländern sind es nur 8%. 24% der Deutschen haben Angst vor einer Inflation, bei den Schweden sind es nur 2%.[26] Ganze Industrien basieren auf deiner Angst und deinen Sorgen – die Versicherungen, die Medien, die Sicherheitsbranche. Wir sorgen uns nur allzu gerne!

Eine Frau wollte mit zwei schweren Paketen in den Händen in den 20. Stock eines Wolkenkratzers. Die Fahrstuhlführerin sagte ihr: „Meine Dame, Sie können Ihre Pakete ruhig abstellen, der Fahrstuhl trägt sie ja!" „Ach ja", meinte die Frau ganz abgekämpft, „recht haben Sie", und stellte ihre Lasten ab. Wir können unsere Lasten auch getrost abstellen, denn Gottes Arme tragen sie – viel besser als der Fahrstuhl![27]

---

[26] Http://www.spiegel.de/wirtschaft/service/0,1518,699132,00.html.
[27] Heinz Schäfer (Hg.) Wie in einem Spiegel. Bd. 4 in: Beispiele für die Wahrheiten der Bibel. Christliches Verlagshaus: Stuttgart, 1990. Nr. 1771.

Aber was geschieht eigentlich, wenn wir uns sorgen? Glauben wir dann nicht? Doch, wir glauben. Wir glauben immer an etwas – nur nicht immer an das Richtige. In unseren Ängsten glauben wir Unwahrheiten und Lügen über Gott. Wir halten es für möglich, dass Er nicht treu oder nicht weise ist, denn die Umstände, die uns Sorgen bereiten, scheinen zu nichts nütze und ineffizient zu sein. Oder wir befürchten, dass Gott nicht genug Kraft habe und dass das Problem zu schwer für Ihn sei, um es zu lösen. Natürlich hat der Herr das Universum geschaffen! Aber meine Not hier und jetzt – die ist zu komplex für Ihn! Oder wir glauben gar, dass Gott uns nicht mehr liebt. „Wenn Gott dich wirklich lieben würde", flüstert der Teufel uns ins Ohr, „wäre dir das nicht passiert!"

Aber wenn wir die Sorgen zurückweisen und unsere Anliegen vor Gott kundtun, wenn wir sie Ihm mit Danksagung anvertrauen, dann sagen wir die Wahrheit über Gott! Das bedeutet nicht, dass wir beten: „Ich weiß, dass Du dieses Gebet spätestens bis morgen beantwortet haben wirst", sondern wir sagen unserem Herrn: „Ich danke Dir, denn ich weiß, dass mir nichts widerfährt, was Du nicht zulässt und was nicht in mir und mit mir zu meinem Besten und zu Deiner Ehre wirkt. So danke ich Dir inmitten meiner Not! Deine weisen und herrlichen Wege kommen in meinem Leben zum Tragen, auch wenn ich das nicht immer sehe und erkenne."

Wenn wir uns um nichts sorgen und für alles beten, glauben wir, dass Gott treu ist. Wir glauben auch, dass Er weise ist und immer den besten Weg mit uns wählt. Und wir glauben, dass Er Kraft hat. Alles, was Er tut, tut Er in derselben Kraft, mit der Er das Universum in die Existenz rief.

Kannst du sagen: „Herr, ich weiß, dass Du mich liebst! Was Du auch tust und zulässt – alles geschieht aus Deiner unendlichen Liebe zu mir"? Betrachte deine Umstände. Nimm nun deine Sorgen und bringe sie vor deinen Herrn. Bekenne Ihm, dass du die Lügen nicht länger glauben willst, sondern dass du Ihm vertraust, dass Er gerade jetzt in deiner Situation am Wirken ist. Das ist es, was Paulus uns auffordert zu tun: *„Sorgt* *euch um nichts, sondern in allem lasst durch Gebet und Flehen mit Danksagung eure Anliegen vor Gott kundwerden" (V. 6).*

Nun wollen wir noch einen kleinen Einschub betrachten, der leicht zu übersehen ist. Wir haben in Vers 5 gelesen: *„Eure Sanftmut lasst alle Menschen erfahren!"* und in Vers 6: *„Sorgt euch um nichts; sondern in allem lasst durch Gebet und Flehen mit Danksagung eure Anliegen vor Gott kundwerden."* Dazwischen eingeschoben ist der kleine Satz: ***„Der Herr ist nahe!"*** Diese Aussage steht hier nicht zufällig und ist auch kein Lückenfüller von Paulus, sondern sie ist voller Bedeutung.

Dieser Satz bildet nämlich das Fundament für die Ausführung des schwierigen Befehls: *„Sorgt euch um nichts!"* Wenn der Apostel das von uns verlangt, ist die Umsetzung oft nicht einfach, oder? Wir neigen eher dazu, uns in die Probleme hineinzuvergraben. Wie können wir uns aber um nichts sorgen und alles, was uns bedrückt, im Gebet und mit Danksagung vor Gott bringen? Ich glaube, die Basis, auf der wir das tun können, ist genau dieser Satz: *„Der Herr ist nahe!"*

Wir erinnern uns an das Volk Israel. Nachdem es 38 Jahre lang in der Wüste war, stand es kurz vor dem Einzug ins verheißene Land. Mose übergab die Leiterschaft nun an Josua, und er wollte den Israeliten zum Abschluss ihrer langen Reise noch einmal den Bund Gottes mit Seinem Volk ins Gedächtnis rufen und es an die Gebote und Gesetze des Herrn erinnern. Er wollte die nächste Generation gut vorbereiten, damit sie so lebten, wie es vor Gott wohlgefällig war – auch wenn er nicht mehr selbst mit dabei war, um sie anleiten zu können.

Dazu sagt Mose ihnen in 5. Mose 4, 6-7 (L84): *„So haltet sie nun und tut sie! Denn dadurch werdet ihr als weise und verständig gelten bei allen Völkern, dass, wenn sie alle diese Gebote hören, sie sagen müssen: Ei, was für weise und verständige Leute sind das, ein herrliches Volk!* ***Denn wo ist so ein herrliches Volk, dem ein Gott so nahe ist wie uns der HERR, unser Gott, sooft wir ihn anrufen?****"*

Mose gibt dem Volk mit auf den Weg: „Vergesst nicht: der Herr ist nahe, sooft ihr ihn anruft!" Im Prinzip greift Paulus genau diesen Gedanken auf: „Der Herr ist nahe! Und deswegen komme mit deinen Anliegen zu Ihm und sorge dich nicht!“

Eine Fülle von Bibelstellen bringt diesen tröstenden Gedanken der Nähe Gottes zum Ausdruck:

Psalm 145, 18 (L84): *„Der HERR ist nahe allen, die ihn anrufen, allen, die ihn ernstlich anrufen.“*

Psalm 75, 2 (L84): *„Wir danken dir, Gott, wir danken dir und verkündigen deine Wunder, dass dein Name so nahe ist.“*

Psalm 73, 28: *„Mir aber ist die Nähe Gottes köstlich ...“*

Psalm 34, 19: *„Der HERR ist nahe denen, die zerbrochenen Herzens sind, und er hilft denen, die zerschlagenen Geistes sind.“*

Wenn du mit deinen Sorgen zu Jesus kommst und sie nicht festhältst, sondern kapitulierst, dann gilt dir die Verheißung, dass der lebendige Gott dir nahe ist. Das ist es, was Paulus uns hier zuruft: *„Der Herr ist nahe!“* Es ist kein Versprechen, dass morgen alles so sein wird, wie du es dir vorstellst und wünschst, sondern es ist ein Vertrauen auf die Zuverlässigkeit und Güte Gottes, dass Er alles in deinem Leben zum Besten führt.

Jesaja 30, 18-19 (Sch): *„Darum wartet der HERR, damit er euch begnadigen kann, und darum ist er hoch erhaben, damit er sich über euch erbarmen kann ... er wird sich über dich erbarmen, sobald du schreist; sobald er's hört, antwortet er dir!“*

Mit diesem Vers wird im Grunde dasselbe ausgedrückt wie mit dem Vers zuvor. Es ist, als ob Gott wartet. Er sagt: „Komm, sag mir deine Anliegen, schütte mir dein Herz aus! Bitte mich, Ich bin bereit, auf deine Nöte zu antworten. Ich werde gnädig mit dir sein, sobald du es mir sagst. Ich warte auf deine Worte.“ Ist das nicht großartig?

Die Nähe Gottes ist in der Heilsgeschichte wunderbar sichtbar. Er offenbart Seine Nähe dem Volk Israel und bestätigt sie in den Psalmen. Aber Gott wollte uns noch näher kommen! In Johannes 1 lesen wir: *„Und das Wort ward Fleisch und wohnte unter uns“ (V. 14; L84).* Gott kam selbst auf diese Welt, indem

Er Seinen Sohn sandte. Das ist eine Nähe, wie die Menschheit sie nie zuvor erlebt hatte.

Der Allmächtige sagt in Jesus Christus auch zu dir: „Ich will dir nahe sein. Ich komme selbst in dein Leben hinein, indem Ich Mensch geworden und an deiner Statt gestorben bin. Ich wurde für dich gehorsam bis zum Tod am Kreuz." Und aufgrund Seines stellvertretenden Opfertodes dürfen wir uns nun Ihm nahen, wie Jakobus uns auffordert: *„Naht euch zu Gott, so naht er sich zu euch" (Jakobus 4,8).*

Gott ist dir nahe, wenn du dein Herz vor Ihm ausschüttest, wenn du deine Sorgen bei Ihm ablädst und Ihm deine Anliegen kundtust. Er verheißt dir auch, dich durch Seinen Geist zu begleiten und dich wieder aufzurichten. Und den Gipfel Seiner Verheißung finden wir in dem nachfolgenden Vers: *„Und der Friede Gottes, der allen Verstand übersteigt, wird eure Herzen und eure Gedanken bewahren in Christus Jesus" (Philipper 4,7).*

Kämpfst du gerade im Moment mit einem schwierigen Problem? Hast du vielleicht eine Entscheidung zu treffen und weißt nicht, in welche Richtung du gehen sollst? Bist du versucht, aufgrund unerfüllter Wünsche zu verzagen? Machst du dir Sorgen um den geistlichen Zustand deines Kindes? Hast du Angst vor einem in deiner Familie üblichen Krankheitsverlauf? Bei allem gilt: „Gott ist dir nahe, wenn du Ihn anrufst!" Und der Friede Gottes, der allen Verstand übersteigt, wird auch dein Herz und deine Gedanken bewahren in Christus Jesus. Amen!

Das Glück der Zufriedenheit

„Ich habe mich aber sehr gefreut im Herrn, dass ihr euch wieder so weit erholt habt, um für mich sorgen zu können; ihr habt auch sonst daran gedacht, aber ihr wart nicht in der Lage dazu. [11] Nicht wegen des Mangels sage ich das; ich habe nämlich gelernt, mit der Lage zufrieden zu sein, in der ich mich befinde. [12] Denn ich verstehe mich aufs Armsein, ich verstehe mich aber auch aufs Reichsein; ich bin mit allem und jedem vertraut, sowohl satt zu sein als auch zu hungern, sowohl Überfluss zu haben als auch Mangel zu leiden. [13] Ich vermag alles durch den, der mich stark macht, Christus."

(Philipper 4,10-13)

Der Philipperbrief ist ein Brief der Freude, wie wir oft gesagt haben. Aber er ist auch ein Brief großer Dankbarkeit, die Paulus gegenüber den Philippern empfindet, denn sie hatten ihn von Anfang an großzügig unterstützt. Zu Beginn von Kapitel 4 nannte er sie *„meine Freude und meine Krone" (V. 1)*.

Die Philipper hatten den Apostel bei seiner Mission so gut versorgt, dass er schreibt: *„Ihr Philipper wisst ja auch, dass ...* ***keine Gemeinde*** *mit mir Gemeinschaft gehabt hat im Geben und Nehmen als ihr allein; denn auch nach Thessalonich habt ihr mir einmal, und sogar zweimal, etwas zur Deckung meiner Bedürfnisse gesandt" (Philipper 4,15-16).*

Das allerdings war schon lange her. Aber nun, als Paulus in Rom in Fesseln war, hatten die Philipper ihre Unterstützung wieder aufgenommen und Epaphroditus mit einer großzügigen Gabe zu ihm gesandt.

I. Sich genügen lassen – ein großer Gewinn

Das war der Anlass für unsere Zeilen, die in Vers 10 mit folgenden Worten beginnen: *„Ich habe mich aber sehr gefreut im Herrn, dass ihr euch wieder so weit erholt habt, um für mich sorgen zu können; ihr habt auch sonst daran gedacht, aber ihr wart nicht in der Lage dazu."*

Die Gemeinde in Philippi muss für längere Zeit nicht in der Lage gewesen sein, Paulus zu unterstützen. Aber nun konnte sie wieder helfen und sandte ihre Gaben nach Rom. Der dankbare Apostel schreibt: *„Ich habe mich aber sehr gefreut in dem Herrn."*

Er möchte aber auch nicht missverstanden werden – als könne er ohne ihre Gaben nicht zurechtkommen. Er freut sich sehr, aber er fügt hinzu: *„Nicht wegen des Mangels sage ich das; ich habe nämlich gelernt, mit der Lage zufrieden zu sein, in der ich mich befinde" (V. 11).* Was für ein starker Satz: *„Ich habe gelernt, mit der Lage zufrieden zu sein, in der ich mich befinde"*!

Paulus sagt: **„Ich bin zufrieden!"** Zufriedenheit bedeutet: „Ich bin befriedigt, mir fehlt nichts. Es gibt nichts, was ich noch brauche! Ich habe alles." Seinem Schüler Timotheus schreibt er entsprechend: *„Es ist aber ein großer Gewinn, wer gottselig ist und lässet sich genügen" (1. Timotheus 6,6; LÜ 1912).* Und zwei Verse später fügt der Apostel hinzu: *„Wenn wir aber Nahrung und Kleider haben, so wollen wir uns daran genügen lassen" (L84).*

Der griechische Philosoph Diogenes lebte in einer Tonne. Als Alexander der Große bei ihm vorbeikam und dem Armen anbot, sich zu wünschen, was er wolle – irgendetwas Großes, das halbe Königreich vielleicht –, antwortete Diogenes: „Geh mir aus der Sonne."

Es gibt also auch Weltmenschen, die zufrieden sein können, was in unserer konsumgesteuerten Welt allerdings höchst selten ist. Heute heißt es meistens: „Wenn ich doch mehr Einkommen hätte", „wenn ich eine andere Frau hätte", „wenn ich nur in Urlaub fahren könnte!", „wenn besseres Wetter wäre", „wenn ich besser aussehen würde" …

Die Zufriedenheit des Paulus ist eine andere als die des Diogenes. Bei ihm handelt es sich nicht um eine asketische Übung, um Selbstkasteiung, sondern es ist eine geistliche Tugend, die der Heilige Geist wirkt. Wir müssen bedenken, in welcher Lage Paulus den Vers schrieb: Er war gefangen, in Ketten, ständig bewacht, er hatte keinerlei Komfort und er lebte im absoluten Minimum. Dennoch konnte er sagen: *„Ich habe* *nämlich gelernt, mit der Lage zufrieden zu sein, in der ich mich befinde" (V. 11).*

Gewiss hatte er noch Wünsche – und das ist auch legitim. Gott hat uns einen Leib gegeben, der versorgt werden muss, sonst kann er nicht leben. Aber diese Wünsche beherrschten den Apostel nicht. Er hatte aus seiner Sicht alles, was zum Leben nötig war, und war damit zufrieden.

II. Zufriedenheit – Vertrauen in Gottes Vorsehung

Was mich, der ich oft noch unzufrieden bin, sehr tröstet, ist, dass er sagte: *„Ich habe nämlich* ***gelernt****."* Zufriedenheit ist also ein geistlicher Wachstumsprozess. Sie hat etwas mit Heiligung zu tun. Und so, wie man im Glauben, in der Liebe oder Geduld wachsen kann, kann man auch in der Zufriedenheit wachsen.

Wie kann man diese Zufriedenheit näher beschreiben? Erstens ist sie ein **Vertrauen in Gottes Vorsehung**. Wie wir gesehen haben, konnten die Philipper Paulus lange Zeit nicht unterstützen. John MacArthur meint, dass es 10 Jahre gewesen seien.[28] Aber nun schreibt Paulus: *„Ich habe mich aber sehr gefreut im Herrn, dass ihr euch wieder so weit erholt habt, um für mich sorgen zu können; ihr habt auch sonst daran gedacht, aber ihr wart nicht in der Lage dazu" (V. 10).*

Paulus beschuldigte die Philipper nicht und war nicht frustriert, dass sie sich so lange nicht um ihn gekümmert hatten. Er war auch nicht ärgerlich auf sie, sondern er wusste, dass Gott ihn auch versorgte, wenn die Philipper es nicht taten. Er wusste, dass Gott dann einen anderen Weg haben würde.

Der Apostel verfiel nicht in Panik. So vertraue auch du, lieber Christ, immer der weisen Vorsehung deines himmlischen Vaters. Er kontrolliert alle Lebensumstände. Dieser Glaube vertreibt jede Panik im Leben. Der Herr wird allen deinen Nöten zur rechten Zeit auf die eine oder andere Weise

---

[28] John MacArthur. „The Secret of Contentment". Teil 1. Predigt zu Philipper 4,10-12 vom 15.10.1989. http://www.gty.org/resources/sermons/50-43/the-secret-of-contentment-part-1.

begegnen und Er hat einen wunderbaren Weg. Er wird dich niemals verlassen noch versäumen – auch wenn die Philipper kein Geld mehr senden. Und weil Paulus das wusste, darum konnte er zufrieden sein!

III. Zufriedenheit bedeutet Unabhängigkeit

Paulus sagt: *„Denn ich habe gelernt, mich in jeder Lage zurechtzufinden" (V. 11; EÜ)*. Jede Lage, in allen Lebensumständen. Der Apostel weiter: *„Denn ich verstehe mich aufs Armsein, ich verstehe mich aber auch aufs Reichsein; ich bin mit allem und jedem vertraut, sowohl satt zu sein als auch zu hungern, sowohl Überfluss zu haben als auch Mangel zu leiden" (V. 12)*. Einerlei, wie es ist – es ficht mich nicht an!

Unsere Philosophie ist häufig: Ich habe Mangel, und der muss sofort abgestellt werden! Unsere ganze Kraft fokussiert sich auf die Veränderung. Dann gibt es auch noch theologische Richtungen, die genau diese Unzufriedenheit schüren. Sie sagen: „Gott will nicht, dass du Mangel hast. Er will nicht, dass du arm bist, dass du krank bist, dass du keine Frau hast. Gott will, dass du glücklich bist – und zwar durch die Stillung deiner Bedürfnisse. Deshalb darfst du dich nicht mit Mangel zufrieden geben, denn Gott will dir alle deine Träume und Wünsche erfüllen." Dann wird oft noch hinzugefügt, dass alles andere ja Unglaube sei. So füttert diese Wohlstandstheologie die Unzufriedenheit ihrer Anhänger, ja sogar ihre fleischlichen Lüste. *„Ihr Gott ist ihr Bauch"*, sagt Paulus dazu.

Eine solche Lehre hatte der Apostel nicht, sondern er erklärt: „Ich kann arm sein, ich kann auch Mangel haben." Das ist kein Zeichen von Unglauben. Es gibt Millionen und Abermillionen von Christen auf dieser Welt, die sich wünschten, auch etwas mehr zu haben – oft nur ein wenig mehr zu essen. Aber selbst das haben sie nicht. Dennoch bekennen sie: „Jesus ist mein Versorger!" Solche hingegebenen Glaubensgeschwister haben wir überall auf den Missionsfeldern getroffen, und man würde sich sehr versündigen, wenn man zu ihnen sagen würde: „Ihr seid ungläubig, weil ihr arm seid."

Paulus ist unabhängig von seinen Umständen – ob er nun gut versorgt ist oder Mangel leidet. Er fängt nicht an, sich zu beschweren, weil ihm scheinbar etwas fehlt. Denn in Wahrheit fehlt ihm nie etwas – Gott versorgt ihn immer mit allem, was er wirklich braucht. Und mehr als das, was sein Herr ihm gibt, braucht er nicht.

Das gilt auch für mich: Habe ich kein Auto, dann nehme ich das Fahrrad. Habe ich auch kein Fahrrad, gehe ich zu Fuß. Und wenn ich nicht laufen kann, dann bleibe ich eben zu Hause. Ich lasse mich von keinerlei Umstand erpressen. Meine Umstände beherrschen mich nicht. Wenn ich Butter habe, esse ich Butter. Wenn ich keine Butter habe, esse ich Quark. Und wenn ich keinen Quark habe, schmeckt mir auch das trockene Brot und ich nehme es mit Danksagung zu mir.

Die Botschaft des Paulus lautet: „Senden mir die Philipper Hilfe, dann ist das wunderbar. Senden sie mir keine, geht die Welt trotzdem nicht unter. Senden sie mir nach langer Zeit wieder etwas, dann freue ich mich. Und kann ich das Evangelium nicht in Freiheit verkündigen, dann verkündige ich es eben in Gefangenschaft. Kann ich Christus nicht mehr durch meine Reisen bezeugen, bezeuge ich Ihn in Fesseln. Ich bin von nichts und niemandem abhängig – nur von meinem Herrn." Das ist kein Fatalismus, wie z. B. bei dem erwähnten Diogenes. Das ist Gottvertrauen!

Zur Zeit meiner Berufung zum Pastor waren wir als Familie in Geldnot. Hausbau, zwei kleine Kinder, Bibelschule – wie war das alles miteinander vereinbar? Meine Frau Gertrud rechnete unsere geringen Einnahmen gegen unsere laufenden Ausgaben auf. Am Ende stand bei dieser Rechnung ein dickes Minuszeichen vor dem Ergebnis. Gertrud legte Gott die Rechnung vor und fragte Ihn: „Herr, wie soll das nur gehen?" Dann schlug sie die Bibel auf und ihre Augen fielen auf die Worte: *„Warum zählt ihr Geld dar für das, was kein Brot ist, und sauren Verdienst für das, was nicht satt macht? Hört doch auf mich, so werdet ihr Gutes essen und euch am Köstlichen laben" (Jesaja 55,2; L84).*

Natürlich sollen wir die Kosten überschlagen, dabei aber nicht in Panik geraten, sondern zufrieden sein auch mit Wenigem. Wir hatten in der Tat wirklich schwere Zeiten und wussten manchmal nicht, was wir essen sollten. Aber wenn der Heiland uns fragt, wie einst Seine Jünger: *„Als ich euch ausgesandt habe ohne Geldbeutel, ohne Tasche und ohne Schuhe, habt ihr da je Mangel gehabt?" (Lukas 22,35; L84)*, dann heißt unsere eindeutige Antwort wie die der Jünger: *„Niemals!"*

Also lasst uns dem Herrn dienen mit Freuden und mit dem zufrieden sein, was Er uns bestimmt hat. Welch ein herrlicher Satz: *„Ich habe nämlich gelernt, mit der Lage zufrieden zu sein, in der ich mich befinde" (V. 11).* Bist du zufrieden? Oder nörgelst du? Lerne es, dankbar zu sein für alles! Amen!

Die Kraft, zufrieden zu sein

„Ich vermag alles durch den, der mich stark macht, Christus."
(Philipper 4,13)

Dieser Satz ist schon manches Mal aus dem Zusammenhang gerissen und so gedeutet worden, als wäre er ein Blankoscheck für grenzenlose Wundertaten. „Oh, was für ein Vers", sagt man dann. „Ich vermag alles – das heißt, ich kann Kranke heilen, Tote auferwecken und Berge versetzen."

Aber meint Paulus das hier? Spricht er von einer Zeichen- und Wundervollmacht? Nein, mit keinem Wort. Es geht vielmehr um die Frage, wie er es schafft, in Fesseln und völlig mittellos dankbar und zufrieden zu sein. Seine Antwort darauf ist nicht: „Durch Überlebenstraining, durch positives Denken oder andere psychologische Methoden." Er erklärt vielmehr: „Wahre Zufriedenheit erhalten wir nur durch übernatürliche, göttliche Kraft." Er schreibt nach der Bruns-Bibelübersetzung: *„Alles vermag ich durch den, der mich stark macht" (V. 13).*

I. Lass dir an meiner Gnade genügen

Paulus konnte in jeder Lage dankbar und zufrieden sein, weil er durch göttliche Kraft erhalten wurde. Es war die Kraft Jesu, die Kraft des Heiligen Geistes, die ihn innerlich umgewandelt und einen genügsamen Menschen aus ihm gemacht hatte. Sein Statement war: *„Ich lebe, doch nun nicht ich, sondern Christus lebt in mir" (Galater 2,20; L84).*

Der Apostel wusste, dass Christus durch den Heiligen Geist in ihm wohnte. Und das war der Geist von Pfingsten. Wozu wurde der gegeben? Um Supermenschen aus uns zu machen oder Vollmachtsapostel? Natürlich nicht! Schon im Alten Testament sagte Gott, warum Sein Geist uns gegeben werden sollte: *„Ich will meinen Geist in euch geben und will solche Leute aus euch machen, **die in meinen Geboten wandeln und meine Rechte halten und danach tun**" (Hesekiel 36,27; L84).*

Der Heilige Geist ist also dazu gekommen, um uns eine neue Natur zu schenken, um uns Kraft zu geben, nach der Art Christi zu leben. Wenn wir zufriedene und genügsame Menschen sein möchten, Menschen, die in jeder Lebenslage Herzensfrieden bewahren und ausgefüllt bleiben trotz allen Mangels, dann geht das zurück auf eine in uns wohnende Kraft, die Gott zu Pfingsten in Seinem Heiligen Geist ausgegossen hat.

Der Geist Gottes wirkt wunderbare Gaben, das ist wahr. Wir sehen diese in der Gemeinde und auf der ganzen Welt. Aber Er wirkt auch Früchte, wie die Frucht der Selbstbeherrschung, die Frucht der Zufriedenheit und die Frucht der Genügsamkeit.

Wie war der Heiland in Sachen Zufriedenheit? Er hatte kein Kinderbett, keine Wohnung, keinen Reichtum. Er war arm, aber Er murrte nicht, sondern Er war bescheiden und anspruchslos. Seine Lebenserfüllung war der himmlische Vater.

Damit wir uns an dieser Stelle nicht falsch verstehen: Paulus lehrte nicht eine Theologie der Armut – nach dem Motto: je ärmer ich bin, desto geistlicher bin ich auch. Das war nicht die These des Apostels, sondern er schreibt, dass er sowohl arm als auch reich sein kann. Aber er sagt: „Egal, in welcher Lage ich mich befinde – ich lebe aus der Kraft Gottes und freue mich so oder so."

Die Frage lautet nun: Wie kommen wir heraus aus unserer Unzufriedenheit, aus unserem Anspruchsdenken, aus unserem Murren, Klagen und Hadern? Dazu brauchen wir eine Umwandlung unseres Herzens, und die geschieht durch die Pfingstkraft Gottes, durch den übernatürlichen Prozess der Heiligung – durch den, der uns mächtig macht, Christus!

Paulus berichtet uns von diesem göttlichen Prozess in seinem Leben. Er schreibt: *„Damit ich mich wegen der außerordentlichen Offenbarungen nicht überhebe, wurde mir ein Pfahl fürs Fleisch gegeben, ein Engel Satans, dass er mich mit Fäusten schlage, damit ich mich nicht überhebe" (2. Korinther 12,7)*. Wir wissen nicht, worin diese Plage genau bestand. Auf jeden Fall schwächte sie ihn sehr, und der Apostel hatte den Herrn dreimal gebeten, ihm diese Not doch wieder wegzunehmen. Aber statt das zu tun, hieß die göttliche Antwort: *„Lass dir an meiner Gnade genügen; denn meine Kraft ist in den Schwachen mächtig" (V. 9; L84)*.

Natürlich wäre ein Wunder schön gewesen, wenn Gott dem Paulus weggenommen hätte, was ihn bedrückte und belastete. Auch wir wollen oft ganz schnell durch ein übernatürliches, göttliches Eingreifen loswerden, was uns quält. Und Gott tut auch Wunder. Aber Paulus sollte sich genügen lassen. Er sollte lernen, sich von der Gnade Jesu tragen zu lassen, von der innewohnenden Kraft Christi, die ihn befähigte, auch in einem beschwerten Leben dankbar und zufrieden zu sein und sich von Augenblick zu Augenblick auf die Kraft Gottes zu verlassen.

Durch diese Erfahrung wurde der Apostel zubereitet, einen Lebensstil der Genügsamkeit zu führen und genau darin die Kraft des Heiligen Geistes zu erfahren. Und das als Zurüstung für die Mission. Wir wissen, dass Mission Entbehrung mit sich bringt. Wenn jemand nicht auf Komfort verzichten kann, wird er im Missionsdienst nicht bestehen können. Und wer sich nicht genügen lassen kann, wird im Reich Gottes nichts ausrichten. Wer Gott dienen will, muss verzichten können.

Die großartige Geschichte der Mission, die wir seit 2000 Jahren erleben bis heute, wäre nicht möglich gewesen, wenn es nicht Männer und Frauen gegeben hätte, die zu großen Opfern und zu einem entbehrungsreichen Leben bereit waren. Denken wir an Paulus, an William Carey, an Hudson Taylor, David Livingstone, Charles Studd usw. Das waren Menschen, die gelernt hatten, mit Mangel und Verlust zu leben, die aber gleichzeitig erlebten, wie Gott sie durch die Kraft Seines Geistes hindurchtrug. Sie konnten deshalb mitten in ihrer Not sagen: *„Ich vermag alles durch den, der mich stark macht.“*

Diese Christen ließen sich sogar vom Tod ihrer Frauen und Kinder, die von Malaria, Schwindsucht oder anderen Krankheiten dahingerafft wurden, nicht vom Missionsdienst abbringen. Gerade in der Überwindung von Verfolgung, Hunger, Leiden und Tod erwies sich die Kraft Christi. Paulus betont: *„Darum will ich mich am liebsten meiner Schwachheiten rühmen, damit die Kraft des Christus bei mir wohne“ (2. Korinther 12,9).*

II. Gottes Kraft kommt, wenn wir schwach sind

Das heißt, wenn wir mit unseren Ressourcen am Ende sind, wenn wir in uns keine Kraft mehr haben, wenn wir mit unseren Lebensumständen überfordert sind, dann, genau dann, kommt die Kraft Christi zur Geltung, weshalb der Herr zu Paulus spricht: *„Meine Gnade genügt dir, denn meine Kraft kommt in Schwachheit zur Vollendung" (Elb).* Meine Kraft entfaltet sich dann besonders gut, wenn du am Ende bist.

Ich will die Kraft Gottes und die Seines Heiligen Geistes nicht unbedingt mit einem Herzschrittmacher vergleichen, aber doch ist dieser Vergleich nicht ganz von der Hand zu weisen. Denn ein Herzschrittmacher schlägt immer dann, wenn unser eigenes Herz keine Kraft mehr hat und nicht mehr so will, wie es eigentlich soll. Die Genialität des kleinen Werkzeugs kommt zur Geltung, wenn wir schwach sind. Dann übernimmt das Gerät die Funktion. Ähnlich übernimmt die in uns eingepflanzte Kraft Gottes den Rhythmus, wenn wir mit unserer Kraft am Ende sind. Die Kraft des Heiligen Geistes springt ein, wenn wir selbst nicht mehr können.

Darum mach dir keine Sorgen wegen deiner Schwachheit, wegen deiner Überforderung. Du hast einen himmlischen Schrittmacher in dir, der dich stark genug macht, den jeweiligen Lebensumstand zu meistern. Du fürchtest dich vor morgen und übermorgen – was wird sein, wenn mein Mann stirbt, wenn ich krank werde, den Prozess verliere, kein Auskommen mehr habe, wenn ich ins Pflegeheim muss? Der Herr aber hat dir eine wunderbare Verheißung gegeben: *„Deine Schuhe sollen von Eisen und Erz sein, und wie deine Tage, so sei deine Kraft!" (5. Mose 33,25).*

Gott gibt dir nicht heute die Kraft, die du erst morgen brauchst. Aber wenn der nächste Tag da ist, dann ist auch die Kraft da, die du benötigst. Also lass dir genügen! Sei zufrieden und sprich mit Paulus: *„Ich vermag alles durch den, der mich stark macht!"*

III. Gestärkt am inneren Menschen

Lasst uns in diesem Zusammenhang auch noch ein Gebet des Paulus anschauen, über das auch D. A. Carson während einer „Evangelium21"-Konferenz gesprochen hat[29]: *„Deshalb beuge ich meine Knie vor dem Vater unseres Herrn Jesus Christus, [15] von dem jedes Geschlecht im Himmel und auf Erden den Namen erhält, [16] dass er euch nach dem Reichtum seiner Herrlichkeit gebe, durch seinen Geist mit Kraft gestärkt zu werden an dem inneren Menschen, [17] dass der Christus durch den Glauben in euren Herzen wohne, damit ihr, in Liebe gewurzelt und gegründet, [18] dazu fähig seid, mit allen Heiligen zu begreifen, was die Breite, die Länge, die Tiefe und die Höhe sei, [19] und die Liebe des Christus zu erkennen, die doch alle Erkenntnis übersteigt, damit ihr erfüllt werdet bis zur ganzen Fülle Gottes. [20] Dem aber, der weit über die Maßen mehr zu tun vermag, als wir bitten oder verstehen, gemäß der Kraft, die in uns wirkt, [21] ihm sei die Ehre in der Gemeinde in Christus Jesus, auf alle Geschlechter der Ewigkeit der Ewigkeiten! Amen" (Epheser 3,14-21).*

Was betet Paulus in Vers 16? *„... dass er euch nach dem Reichtum seiner Herrlichkeit gebe,* ***durch seinen Geist*** *mit Kraft gestärkt zu werden an dem* ***inneren*** *Menschen."* Da ist der „Herzschrittmacher". Wir werden gestärkt durch den Heiligen Geist am inneren Menschen. Gottes Art zu wirken ist nicht in erster Linie, dass Er die Umstände verändert, sondern dass Er uns durch Seinen Geist mit Kraft ausrüstet.

Wenn du im Glauben lebst, kannst du unabhängig von den Umständen mit dem Apostel sagen: „Ich vermag in jeder Lage zufrieden zu sein. Denn in mir, in meinem inneren Menschen, wirkt der Heilige Geist. Und so kann ich arm sein und auch reich sein, ich kann Überfluss oder Mangel haben, ich kann Hunger haben oder auch satt sein. Die Umstände sind nicht das

---

[29] D. A. Carson. „Mit Paulus beten: Ein Testfall für bibelgemäßes Beten" / "Praying with Paul: A Test Case in Praying According to Scripture" – Epheser 3,14-21. Vortrag Nr. 10 der E21-Konferenz 2012. online unter: http://www.evangelium21.net/ressourcen/predigten-vortrage/.

Entscheidende, sondern dass ich erfüllt bin mit Gottes Heiligem Geist, dass ich gestärkt bin am inneren Menschen."

Paulus fährt fort: *„... und die Liebe des Christus zu erkennen, die doch alle Erkenntnis übersteigt, damit ihr erfüllt werdet bis zur ganzen Fülle Gottes. Dem aber, der weit über die Maßen mehr zu tun vermag, als wir bitten oder verstehen,* ***gemäß der Kraft, die in uns wirkt****" (V. 19-20).*

Wenn Gott dir durch Seinen Geist Kraft zufließen lässt, ist dein Herz mit Glauben erfüllt. Dann weißt du: wie mein Alltag auch aussieht – ich darf mir an Seiner Gnade genügen lassen, denn mein Herr und Heiland trägt mich durch! Da ist eine Kraft, eine Macht, eine Stärke in uns, die wir glauben.

Wenn wir als Pastoren unsere Glaubensgeschwister in den Krankenhäusern besucht haben und sie eine schlechte Diagnose erhalten hatten und daniederlagen mit Schmerzen, haben wir schon oft erlebt, dass sich das Krankenhauspersonal gewundert hat: „Wie können Sie noch so fröhlich sein?", fragten Ärzte und Krankenschwestern todkranke wiedergeborene Patienten. „Wie kommt es, dass Sie so ausgeglichen und zufrieden und gelassen sein können? Warum sind Sie in Ihrer Lage nicht frustriert, gereizt und verärgert, warum sind Sie nicht wütend und nicht in Unruhe und Angst?" Warum werden Christen das gefragt? Weil sie eine übernatürliche Kraft in sich tragen, die den inneren Menschen verändert hat. Ihre Schuhe sind von Eisen und Erz! Natürlich versagen wir auch – aber Paulus hat ja gesagt: *„Ich* ***habe gelernt****, ... zufrieden zu sein" (Philipper 4,11; Sch).*

Der Apostel war im Übrigen nie zufrieden mit dem Stand seiner Heiligung und mit seinem geistlichen Wachstum, mit dem Stand seiner Mission. Er wollte mehr. Auf diesem Gebiet war er hungrig, da war er ein Nimmersatt. Je mehr Seelen durch ihn gerettet werden konnten und je mehr Gemeinden er gründen konnte, desto mehr wollte er. Je ähnlicher er Christus war, desto ähnlicher wollte er Ihm werden.

Aber auf materiellem, auf fleischlichem, irdischem Gebiet, auf dem Gebiet unserer äußeren Lebensumstände, da wollte er nur eines: zufrieden sein. Und auch wir brauchen das alles nicht, was die Welt uns einreden will, sondern wir brauchen nur

Jesus. „*Wie sollte er uns mit ihm nicht alles schenken?*“, fragt der Apostel in Römer 8, 32.

Zufrieden sein und sich genügen lassen – das ist eine Frucht des Heiligen Geistes. Und wenn diese Frucht in unserem Leben wächst, dann wird auch der Friede in unserem Haus wachsen, der Friede in der Gemeinde, letzten Endes in der Gesellschaft – wenn nämlich Gottes Kinder da sind, die in Zufriedenheit leben durch die innewohnende Kraft des Heiligen Geistes. Gott helfe uns dazu! Amen.

„Die Frucht des Gebens“

„Doch habt ihr recht gehandelt, dass ihr Anteil nahmt an meiner Bedrängnis. [15] Und ihr Philipper wisst ja auch, dass am Anfang der Verkündigung des Evangeliums, als ich von Mazedonien aufbrach, keine Gemeinde mit mir Gemeinschaft gehabt hat im Geben und Nehmen als ihr allein; [16] denn auch nach Thessalonich habt ihr mir einmal, und sogar zweimal, etwas zur Deckung meiner Bedürfnisse gesandt. [17] Nicht dass ich nach der Gabe verlange, sondern ich verlange danach, dass die Frucht reichlich ausfalle auf eurer Rechnung. [18] Ich habe alles und habe Überfluss; ich bin völlig versorgt, seitdem ich von Epaphroditus eure Gabe empfangen habe, einen lieblichen Wohlgeruch, ein angenehmes Opfer, Gott wohlgefällig. [19] Mein Gott aber wird allen euren Mangel ausfüllen nach seinem Reichtum in Herrlichkeit in Christus Jesus. [20] Unserem Gott und Vater aber sei die Ehre von Ewigkeit zu Ewigkeit! Amen.“

(Philipper 4,14-20)

Zum Abschluss seines Briefes dankt Paulus der Gemeinde in Philippi für die finanzielle Unterstützung, die sie ihm hatte zukommen lassen. Der Apostel war ja in Rom in Gefangenschaft und auf Gaben angewiesen, um seinen Unterhalt zu bestreiten. Für einige Jahre hatten die Philipper die Versorgung unterbrechen müssen, weil sie aufgrund eigenen Mangels nichts dazu in der Lage waren. Nun hatten sie die Unterstützung aber wieder aufgenommen. Paulus schreibt: *„Ich habe mich aber sehr gefreut im Herrn, dass ihr euch wieder so weit erholt habt, um für mich sorgen zu können“ (Philipper 4,10).*

Obwohl er lange nichts bekommen hatte, war der Apostel trotzdem zufrieden. Vers 11: *„Ich habe nämlich gelernt, mit der Lage zufrieden zu sein, in der ich mich befinde.“* Paulus war zufrieden auch in Zeiten der Not, als ihn nichts erreichte. Er klagte weder die Philipper noch Gott an, dass er so lange auf Hilfe warten musste, sondern er glaubte an die Vorsehung Gottes. Er war sich gewiss, dass sein Herr dennoch einen guten Plan mit ihm hatte, auch wenn seine Wünsche nicht gleich erfüllt wurden und er auf materiellem Gebiet leiden musste.

Er geriet nicht in Panik oder wurde nervös, als die Gaben ausblieben, sondern er glaubte fest daran, dass er alles vermochte – auch zufrieden zu sein in Armut – durch den, der ihn stark machte, Christus: *„Ich kann niedrig sein und kann hoch sein; mir ist alles und jedes vertraut: beides, satt sein und hungern, beides, Überfluss haben und Mangel leiden; ich vermag alles durch den, der mich mächtig macht" (V. 12-13; L84).*

Weder Armut noch Reichtum, weder Hunger noch Überfluss waren ausschlaggebend für die Zufriedenheit des Apostels, sondern diese beruhte allein auf seinem Glauben an Gott und an Seine Vorsehung. Mein Herr ist da – egal, ob es mir äußerlich gut geht oder auch nicht.

Nun hätten die Philipper beim Lesen der Verse 10 bis 13 den Eindruck bekommen können, dass ihre Spende an Paulus vielleicht gar nicht nötig war, denn er war ja auch ohne ihr Geld zufrieden. Sie hingegen waren nach wie vor sehr arm. Es war wirklich ein Opfer für sie, wenn sie Geld zusammenlegten und es dem Apostel bringen ließen.

Um diesem Missverständnis vorzubeugen, beginnt Paulus den Vers 14 mit den Worten: *„**Doch** habt ihr recht gehandelt ..."* Er sagt mit anderen Worten: „Ich bin jetzt zufrieden, nachdem ihr mir eine Spende gesandt habt, und ich war zufrieden, als ich nichts bekam. Aber nicht dass ihr denkt, euer Opfer sei überflüssig gewesen – denn ihr habt recht gehandelt. Es ist sehr gut, dass ihr mir etwas gesandt habt. Ihr habt etwas Lobenswertes getan! Vielen Dank für eure Gabe!"

Interessant ist, dass der Apostel nicht ihr Geschenk rühmt, denn wir lesen nichts von der Höhe des Betrages, den sie ihm haben zukommen lassen. Er muss wohl erheblich gewesen sein, denn er sagt in Vers 18: *„Ich habe alles und habe **Überfluss**; ich bin **völlig versorgt**, seitdem ich von Epaphroditus eure Gabe empfangen habe."*

Aber Paulus redet sonst nicht viel über das Geld, sondern im Gegenteil – er sagt in Vers 17: *„Nicht dass ich nach der Gabe verlange, sondern ich verlange danach, **dass die Frucht reichlich ausfalle auf eurer Rechnung**."* Er geht in seinem Dankbrief, den er an die Philipper sendet, also einen Schritt weiter und spricht nicht über die Gabe an sich, sondern über die geistliche Bedeutung des Gebens.

Das ist es, worum es in diesem Abschnitt geht – wir lernen, was es bedeutet, zu opfern. Der Text erklärt, was es mit sich bringt, wenn wir bereit sind, uns finanziell am Reich Gottes zu beteiligen. Der Apostel spricht hier von einer Frucht, die reichlich ausfallen soll. Welche Art von Frucht könnte er meinen?

I. Frucht der Zufriedenheit

Paulus schrieb ja zuvor, dass er gelernt hatte, zufrieden zu sein. Zum einen wurzelte seine Zufriedenheit in seinem festen Glauben, dass Gott einen guten Plan für ihn hatte. Zum anderen war er aber auch zufrieden, weil er bereit war, sich für andere einzusetzen – und zwar nicht nur mit finanziellen Opfern, sondern mit seinem ganzen Leben.

Paulus hatte eine ganz innige Beziehung zu den Philippern. Weil er gelernt hatte, sich selbst nicht so wichtig zu nehmen, forderte er nun auch sie auf, ihre Liebe untereinander wachsen zu lassen und einander höher zu achten als sich selbst. Das heißt, Paulus war zufrieden, weil er seine eigenen Bedürfnisse zurückschraubte und anderen gab. Und das teilt er nun den Philippern mit, er sagt ihnen: „Die Frucht eurer Gabe wird sein, dass ihr selbst zufrieden seid." Anders ausgedrückt: *„Geben ist seliger als Nehmen" (Apostelgeschichte 20,35).*

Es bringt Erfüllung mit sich, wenn du bereit bist, zu geben. Vielleicht geht es in deinem Leben nur um „ich, meiner, mir und mich". Aber wir werden erleben: Wenn wir unsere Vorstellungen zum Maßstab aller Dinge machen und diese dann nicht erfüllt werden, hängen wir durch und sind tief enttäuscht.

Denk einmal an die Bereiche in deinem Leben, in denen du unzufrieden bist. Kann das vielleicht damit zusammenhängen, dass du zuallererst an dich denkst? Vielleicht bist du unzufrieden mit deiner Frau. Warum? Weil sie nicht so ist, wie du es dir vorstellst. Du bist unzufrieden mit deinem Gehalt, weil es nicht so ist, wie du es für angemessen hältst. Wenn deine Kinder sich nicht so verhalten, wie du es für richtig hältst, wirst du nervös und unleidlich. Wenn sich deine Umstände nicht der

Form anpassen, die du selbst entworfen hast, wirst du unzufrieden.

Zufriedene Menschen fordern nicht, sondern sind bereit zu geben. Mit anderen Worten: Eine Frucht des freudigen Gebens ist tiefe Zufriedenheit, weil du damit ausdrückst: es geht nicht um mich.

Das meint Paulus auch mit seinen Worten in Vers 17: *„Nicht dass ich nach der Gabe verlange, sondern ich verlange danach, dass die Frucht reichlich ausfalle auf eurer Rechnung."* Selbst im Entgegennehmen einer Gabe war er darauf aus, dass sie einen Segen bewirkte für die, die sie ihm gegeben hatten. Er wünschte, dass die Philipper zufrieden waren und sich freuten.

II. Frucht der Gemeinschaft

Eine weitere Frucht des Gebens ist die Gemeinschaft. Paulus schreibt in Vers 14: *„Doch habt ihr recht gehandelt,* ***dass ihr Anteil nahmt an meiner Bedrängnis****."* Paulus empfand die Gabe der Philipper als einen Trost in seinem Leid. Er sagt mit anderen Worten: „Durch euer Opfer habt ihr mit mir gelitten, ihr habt Anteil genommen an meinen Schmerzen, an dem Druck, der auf mir lastete, an meiner Drangsal, meiner Betrübnis, an meinen Fesseln und an meiner Gefangenschaft." Er sah ihre Gabe in erster Linie also nicht als ein Geschenk finanzieller Art an, sondern er sah darin ihr Herz, das für ihn und die Mission schlug. So war ihr Opfer für ihn eine große Ermutigung.

Das Geben ist ein geistlicher Vorgang, der die Gläubigen in ihrer Mission und ihrem Auftrag verbindet. Damit wird ausgesagt: „Mein Herz schlägt für dasselbe Anliegen, für das auch dein Herz schlägt. Ich möchte dich in deinem Auftrag ermutigen! Wir sind Partner in der Mission und am Evangelium!" Sinclair Ferguson drückt es so aus: „Die Philipper waren nicht nur Finanzierer seiner Arbeit, sondern sie teilten das Joch mit ihm ..."[30]

---

[30] Sinclair Ferguson. ... zur Freude befreit. Der Philipperbrief. Wartburg Verlagsverein: o.O., 1999. S. 148.

Das ist etwas anderes, als nur einen Scheck auszufüllen, um damit sein Gewissen zu entlasten, und zu sagen: „Ich habe getan, was an mir liegt. Nun soll mal die Kirche, nun soll mal der Paulus machen …" Das ist nicht die Einstellung, nicht das Herz, das der Apostel hier meint. Paulus sah in der Gabe der Philipper vielmehr, dass sie dasselbe Anliegen hatten wie er und dass sie sagen wollten: „Wir stehen zusammen und tragen die Lasten gemeinsam, um die Verbreitung des Evangeliums voranzubringen."

Es bestand also eine tiefe Beziehung zwischen den Philippern und Paulus, die gekennzeichnet war von Geben und Nehmen. Paulus unterhielt keine Ein-Mann-Mission, sondern er wusste, dass er die Last des Dienstes nicht alleine tragen musste und auch nicht konnte.

Die Philipper andererseits beneideten Paulus nicht wegen seiner Stellung oder Gaben, sondern sie hatten Gemeinschaft mit ihm im Geben und Nehmen, wie es Vers 15 ausdrückt: *„Und ihr Philipper wisst ja auch, dass am Anfang der Verkündigung des Evangeliums, als ich von Mazedonien aufbrach, keine Gemeinde mit mir* ***Gemeinschaft*** *gehabt hat im Geben und Nehmen als ihr allein."* Das bedeutet, dass unsere Gaben und Opfer Ausdruck tiefster Verbundenheit und Gemeinschaft sind.

Siehst du deine christliche Haushalterschaft insbesondere hinsichtlich des Geldes als eine Partnerschaft und Gemeinschaft an? Oder siehst du sie als eine Einbahn-Beziehung nach dem Motto: ‚Ich gebe und die Gemeinde bekommt'? „Macht ihr mal und ich kümmere mich um meine Sachen. Hauptsache, mein Gewissen ist entlastet!"

Es ist mehr als das! Es ist eine Gemeinschaft am Evangelium und ein gemeinsames Tragen der Lasten. Ich bin so dankbar, wenn ich an so viele Geschwister in der Gemeinde denke, die nicht nur mit ihren Gaben zeigen, dass sie Verantwortung mit übernehmen, sondern die die Anliegen der Gemeinde auch im Gebet mittragen und Dienste verbindlich und gewissenhaft wahrnehmen. Dennoch müssen wir uns immer wieder die Frage stellen: Aus welchem Herzen geben wir Gaben in das Reich Gottes hinein?

III. Frucht geistlicher Segnungen

Eine weitere Frucht des Gebens sind geistliche Segnungen. Derjenige, der bereit ist zu opfern, bekommt Segen zurück. Das zieht sich durch die Bibel wie ein roter Faden. In Sprüche 11, 24 lesen wir z. B.: *„Einer teilt aus und wird doch reicher; ein anderer spart mehr, als recht ist, und wird nur ärmer.“* Es gibt ein Prinzip in der Heiligen Schrift, das lautet: „Du gibst und wirst gesegnet. Du hortest und verlierst.“

Damit meint die Bibel nicht, dass wir predigen sollen: „Spende 10 Euro und du bekommst 100 Euro zurück.“ Es ist kein Aufrechnen von materiellen Gaben. Nein, es geht vielmehr um unser Herz und unser Verhältnis zu Besitz und Geld.

Dieser Vers aus den Sprüchen spricht von einem Bauern. Er sät Samen aus. Um das tun zu können, investiert er zunächst Geld und kauft sie ein. Dann bringt er sie aufs Feld und sät sie aus. Das ist ein Risiko für ihn, denn es könnte ja auch sein, dass die Ernte missrät. Aber wenn sie gut wird, erntet der Bauer reichlich und hat mehr als zuvor.

Der aber, der hortet, der sein Geld zählt und geizig ist, wird nur ärmer. Ich denke dabei an einen Mann, der sein Geld in eine Wand einmauerte, weil er Angst hatte, es auf die Bank zu bringen. Nach einigen Jahren brach er die Wand wieder auf, um an sein Geld zu kommen – da war es schon vergammelt. So ist unser Herz: Wir neigen dazu, alles für uns behalten zu wollen, und merken gar nicht, dass wir am Ende alles verlieren.

Weitere Bibelstellen drücken genau diesen Gedanken aus: *„Eine segnende Seele wird reichlich gesättigt, und wer anderen zu trinken gibt, wird selbst erquickt“ (Sprüche 11,25). „Wer sich über den Armen erbarmt, der leiht dem Herrn, und Er wird ihm seine Wohltat vergelten“ (Sprüche 19,17). „Gebt, so wird euch gegeben werden ...“ (Lukas 6,38). „Das aber bedenkt: Wer kärglich sät, der wird auch kärglich ernten; und wer im Segen sät, der wird auch im Segen ernten“ (2. Korinther 9,6).*

Das Prinzip ist in der gesamten Bibel dasselbe: Wer bereit ist zu opfern, sammelt sich Schätze im Himmel und Gott wird seinen Mangel ausfüllen nach dem Reichtum Seiner Herrlichkeit (Philipper 4,19). Du wirst mit geistlichem Segen gesegnet und wirst am Ende so viel haben, wie du zum Leben benötigst. Gott wird dafür Sorge tragen. Versorgt der Allmächtige nicht auch die Vögel unter dem Himmel? Er kümmert sich auch um dich!

Paulus sagt den Philippern nichts anderes, als dass Gott ihnen Frucht anrechnen wird. Die Frucht wird sein, dass sie Zufriedenheit ernten und dass Gott ihren Mangel in Jesus Christus ausfüllen wird. Er verheißt ihnen nicht irdischen, sondern geistlichen Reichtum.

IV. Frucht Gott wohlgefälligen Lebens

Paulus schreibt dann, wie ihm die Gaben der Philipper geholfen haben, und er wird dabei richtig emotional. Dreimal betont er, wie sehr er ihr Opfer schätzt. Er schreibt: *„Ich habe **alles** und habe **Überfluss**; ich bin **völlig versorgt**, seitdem ich von Epaphroditus eure Gabe empfangen habe" (V. 18).* Er sagt mit anderen Worten: „Danke, danke, danke! Eure Gaben waren sehr großzügig!"

Danach fährt der Apostel fort: „Aber wisst ihr was, ihr lieben Philipper? Das Opfer, das ihr mir gesandt habt, habt ihr eigentlich nicht mir gegeben, sondern Gott!" Darüber müssen auch wir uns im Klaren sein: Wenn wir eine Spende geben, geben wir sie nicht dem Pastor oder den Ältesten, nicht einer Kirche oder Institution, sondern dann geben wir sie Gott.

Im 2. Teil von Vers 18 heißt es nämlich: Ihr Opfer ist ***„… ein lieblicher Wohlgeruch, ein angenehmes Opfer, Gott wohlgefällig."*** Die Frucht des Gebens ist, dass Gott mit den Philippern und ihrem Opfer zufrieden ist.

Paulus benutzt in diesem Vers die Sprache der Opferrituale des Alten Testamentes. Wir sagen manchmal bei unseren Sammlungen am Sonntagmorgen, dass diese ebenso eine Anbetung sind wie der Gesang, wie das Gebet oder die Predigt. Wie kommen wir darauf? Die Antwort liegt unter anderem in diesen Versen. Der Apostel schlägt hier den Bogen zum Alten

Testament und erklärt, dass die Gabe der Philipper genauso zu bewerten ist wie die Opfer damals, als die Gläubigen ihre Opfer darbrachten, um Gott anzubeten, um Ihm wohlgefällig zu leben. Dazu gab es auch die sogenannten Brandopfer, die ein Wohlgeruch für Gott waren.

Noah beispielsweise brachte nach der Flut Gott ein Opfer dar: *„Und Noah baute dem HERRN einen Altar; und er nahm von allem reinen Vieh und von allen reinen Vögeln und opferte Brandopfer auf dem Altar. Und der HERR roch den wohlgefälligen Geruch, und der HERR sprach in seinem Herzen: Nicht noch einmal will ich den Erdboden verfluchen um des Menschen willen; denn das Sinnen des menschlichen Herzens ist böse von seiner Jugend an; und nicht noch einmal will ich alles Lebendige schlagen, wie ich getan habe" (1. Mose 8,20-21; Elb).*

Es gibt eine Vielzahl an Bibelstellen, aus denen hervorgeht, dass Gott sagt: „Ich möchte ein Opfer, das ein Wohlgeruch ist, das ihr aus einem Herzen gebt, das mich anbetet." Paulus erklärt den Philippern, dass genau das durch ihr Opfer geschehen ist: Sie haben Gott ein Opfer dargebracht, das Ihm angenehm und wohlgefällig ist und das ein Wohlgeruch ist für Ihn.

Was bedeutet das nun für dich? Die Frucht deines Opfers ist ebenfalls, dass du vor Gott wohlgefällig lebst. Gibt es etwas Schöneres, als mit unseren Gaben Gott zu gefallen?

Zum Schluss fügte der Apostel hinzu, dass er sich darüber im Klaren war, dass ihre Gaben echten Verzicht für sie bedeuteten, denn sie gaben nicht aus Überfluss. Er wusste, dass es sie viel gekostet hatte, ihn zu unterstützen. Aber er ermutigte sie, indem er schrieb: *„Mein Gott aber wird allen euren Mangel ausfüllen nach seinem Reichtum in Herrlichkeit in Christus Jesus" (V. 19).*

Wie konnte Paulus das sagen? Weil er es selber erlebt hatte! Er saß im Gefängnis und hatte nichts – aber er wusste: Gott wird allen seinen Mangel ausfüllen. Dabei geht es im Wesentlichen um geistliche Segnungen, denn der Vater im Himmel hat uns mit Seinem Sohn bereits alles gegeben: *„Er, der sogar seinen eigenen Sohn nicht verschont hat, sondern ihn für uns alle* *dahingegeben hat, wie sollte er uns mit ihm nicht auch alles schenken?" (Römer 8,32).*

Aber der Herr wird auch dafür sorgen, dass dir durch das Opfer, das du bringst – sei es finanzieller Art, sei es deine Zeit, dein Einsatz, dein Gebet für die Gemeinde, egal, was du investierst – kein Mangel entsteht, denn Er selbst wird diesen ausfüllen. So hat Er es mit den Philippern getan und so wird Er es auch mit dir tun! Amen.

Die Gnade des Herrn sei mit euch

„Grüßt jeden Heiligen in Christus Jesus! Es grüßen euch die Brüder, die bei mir sind. [22] *Es grüßen euch alle Heiligen, besonders die aus dem Haus des Kaisers.* [23] *Die Gnade unseres Herrn Jesus Christus sei mit euch allen! Amen."*

(Philipper 4,21-23)

Wenn ich einen Brief schreibe, überlege ich immer, wie ich ihn wohl beginnen könnte. Und wenn ich dann ans Ende gekommen bin, frage ich mich, wie ich ihn abschließen kann. Wie beendet nun der Apostel Paulus einen Brief, der so viele herausragende und wichtige Sätze der Heiligen Schrift enthält?

Paulus beendet sein Schreiben mit Grüßen und Segen. Vielleicht denkst du jetzt: „Ist es wirklich nötig, eine Predigt über Grüße zu halten? Die findet man doch am Ende jedes Briefes." Das ist richtig. Dennoch denke ich, dass wir uns Gedanken machen sollten, welche Bedeutung dieser Abschnitt für unser Leben hat – für unser persönliches Leben, aber auch für unser Leben als Gemeinde. Denn wir glauben ja, dass alle Schrift von Gott eingegeben und *„nütze ist zur Lehre, zur Zurechtweisung, zur Besserung, zur Erziehung in der Gerechtigkeit" (2. Timotheus 3,16; L84).*

In Vers 20 hat Paulus den Brief eigentlich schon mit einem „Amen" abgeschlossen. Aber dann hebt er noch einmal an und endet in Vers 23 mit einem weiteren „Amen". Was haben uns die Verse dazwischen zu sagen?

I. Gemeinschaft der Heiligen im Leben und im Dienst

Der Apostel spricht in den Versen 21 und 22 zweimal von „den Heiligen": *„Grüßt jeden Heiligen in Christus Jesus! Es grüßen euch alle Heiligen, besonders die aus dem Haus des Kaisers."* Damit beendet er den Brief an die Philipper mit demselben Begriff, den er schon zu Beginn verwendet hat. Dort schrieb er: *„Paulus und Timotheus, Knechte Christi Jesu,* ***an***

***alle Heiligen in Christus Jesus** in Philippi ...!" (Philipper 1,1; L84).*

Wenn jemand als ein „Heiliger" bezeichnet wird, stellt man sich darunter meist einen Menschen vor, der ein außerordentliches und besonders asketisches Leben geführt hat. In der katholischen Kirche werden Heilige besonders verehrt. Man zündet Kerzen in Kathedralen für sie an und verehrt sie, indem man über die Tugenden ihres Lebens nachdenkt und forscht. Die meisten – wenn nicht alle unter uns – würden sich in diesem Sinn selbst nicht als Heilige bezeichnen. Aber Paulus benutzt diesen Begriff mehr als sechzig Mal in seinen Briefen. Am Ende seines Schreibens erinnert er auch die Philipper daran, dass sie Heilige sind.

Was macht Heilige aus? Das Wort „Heilige" bedeutet, dass diese Menschen abgesondert sind für Gott. Die Bibel erklärt auch, dass Gott selbst heilig ist. Das bedeutet, dass Er ebenfalls abgesondert ist, getrennt ist. Wovon ist Er getrennt? Er ist absolut losgelöst und getrennt von der Sünde. Das definiert Ihn. Er ist heilig, heilig, heilig. Gott wird und ist durch Seine Heiligkeit definiert. Er ist absolut anders als wir. Wir sind sündig, Er aber nicht.

Was aber ist dann ein Heiliger? Ein Heiliger ist jemand, der von der Sünde abgesondert wurde, um für Gottes Absichten und Ziele zu leben. Er ist getrennt von der Sünde. Jeder, der getrennt von der Sünde für den lebendigen Gott lebt, ist ein Heiliger. Jetzt frage ich noch einmal: Bist du ein Heiliger? Es mag sein, dass die Beantwortung dieser Frage für dich ein Problem darstellt, weil du dir deiner Sündhaftigkeit allzu bewusst bist.

Und tatsächlich gibt es da ein Problem! Wie kann Paulus die Philipper „Heilige" nennen, wenn er sie zugleich ermahnen musste, ihre Streitereien beizulegen? Wie kann er die Christen in Korinth als Heilige bezeichnen, wenn sie doch offensichtlich die größten Sünder sind? Und sich selbst bezeichnet der Apostel ebenfalls wiederholt als Sünder, ja sogar als den größten unter ihnen!

Die Antwort liegt in einem kleinen Zusatz. Paulus schreibt: *„An alle Heiligen **in** Christus Jesus" (V. 1)* und *„Grüßt jeden*

*Heiligen **in** Christus Jesus!" (V. 21).* Diesen Zusatz benutzt Paulus immer wieder. „In Christus" sind wiedergeborene Menschen heilig und von der Sünde getrennt, in sich selbst aber sind sie Sünder.

Der Apostel verwendete die Begriffe „im Herrn" oder „in Christus" wiederholt auch im Philipperbrief. Er lebte sein gesamtes Leben in Christus. In diesem Sinn war er abgesondert von der Sünde und ein Heiliger. Dennoch war er ganz offensichtlich noch nicht vollkommen und hatte auch nicht alles auf der Skala der Heiligung erreicht. Er schreibt: *„Nicht, dass ich's schon ergriffen habe oder schon vollkommen sei; ich jage ihm aber nach, ob ich's wohl ergreifen könnte, weil ich von Christus Jesus ergriffen bin.* [13] *Meine Brüder, ich schätze mich selbst noch nicht so ein, dass ich's ergriffen habe. Eins aber sage ich: Ich vergesse, was dahinten ist, und strecke mich aus nach dem, was da vorne ist,* [14] *und jage nach dem vorgesteckten Ziel, dem Siegespreis der himmlischen Berufung Gottes in Christus Jesus" (Philipper 3,12-14; L84).*

Das ist kein Widerspruch, sondern eine Wahrheit, die zugleich und parallel betrachtet werden muss: Christen sind Heilige und Sünder zur selben Zeit. Aber auch wenn wir noch nicht das Ziel erreicht haben, wurde uns doch schon durch den Glauben die Gerechtigkeit Jesu Christi angerechnet. Wir haben den Heiligen Geist empfangen und leben nicht mehr unter der Herrschaft der Sünde, sondern sind in Jesus Christus Heilige.

Lebst du solch ein Leben in Verbindung mit Christus? Fühlst du dich angesprochen, wenn Paulus einen Brief an die Heiligen in Hamburg sendet? Glaubst du daran, dass der Sohn Gottes deine Sünde am Kreuz getragen hat? Lebst du ein Leben in Christus?

Der erste Gruß an die Heiligen kommt direkt von Paulus, denn er schreibt: *„Grüßt jeden Heiligen in Christus Jesus."* Interessanterweise sagt er nicht: „Ich grüße euch alle." Er sagt auch nicht: „Grüßt die ganze Versammlung von mir." Nein, er sagt: *„Grüßt **jeden** Heiligen in Christus Jesus."* Der Apostel möchte, dass jeder von dem Brief hört und den Gruß des Apostels in Empfang nimmt.

Wenn der Brief an die Arche gerichtet wäre, dann würden die Ältesten ihn lesen und danach in die Gemeinde ausschwärmen und jedem Einzelnen die Hand geben und sagen: „Frank, Paulus lässt dich persönlich grüßen!“, „Sibylle, einen schönen Gruß vom Apostel Paulus!“ usw. Das sagt sehr viel über sein Herz aus, nicht wahr? Der Apostel sehnt sich nach den Heiligen in Philippi. Er schrieb ja: *„Meine lieben Brüder, nach denen ich mich sehne, meine Freude und meine Krone“ (Philipper 4,1; L84).*

Die Gemeinschaft der Heiligen untereinander ist sehr, sehr innig. Das wird auch durch die weiteren Grüße deutlich, die er von denen ausrichtet, die in seiner nahen Umgebung sind. *„Es grüßen euch die Brüder, die bei mir sind“ (V. 21).* Und dann sagt er auch noch: *„Es grüßen euch alle Heiligen“ (V. 22).* Ob sie sich nun kannten oder nicht – sie fühlten eine tiefe Verbindung trotz großer geografischer Distanz.

Ich glaube nicht, dass der Apostel hier Pro-Forma-Grüße unter seinen Brief setzte, weil man das eben so machte. Ich bin vielmehr überzeugt, dass er damit ausdrückte, was er von Herzen empfand – nämlich eine innige Gemeinschaft mit anderen Gläubigen auch über große Distanzen hinweg.

Was heißt das nun für dich? Du kannst und sollst dein Leben als Christ nicht in Isolation zu anderen Heiligen führen. Stattdessen werden wir durch die Grüße zum Ende des Briefes erinnert, dass die Gemeinschaft der Heiligen ein außerordentliches Privileg ist. Die Kultur des Grüßens drückt eine innige Gemeinschaft und ein großes Interesse am Wohlergehen anderer aus.

War das nicht die Botschaft des gesamten Briefes? Ging es Paulus nicht auch um die Einheit der Gläubigen innerhalb der Gemeinde? Er ermahnte sie, eines Sinnes zu sein, nichts aus Selbstsucht oder nichtigem Ehrgeiz zu tun, sondern in Demut einer den anderen höher zu achten als sich selbst. Daher füge auch du dich verbindlich in die Gemeinde ein!

II. Die Kraft des Evangeliums

Am Ende des Briefes wird deutlich, dass das Evangelium letztendlich triumphiert. Paulus wartet bis zum Schluss, um ihnen diese ermutigende Botschaft weiterzugeben. Er schreibt: *„Es grüßen euch alle Heiligen, besonders die aus dem Haus des Kaisers" (V. 22).*

Die Philipper waren zuvor besorgt gewesen, wie alles weitergehen würde. Sie hatten befürchtet, dass mit der Gefangennahme des Apostels auch die Ausbreitung der guten Nachricht ein für alle Mal zum Erliegen kommen würde.

In Kapitel 1 hatte Paulus sie wissen lassen, dass sein Gefängnisaufenthalt die Mission nicht behindert hatte, sondern dass Gott seine Fesseln benutzt hatte, um die Botschaft des Evangeliums bis in die kaiserliche Kaserne zu tragen. Nun ist es eine Sache, ob die Botschaft dort nur hinkommt, und eine andere, ob sie auch angenommen wird. Der Apostel ermutigte die Philipper nun am Ende seines Briefes, indem er ihnen mitteilte: „Ich möchte, dass ihr wisst, dass im Haushalt des Kaisers Heilige sind. Eure Gaben und Gebete haben Frucht gebracht!"

Menschen im Hause dieses irren und bösen Kaisers Nero, der Christen bis aufs Blut verfolgte, waren gerettet worden und folgten Jesus nach! Ein Geschichtsschreiber hat später berichtet, dass sogar Neros Frau Christin geworden sein soll. Ich weiß das nicht und kann es auch nicht bestätigen. Aber eines ist sicher: Das Evangelium hat trotz Widerstand gesiegt. 30 Jahre nach dem Kreuzestod Jesu hat eine kleine Gruppe verfolgter Christen ihr Anliegen bis zum Kaiser nach Rom gebracht!

Kirchengeschichtler haben sich den Kopf darüber zerbrochen, wie es passieren konnte, dass aus dem kleinen Kreis von zwölf ängstlichen Aposteln in Jerusalem eine solche Geschichte entstehen konnte – ohne Radio, Fernsehen, Internet, Autos und Flugzeuge. Paulus stellt klar, dass dies alles nicht aus menschlicher Kraft, sondern in der Kraft des Heiligen Geistes geschehen war.

In Europa und Deutschland sorgen wir uns um manche Entwicklung auf dem Gebiet der Familienpolitik, des Gender

Mainstreams und des moralischen Verfalls. Die Kräfte, die sich gegen die Heilige Schrift und den lebendigen Gott sammeln, scheinen sehr stark zu sein. Aber: Sie sind nichts im Vergleich zu der verändernden Kraft des Evangeliums von Jesus Christus. Gott ist in der Lage, an den dunkelsten Orten dieser Welt Sünder zu sich zu ziehen und Seine Gemeinde zu bauen. Lasst uns deshalb wie die Philipper voller Zuversicht und Hoffnung beten und arbeiten, denn Gott kann jeden Menschen an jedem Ort auf der Welt zu jeder Zeit verändern!

Nimm das auch als Ermutigung für dein persönliches Leben, für deine Familie, für die Menschen, die dir nahestehen und die Jesus noch nicht kennen. Vertraue deinem Herrn und wisse: Er macht keine Fehler! Das Evangelium ist auch im Leben deiner Freunde und Verwandten unaufhaltsam. Es ist so mächtig, dass ihm niemand widerstehen kann.

III. Der Segen

Nachdem der Apostel die Philipper in seinem Brief herausgefordert hat, ein Leben würdig des Evangeliums zu führen, den anderen höher zu achten als sich selbst und Freude inmitten von Not zu bewahren, mag sich der eine oder andere Leser in Mazedonien gefragt haben: „Wie soll das gehen? Wie schaffe ich das?“ Vielleicht stellst du dir genau dieselbe Frage. Was benötigen wir, um all dem nachzukommen? Wir benötigen Gnade! Und die kommt zu uns im Lesen des Wortes Gottes, wie hier im letzten Vers. *„Die Gnade unseres Herrn Jesus Christus sei mit euch allen! Amen“ (V. 23).*

Vielleicht brauchst du heute Erkenntnis über deine Sünde und Verständnis bzgl. deiner Verlorenheit, damit du deinen Retter Jesus Christus erkennen kannst. Was ist dazu nötig? Gnade. Denn ohne Gnade sind wir alle blind. Vielleicht brauchst du Gnade, um das Unrecht, das man dir angetan hat oder auch antut, auszuhalten. Du brauchst Gnade in deinen Anfechtungen und Versuchungen. Vielleicht brauchst du Gnade für deine Ehe und Familie, für deinen Beruf, für deine Gesundheit.

Woher bekommen wir die Gnade? Nur von Gott! Diese Gnade ist nicht nur auf uns, sondern mit uns. Sie geht mit dir in deine Woche und in deinen Alltag. Sie verlässt dich nicht. *„Die Gnade unseres Herrn Jesus Christus sei mit euch allen! Amen."*

Buchempfehlungen

Wolfgang Wegert. arche-medien, Hamburg

Fundamente des Glaubens. 2012[14]. Pb. 98 S. € 4,90

In diesem Buch geht es um die Grundfragen des Glaubens: Warum ist der Mensch verloren? Wie kann er wieder zu Gott zurückfinden? Was heißt „Wiedergeburt“, was verstehen wir unter „Bekehrung“? Aber auch Fragen zum Wirken des Heiligen Geistes, zur Bewahrung der Gläubigen bis hin zum Thema Tod werden angesprochen.

Das Evangelium kennen und genießen. 2012[7]. Pb. 312 S. € 13,90

Nicht selten fragen Christen, was los ist in unseren Gemeinden. Sie spüren, dass in der Verkündigung etwas nicht stimmt, aber man weiß nicht genau, was. Denn heimlich hat sich die christliche Verkündigung so sehr dem humanistischen Zeitgeist angepasst, dass zwar noch Bibelstellen verwendet werden, aber so einseitig, dass das Evangelium verzerrt und oft sogar auf den Kopf gestellt wird.

Da das auf die Gesundheit des Glaubens verheerende Auswirkungen hat, möchte dieses Buch dringend dazu beitragen, ganz neu die fundamentalen Wahrheiten zu entdecken, auf denen das Evangelium aufbaut. Pastor Wegert geht dabei natürlich bei der Bibel in die Schule und auch bei den Reformatoren und Erweckungspredigern, die sich von ihr lehren ließen, wie z.B. M. Luther und J. Calvin, J. Edwards, C. H. Spurgeon und M. Lloyd-Jones.

Das Gesetz der Freiheit. 2008^5. Pb. 160 S. € 7,40

Wolfgang Wegert entfaltet in diesem Buch die Eckdaten christlicher Ethik anhand der Zehn Gebote. Durch die Gebote Gottes erkennen wir zwar einerseits unsere völlige Unfähigkeit, Gottes Gesetz zu erfüllen – es treibt uns so zu Jesus und Seiner Gnade. Unter der richtigen Voraussetzung aber werden die Gebote Gottes andererseits zu einer überaus segensreichen Leitlinie für unser ganzes Leben. Wir entdecken in ihnen die Weisheit des Schöpfers dieser Welt und sind fasziniert von der Freiheit, die Gottes Gesetz letztlich überhaupt erst möglich macht.

Mir wird nichts mangeln. 2012^9, Pb. 72 S. € 3,90

In Jesus Christus kann der Gläubige wirklich zur Ruhe kommen, denn Er ist der gute Hirte, der die Seinen mit aller geistlichen Nahrung versorgt. So ist der nur wenige Verse lange Psalm 23 zugleich eine Kurzfassung des gesamten Evangeliums – von der Einladung zum Glauben angefangen über das Leben der Gläubigen mit allen Höhen und Tiefen bis zur Vollendung in der Ewigkeit.

Liebe, die nicht scheitert. 2010^5, Pb. 80 S. € 4,40

Wie ist die Liebe Gottes eigentlich? Sie ist nicht so, wie Menschen sie sich denken. Für viele ist das Wort „Gott ist Liebe“ nur ein Klischee, nur ein Alibi für Gottlosigkeit. Sie wünschen sich eine Liebe ohne Wahrheit, Gerechtigkeit und Gericht. Aber Gottes Liebe ist anders. Sie ist tiefer, reiner und heiliger. Weil es hier große Verwirrung gibt, müssen wir dringend zur Bibel greifen und lernen, wie die Liebe Gottes wirklich ist.

Ein kostbarer Glaube. 2011⁵, Pb. 200 S. € 8,90

Biblischer Glaube ist für Petrus nicht billige Massenware, sondern eine teure Rarität, eben ein „kostbarer Glaube“ (2. Petrus 1,1). In seinen beiden Briefen macht der Apostel deutlich, warum lebendiger Glaube einen so unschätzbaren Wert hat.

Petrus geht in seinen beiden Briefen in kurzer und prägnanter Form auf nahezu alle Facetten des biblischen Glaubens ein – sowohl der Lehre als auch besonders der Praxis. Das vorliegende Buch, das auf eine Predigtreihe des Autors über die beiden Petrusbriefe zurückgeht, kann so auch dem heutigen Leser helfen, die Kraft des von Gott geschenkten Glaubens ganz praktisch zu erfahren – in Zeiten der Freude und des Wohlergehens, aber besonders auch in Zeiten von Leid und Not, bei Verführung und Bedrohung durch falsche Lehren.

Damit sie eins sind. 2007, Pb. 96 S. € 4,90

Vielen Christen gefällt das „hohepriesterliche Gebet Jesu“ in Johannes 17 deshalb besonders gut, weil es auch von der Einheit der Christen handelt, die uns ja allen sehr am Herzen liegt. Aber was heißt das? Sollen wir die Einheit menschlicher Institutionen organisieren? Sollen wir Kompromisse schließen, den kleinsten gemeinsamen Nenner suchen? Spricht Jesus dagegen nicht vielmehr von einer geistlichen Einheit, die sein himmlischer Vater bereits gewirkt hat und die letztlich vom Geist Gottes garantiert wird? Das Gebet Jesu gipfelt in dem Gebet um Einheit. Aber auf dem Weg dahin gibt es noch eine Fülle anderer Themen, die ganz neu beleuchtet werden sollen und somit zu starkem geistlichen Gewinn werden.

Alles ist Dein. 2012[4], Pb. 120 S. € 6,90

Alles, wonach gläubige Christen sich in Wahrheit sehnen, ist ihnen durch Jesus Christus bereits geschenkt. Deshalb gibt es auch absolut keinen Grund mehr für Verzagtheit, Resignation, Verzweiflung und Depression.

Und auch alle eigene Anstrengung, Arbeit und Mühe, um ein Gott wohlgefälliges Leben zu führen, ist völlig umsonst.

Durch dieses Buch will Wolfgang Wegert Ihnen die Augen öffnen für das Geschenk eines befreiten und erfüllten Lebens in Christus. Lassen Sie sich nach der Lektüre dieses Buches nie wieder die neue Perspektive rauben!

Die Dreieinigkeit Gottes. 2011[3], Pb. 48 S. € 3,80

In dieser kurzen Studie wird mit den zentralen biblischen Texte diese wichtige theologische Lehre begründet, gleichzeitig aber auch ihr Segen für das alltägliche Leben des Christen thematisiert.

Glaubensbekenntnis der Arche. 2009, 32 S. € 2,50

Wozu dient ein spezielles Glaubensbekenntnis? Ist es nicht ausreichend, die Bibel als verbindlich anzuerkennen? Pastor Wegert schreibt dazu in seinem Vorwort:

„Selbstverständlich kann sich unser Glaube nur auf die Heilige Schrift gründen. Aber gerade sie ermahnt uns, dass jeder Christ zur Gesundheit seines Glaubens und zum Zeugnis vor der Welt ein klares Verständnis von der Lehre der Schrift braucht. Angesichts einer christlich religiösen Beliebigkeit erscheint es uns deshalb von großer

Wichtigkeit, in einigen kurzen Artikeln das komprimiert aufzulisten, was die Bibel als Pfeiler und Grundfeste der Wahrheit bezeichnet (2. Timotheus 1,13)." So möchten wir allen Lesern Rechenschaft von unserem Glauben ablegen, ihnen deutlich machen, wo unser Herz schlägt, sie aber zugleich einladen, selbst die Bibel intensiv zu studieren und sich vielleicht auch mit Themen zu beschäftigen, die sie aus dem Auge verloren haben oder die für sie ganz neu sind. Dazu bieten nicht zuletzt die Verweise auf viele biblische Texte reichhaltig Möglichkeit.

Dave Harvey. Wenn Sünder sich das Ja-Wort geben. 2009, 200 S. € 10,90

Dave Harvey laboriert nicht an den äußeren Symptomen Problem beladener Ehen herum, sondern kommt auf die wahre Ursache aller Beziehungsnöte zu sprechen – nämlich unser abgründiges Herz. Sein Buch zeigt aber nicht nur das, sondern der Leser erfährt mit großer Überraschung, wie das fast vergessene Evangelium auch heute noch die einzigartige Kraft besitzt, menschliche Herzen so nachhaltig zu verändern, dass zwei Sünder schließlich doch glücklich miteinander leben können. Wenn „Sünder sich das Ja-Wort geben" ist deshalb zugleich auch ein leidenschaftliches Plädoyer für die Botschaft vom Kreuz. Nicht zuletzt aus diesen Gründen verbindet mich, Wolfgang Wegert, mit Dave Harvey eine besondere Freundschaft.

C.J. Mahaney. Souveräne Gnade und das herrliche Geheimnis der Erwählung. 2009, 22 S. € 2,50

Was denkst du über dein Bekehrungserlebnis? Was sticht am meisten hervor: Gottes Initiative und Sein Eingreifen oder deine Buße und dein Glaube? Wenn wir die Rolle von Gottes souveräner Gnade in der Erwählung deutlich und andauernd erkennen, dann erfreuen wir uns an den wunderbar lebensverändernden Wohltaten, die allein das Evangelium geben kann.

Liebe, eine Flamme Gottes. 2009, 104 S. € 5,90

So wie dein Herz mit Gott steht, so steht es auch mit deinem Partner. So wie dein Verhältnis zum Herrn ist, so ist auch dein Verhältnis zu den Deinen. Deine Anbetung Gottes bestimmt, wie du andere behandelst. Deshalb geht es in der vorliegenden Betrachtungsreihe auch nicht als erstes um die Frage, wie es mit der Beziehung zu deinem Partner steht, sondern wie es mit deiner Beziehung zu Gott steht. Wenn ihr möchtet, dass eure Ehe nicht als erstes auf euch selbst, sondern auf Gott und Seine Ehre bezogen sein soll, dann wird dieses Buch einen überraschend großen Nutzen in eurem täglichen Leben haben.

Das Wort der Wahrheit. 2012[2], 404 S. € 17,90

Die am meisten verbreitete Schrift in der ganzen Welt ist die Bibel, obwohl sie durch die Jahrhunderte hindurch bekämpft wurde wie kein anderes Buch. Was macht sie so einzigartig, so souverän und zeitlos? Es sind ihre gewaltigen, ewig gültigen Lehren. Doch in unserer sogenannten christlich-abendländischen Gesellschaft kennt man die Bibel kaum noch. Um aber die Kraft der Heiligen Schrift für das eigene Leben und die Gesellschaft im allgemeinen entdecken und erfahren zu können, müssen wir wissen, was definitiv ihre Botschaft ist. Anhand vieler Bibelzitate und mit einem starken Bezug zum praktischen Leben erklärt Pastor Wegert in seinem neuen Buch 65 mal treffend das Wort der Wahrheit. Der Leser spürt seine leidenschaftliche Hingabe an das Evangelium und wird selbst tief berührt von Gottes unaussprechlicher Gnade und von Seinem einzigartigen Heilsplan.

Vor Beginn der Welt geliebt. 2012, 48 S. € 5,50

Liederbuch mit Noten (inkl. Akkorden/Gitarrengriffen zur instrumentalischen Begleitung) der Lieder, die auf der gleichnamigen CD erschienen sind.

Bevor Gott den Planeten Erde durch Sein Wort in die Existenz rief, erwählte Er in Seiner großen Liebe Menschen, um sie für immer zu retten (siehe Epheser 1,4). Er sandte Seinen Sohn Jesus Christus, der für unsere Sünden starb, von den Toten auferstand und eines Tages zurückkehren wird, um mit den Erlösten für immer zu leben.

Die Lieder dieses Heftes beschreiben die bedingungslose Gnade Gottes und die atemberaubende Rettung verlorener Sünder durch das Kreuz von Golgatha.

Leben mit dem Kreuz im Zentrum. C.J. Mahaney. 2012, 150 S. € 7,90

Haben Sie ein Verlangen danach, eine größere Hingabe für Jesus Christus zu bekommen? Dann kehren Sie zurück zu dem Kern Ihres Glaubens – dem Kreuz von Christus. Hier werden die tiefsten Wahrheiten von Golgatha Ihre Leidenschaft für Ihn wieder in ein unauslöschliches Feuer entfachen.

„Legen Sie das Evangelium niemals beiseite! Gehen Sie nicht einfach weiter!“, sagt C.J. Mahaney, der Ihnen zeigt, wie Sie jeden Tag das Kreuz im Zentrum behalten können. Ebenso erörtert er die Fallen der Gesetzlichkeit und der Verdammung sowie die Problematik, wenn der Glaube auf Gefühlen basiert.

Unerschütterliche Freude. Wolfgang und Christian Wegert. 2012, 222 S. € 10,90

Paulus schreibt über die Freude am Herrn, die in allen wechselnden Situationen der Grundton seines Lebens ist. Ob die Philipper ihn unterstützen oder nicht, ob er frei oder im römischen Gefängnis ist, ob ihn aufrichtige Mitarbeiter oder falsche Brüder umgeben, ob er Mangel hat oder Überfluss – die Freude bleibt. Sie trägt ihn im Leben und im Sterben. Darum dürfen wir diesen Brief auch als „Brief der Freude" bezeichnen, der in die Kernaussage mündet: *„Freut euch im Herrn allezeit; abermals sage ich: Freut euch!"* *(Philipper 4,4).*